Das gesetzliche Veräußerungsverbot des Bürgerlichen Gesetzbuchs.

Von

Dr. Leo Raape
Privatdozent an der Universität Bonn.

Berlin 1908.
J. Guttentag, Verlagsbuchhandlung,
G. m. b. H.

Herrn Geheimrat

Prof. Dr. Ernst Zitelmann

zum Zeichen dankbarer Verehrung!

Inhaltsverzeichnis[1]).

Einleitung.

I. Allgemeiner Teil.

1) Dient zugleich als Ersatz eines Sachregisters.

II. Besonderer Teil.

1. Positiver Teil: Veräußerungsverbote.

a) Zugunsten bestimmter Personen.

III. Teil (Anhang).

Zum Begriff der Verfügung.

Einleitung.

§ 1.

Fragestellung, Grundgedanke, praktische Bedeutung, Plan der Arbeit.

§ 134 BGB. lautet: Ein Rechtsgeschäft, das gegen ein gesetzliches Verbot verstößt, ist nichtig, wenn sich nicht aus dem Gesetz ein Anderes ergibt.

§ 135 BGB.: Verstößt die Verfügung über einen Gegenstand gegen ein gesetzliches Veräußerungsverbot, das nur den Schutz bestimmter Personen bezweckt, so ist sie nur diesen Personen gegenüber unwirksam usw.

In § 134 ist also implizite gesagt: Eine Verfügung, die gegen ein gesetzliches Veräußerungsverbot verstößt, ist nichtig.

Dazu kommen noch § 772 ZPO.: „Solange ein Veräußerungsverbot der in den §§ 135, 136 des Bürgerlichen Gesetzbuchs bezeichneten Art besteht, soll der Gegenstand, auf welchen es sich bezieht, wegen eines persönlichen Anspruchs oder auf Grund eines infolge des Verbots unwirksamen Rechts nicht im Wege der Zwangsvollstreckung veräußert oder überwiesen werden" usw. und § 13 KO.: „Ein gegen den Gemeinschuldner bestehendes Veräußerungsverbot der in den §§ 135, 136 des Bürgerlichen Gesetzbuchs bezeichneten Art ist den Konkursgläubigern gegenüber unwirksam" usw.

Wie man sieht, stellt das Gesetz gewisse Regeln über das gesetzliche Veräußerungsverbot auf. Daraus erwachsen sogleich zwei Fragen: 1) was ist gesetzliches Veräußerungsverbot? 2) wie beeinflussen diese Regeln das Veräußerungsverbot? Oder kürzer: Was ist Voraussetzung, was ist Wirkung des Verbots?

Ueber die erste Frage sagt uns das Gesetz nichts. Es hat das nicht für nötig gehalten. Jedenfalls dürfen wir annehmen, daß es mit dem Veräußerungsverbot einen festen Begriff verbindet, daß es dabei an Rechtslagen bestimmter Art denkt. Aber an welche?

Der Name selbst scheint die Antwort zu geben: Verbot der Veräußerung. Daß nicht nur an die Veräußerung im engeren Sinn, sondern an alle Verfügungen gedacht ist, steht fest. Verbot: was ist das? Verbot einer faktischen Handlung — das ist klar. Aber Verbot eines Rechtsgeschäfts — darauf müssen wir doch wohl eingehen. Sicher handelt es sich bei dem Veräußerungsverbot um Hinderung der Veräußerung und sonstigen Verfügung.

Sogleich können wir das ergänzen: Das Veräußerungsverbot ist singuläre Hinderung der Verfügung. Das traf früher zu, und es spricht alles dafür, daß das Bürgerliche Gesetzbuch daran nichts ändern wollte. Von Veräußerungsverbot kann folglich keine Rede sein, wo das Gesetz einer Verfügung regulärerweise, aus allgemeinen Rechtsgrundsätzen heraus die Wirksamkeit abspricht. Die Anwendung der §§ 134, 135 ist in solchen Fällen ausgeschlossen. Freilich was heißt singulär? Das bedarf der Erörterung.

2) Also auf das singuläre Verbot der Verfügung beziehen sich die §§ 134, 135. Das Verbot bewirkt — so ist man geneigt, sich auszudrücken — daß die Veräußerung nichtig oder relativ unwirksam ist.

Was liegt nun in den Worten: die Veräußerung ist nichtig? Wie wirkt die Nichtigkeit auf die Sache oder das Recht, deren Veräußerung verboten ist, ein? Macht das Verbot sie unübertragbar, bewirkt es mithin eine objektive Aenderung des Rechts (Landsberg) oder entzieht es die Verfügungsbefugnis (herrschende Meinung) oder beeinflußt es das Recht überhaupt nicht (Herold, Ramdohr)?

Wie ist weiter die relative Unwirksamkeit zu denken? Darüber besteht nichts weniger als Klarheit. Der Begriff soll hier auf eine neue Grundlage gestellt werden.

Und was soll neben der Nichtigkeit, neben der relativen Unwirksamkeit noch das Verbot? Warum noch eine Verfügung verbieten, die sowieso schon nichtig ist? Worin äußert das Verbot seine Wirkung? Anderseits: wozu eine Veräußerung verbieten, der man doch beschränkte Wirksamkeit zugesteht?

So ist das Wesen des Verbots aus seinen Voraussetzungen und Wirkungen in ausführlicher Untersuchung zu bestimmen. Wer weiß, ob in Anbetracht der Verschiedenheit von § 134 und § 135 eine einheitliche Definition überhaupt möglich ist — ein Ergebnis, zu dem Kohler[1]) in der Tat gelangt.

Ich selbst werde zu dem Ergebnis kommen: Veräußerungsverbote sind durch Verbote mehr oder minder unterstützte singuläre Verfügungsbeschränkungen. In der Hauptsache ist demnach das sogenannte Veräußerungsverbot Verfügungsbeschränkung. Daraus folgt, daß die §§ 134/135 grundsätzlich auch da anzuwenden sind, wo das Gesetz sich einer Veräußerung singulärerweise nicht in der Form eines Verbots widersetzt, sondern in der Form, daß es ein Nichtverfügenkönnen, eine Verfügungsbeschränkung ausspricht, und gerade diese Form zieht das Bürgerliche Gesetzbuch bei weitem vor, vgl. §§ 2211, 2129, 1052 usw. Vom Verbot einer Veräußerung, Veräußerungsverbot redet es nie, das tun nur die Nebengesetze, z. B. § 106 KO., § 23 ZVG.

Wenn nicht schon vorher, so erkennt man an dieser Stelle die praktische Bedeutung der Aufgabe. Anwendungsgebiet der §§ 134, 135 in Ansehung von Verfügungen in positiver und negativer Hinsicht: das ist es. Es gibt zahllose Fälle, in denen das Gesetz einer Verfügung die Wirkung versagt, aber in einer Weise, die Zweifel läßt. Ist die Verfügung nichtig oder zwar absolut unwirksam, aber konvaleszenzfähig oder ist sie gar nur relativ unwirksam? Solche Fragen tauchen auf in §§ 161, 881, 1052, 2113, 2129, 2211 BGB., § 6 KO. usw. Vor allem zieht die Frage an, wo relative Unwirksamkeit anzunehmen ist und wo nicht. Sie ist durchweg — nicht völlig — gleichbedeutend mit der Frage der Grundbuchsperre; kann der Erbe trotz des Testamentsvollstreckers, kann der Gemeinschuldner trotz des Verwalters Verfügungen im Grundbuch treffen?

Im Vorstehenden entwickelte ich den Grundgedanken des ersten Teils der Abhandlung. Der zweite Teil bringt die praktische Anwendung. Der dritte ist mehr als Anhang gedacht und liefert Beiträge zum Begriff der Verfügung.

§ 2.

Stand der gemeinrechtlichen Literatur.

I. Fast alle Schriftsteller des Gemeinen Rechts behandeln das Veräußerungsverbot in der Lehre vom Eigentum, und zwar unter dem

1) Unten S. 81.

Gesichtspunkt der Eigentumsbeschränkung. Wenn sie es auch nicht alle aussprechen, so folgt doch schon aus dieser systematischen Stellung, daß sie das Verbot als singuläre Hinderung der Veräußerung ansehen. Ausdrücklich weisen auf das Moment der Singularität z. B. hin: Keller[1]), Spezielle Beschränkung in der Veräußerung; Randa[2]), Die Verfügungsbefugnis kann ausnahmsweise ausgeschlossen oder beschränkt sein; Wendt[3]), Der Eigentümer ist nicht immer zur Veräußerung berechtigt; vor allem Böcking[4]), Gesetzliche Veräußerungsverbote sind die Ausübung des Eigentumsrechts betreffende Singularbestimmungen zu besonderem Schutz gewisser Subjekte.

Um eine genaue Abgrenzung des Begriffs hat man sich freilich kaum Mühe gegeben. Bemerkenswert ist eigentlich nur Böcking[4]) durch seine Zusätze zu der eben mitgeteilten Definition. Er unterscheidet von dem Verbot: 1) die Beschränkungen der Rechtsobjektivität der Sache selbst, 2) die gesetzlichen Beschränkungen des Eigentumsrechts selbst, z. B. das Verbot des Abbruchs und des darauf abzweckenden Verhandelns von Gebäuden durch das S. C. Hosidianum, 3) die Reszissibilität an sich wirksamer Veräußerungen, 4) die Wiederaufhebung des Eigentumserwerbes zufolge Resolutivbedingung und Endtermins, 5) das Verbot gewisser Veräußerungsrechtsgeschäfte unter bestimmten Subjekten. Daher nennt er es verworren, daß Göschen „die Wirkungslosigkeit der Ehegattenschenkungen" hierherstellt. Das tut übrigens nicht nur Göschen[5]), sondern auch Keller[6]) und Wendt[7]).

Welcher Fortschritt Böckings gegenüber Glück![8]). Glück behandelt das Veräußerungsverbot in dem Kapitel über „Sachen, welche kein Gegenstand des Kaufs sind" und stellt es dort in eine Reihe mit allen möglichen Vorschriften: über nichtexistierende Sachen, über res extra commercium usw.

II. Der einzige monographische Schriftsteller, der sich die Begriffsbestimmung des Veräußerungsverbots zur, wenn auch nicht aus-

1) Keller, Pandekten, 2. Aufl., § 125.
2) Randa, § 8.
3) Wendt, Pandekten, § 120.
4) Böcking, § 158.
5) Göschen, Vorlesungen über das gemeine Zivilrecht, II, 1, S. 33.
6) Keller a. a. O.
7) Wendt a. a. O.
8) Glück, Pandekten, 16. Teil, § 975.

schließlichen, Aufgabe setzte, nämlich Schröder, hat allen Nachdruck darauf gelegt, daß das Veräußerungsverbot nicht notwendig Eigentums- oder, weiter gefaßt, Rechtsbeschränkung zu sein brauche. Damit hat er in gewissem Sinne recht, und er hat damit auch den Beifall Windscheids[1]) gefunden. Mit einer Ausnahme nimmt dieser alle von Schröder aufgestellten Fälle des Veräußerungsverbots an. Schröder[2]) sagt zutreffend, daß das Veräußerungsverbot sich nicht darin erschöpft, den Übergang des Eigentums oder sonstigen Rechts zu hindern. Die Veräußerung hat weiterhin die Wirkung, daß sie den Titel für die Ersitzung und das Publizianische Recht abgibt, und da sich diese Wirkungen auch an die Veräußerung eines Nichtberechtigten anknüpfen, so hat auch ein gegen diesen gerichtetes Veräußerungsverbot Sinn und Zweck.

Was anderseits das Merkmal der Singularität betrifft, so hat sich Schröder darüber nicht geäußert. Er bekämpft es nicht, nimmt es aber auch nicht in seine Definition auf[3]). Deshalb gibt er auch eine unbefriedigende Auskunft bei der Frage des Unterschieds von Veräußerungsverbot und der Beschränkung der Handlungsfähigkeit. Beide, meint er[4]), treffen die Person, auch das Veräußerungsverbot, da es ja in erster Linie nicht Rechtsbeschränkung sei, sondern der Veräußerungshandlung entgegentreten wolle. In beiden Fällen kann das Gesetz der Veräußerung mittels Verbotes entgegentreten, wie z. B. der Verschwender in der Geschäftsfähigkeit durch Verbot des Prätors beschränkt wird. Was ist nun aber das Kriterium? Schröder sagt nur: die Beschränkung einer Person in der Veräußeruugsbefugnis kann Folge ihrer beschränkten Rechtsfähigkeit oder ihrer beschränkten Handlungsfähigkeit oder Veräußerungsverbot sein, das letzte nämlich dann, wenn die Beschränkung der Person nicht

---

1) Windscheid, § 172a, Note 1.

2) Schröder, S. 16 u. passim.

3) Schröder, S. 20. Die Definition, die in dem Bestreben, genau zu sein, undeutlich wird, lautet: „Gesetzliches Veräußerungsverbot ist diejenige Anordnung der Gesetze, welche einer Person jede juristische Handlung untersagt, die sich als willentliche Herbeiführung eines Verlustes in Ansehung eines bestimmten Vermögensstücks darstellt. — Rechtsgeschäfte dieses Inhalts in der Absicht, die Gesamtheit der auf den (dinglichen) Rechtserwerb bezüglichen wie der obligatorischen Rechtsfolgen des Geschäfts auszuschließen."

4) Schröder, S. 186.

um ihres eigenen Besten willen geschieht, sondern in Dingen außerhalb der Person ihren Grund hat. Ich sehe einmal davon ab, daß es Verbote im Interesse der Betroffenen selbst gibt. Ein solches liegt z. B. vor, wenn eine Stadt zur Veräußerung einer Sache der Genehmigung des Regierungspräsidenten bedarf. Schröders Antwort ist auch sonst unzulänglich, sie weicht aus. Was er sagen wollte, ist doch wohl dies: wo nicht Mangel der Rechtsfähigkeit, nicht Mangel der Geschäftsfähigkeit vorliegt, da bleibt eben exc. exc. nichts übrig als eine singuläre Hinderung in der Veräußerung anzunehmen, und das ist Veräußerungsverbot.

Ich hebe hervor, daß Schröder ein Veräußerungsverbot nicht schon überall da behauptet, wo eine Veräußerung verboten wird; dagegen wehrt er sich ja mit dem Hinweis auf den Verschwender; es muß vielmehr — was Schröder freilich unausgesprochen läßt — die Singularität hinzukommen. Weil er sie bei seiner Definition vergaß, paßt sie auf den Fall, in dem er gerade das Veräußerungsverbot ablehnt.

So darf man denn wohl sagen, daß Schröder bei seiner Abgrenzung des Begriffs nicht ganz zielbewußt gewesen ist. Er hätte nachweisen müssen und durchweg auch können, daß überall da, wo er ein Veräußerungsverbot annimmt, wenn auch nicht eine Rechtsbeschränkung, so doch eine singuläre Veräußerungshinderung vorliege. Das tut er[1]) hie und da, aber nicht immer mit der nötigen Entschiedenheit. Mag es beispielsweise in der Rechtskonsequenz liegen, daß der Nichtberechtigte kein Eigentum übertragen kann, so ist es doch gewiß singulär, daß seine Veräußerung keinen Titel für die Ersitzung und die a. Publiciana liefert. Das ist eben die Folge des gegen ihn ergangenen Veräußerungsverbots.

Insbesondere die Frage, wann kein Veräußerungsverbot vorliegt, hat Schröder bei Seite gelassen. Sie hätte ihn sicher veranlaßt, das Moment der Singularität schärfer zu prüfen. Nur gelegentlich stellt er einmal die Verkehrsentziehung [2]) in Gegensatz zum Veräußerungsverbot, ebenso die Erwerbsbeschränkung [3]). Wie schon gesagt, sondert er davon auch die Beschränkung der Geschäftsfähigkeit.

III. In der Hauptsache beschäftigte sich die gemeinrechtliche Literatur nur mit der Frage nach den einzelnen Wirkungen des Ver-

1) Schröder, a. a. O., S. 93, 94, 98, 122. — Vgl. noch S. 69 a. E.
2) Schröder, a. a. O., S. 116 o.
3) Schröder, a. a. O., S. 157 o.

bots. Wie wirkt das Verbot auf den obligatorischen Vertrag ein? Kann der Veräußerer, da er Eigentümer geblieben ist, vindizieren? Hat er den Gegner zu entschädigen und nach welchen Grundsätzen? In allen diesen Fragen, die zweite ausgenommen, ist eine einheitliche Antwort kaum erzielt worden. Das Bürgerliche Gesetzbuch, in dem sie gleichfalls auftauchen, gibt für ihre Lösung zum Teil festere Unterlagen. Da spürt man so etwas wie Erlösung von dem Fluch der Kasuistik. Für die Begriffsbestimmung sind diese Fragen meines Erachtens ohne Belang. Daß Schröder die „obligationsvernichtende Funktion" des Veräußerungsverbots in seine Definition hineinzog, hat z. B. im Gemeinen Recht meist Bedenken erregt[1]) und ist jedenfalls für das neue Recht abzulehnen. Die Frage dagegen, welche Wirkung das Verbot auf das Recht des Betroffenen ausübt, ist natürlich für die Begriffsbestimmung von Einfluß. Bei Schröder kommt sie zu kurz. Indem er immer wieder betont, daß das Veräußerungsverbot nicht Rechtsbeschränkung zu sein brauche, läßt er sie da ununtersucht, wo das Verbot sie wirklich nach sich zieht. Wie es scheint, nimmt[2]) er wohl an, daß sie in der Entziehung der Verfügungsbefugnis bestehe. So konnte sich infolge dieses Mangels der Untersuchung eine abweichende Meinung bilden. Sie ging dahin, daß das Veräußerungsverbot sich auf die Sache lege, daß es nicht nur das eine Subjekt, sondern alle Menschen treffe, kurz, daß es die Sache unveräußerlich mache. Schon der originale Brinz[3]) lehrte so. Er ging von dem Veräußerungsverbot als Eigentumsbeschränkung aus und führte den Gedanken rücksichtslos durch. „Von Beschränkung des Eigentums kann nur die Rede sein, wo das Eigentum, nicht auch wo die Person des Eigentümers eine Beschränkung erfährt. Solange das Eigentum von Kuratoren, Gläubigern veräußert werden kann, ist es noch veräußerlich, steht es nicht unter Veräußerungsverbot. Das einzig volle Veräußerungsverbot ist die Extrakommerzialität."

Denselben Weg wandert Randa[4]), und Bekker[5]) behandelt gar das Veräußerungsverbot im Allgemeinen Teil in dem Kapitel „Sachen". Die res extra commercium und die „Stücke unter Ver-

---

1) Vgl. Windscheid, § 172a, Note 1, Mitte, Bekker, I, S. 356 B, Randa, § 8, Note 3.

2) Schröder, arg. S. 118.

3) Brinz, § 134.

4) Randa, § 8 zu Note 12, vgl. freilich auch Note 16.

5) Bekker, I, § 77.

äußerungsverboten" — beide sind ihm „Bestimmungssachen unter Verkehrsbeschränkungen".

Ich bin am Ende der Rückschau. Ihr Wert liegt einmal darin, daß sie uns vor die Fragen führte, die von neuem Recht aus zu lösen sind. Das ist nicht der geringste Grund, weshalb eine sich nicht ausschließlich auf sich selbst stellende, sondern an das historische anknüpfende Dogmatik im Vorteil ist. Vor allem aber betrachte ich eines als gesichert: daß das Bürgerliche Gesetzbuch, indem es den Begriff des Veräußerungsverbots übernahm, damit auch eines übernahm, was als zweifelloses Merkmal dieses sonst so schwankenden Begriffs nach seiner ganzen Vergangenheit bezeichnet werden kann: das Merkmal der Singularität.

§ 3.

Stand der Literatur des neuen Rechts.

I. Daß die Ansichten über die Natur des Veräußerungsverbots sehr widersprechend sind, hat schon Kormann[1]) bemerkt.

Man hat es von den verschiedensten Standorten aus betrachtet. Der Prozessualist fragte: wann kommen § 13 KO. und § 772 ZPO. zur Anwendung[2])? Spezieller wohl: Entzieht das Veräußerungsverbot die Prozeßführungsbefugnis? So Hellwig[3]). Der Grundbuchrechtler[4]) fragte: wie weit reicht der Kreis der zufolge § 892 eintragbaren Verfügungsbeschränkungen? Ferner: tritt Grundbuchsperre infolge des Veräußerungsverbots ein? Dazu kommen endlich die Darsteller des Bürgerlichen Rechts. Auch sie lassen sich wieder von verschiedenen Zielen leiten. Die einen prüfen den Umfang, in dem der gute Glaube geschützt wird, und werden so veranlaßt, an das Veräußerungsverbot heranzutreten[5]). Den meisten ist es natürlich um die Frage zu tun, wo relative Unwirksamkeit anzunehmen sei.

Sieht man von den Kommentaren des Grundbuchrechts ab, so

---

1) Kormann, S. 88: „Man wird ohne Übertreibung sagen dürfen, daß über wenige Begriffe des Privatrechts so viel Unklarheit herrscht wie über den Begriff der Veräußerungsverbote."

2) Vgl. die Kommentare.

3) Hellwig, Anspruch § 30, Zivilprozeß § 48.

4) Fuchs, I, S. 162 ff., Güthe, I, S. 208 ff.

5) Wendt, Erwerb von einem Nichtberechtigten S. 42 ff., Ramdohr, Gruchots Beiträge 44, S. 324 ff.

behandeln alle Schriftsteller, systematische wie Kommentatoren, das Veräußerungsverbot im Allgemeinen Teil. Mit Recht! Wendet sich doch das Verbot nicht nur gegen den Eigentümer, sondern auch gegen den Forderungs- und sonstigen Berechtigten. Bemerkt sei, daß § 137 ursprünglich im Sachenrecht in einer nur auf den Eigentümer gemünzten Fassung stand. Die zweite Kommission stellte ihn in der erweiterten Fassung an seinen jetzigen Platz hinter die Regeln über die gesetzlichen und richterlichen Veräußerungsverbote, die von Anfang an im Allgemeinen Teil standen.

Doch ist der Anknüpfungspunkt der Darstellung bei den einzelnen Schriftstellern verschieden. Die meisten folgen dem Gesetz auch darin, daß sie das Veräußerungsverbot im Kapitel „Verbotene Rechtsgeschäfte" als einen Spezialfall erörtern. Andere dagegen gehen von den Verfügungsbeschränkungen aus, so die Schriftsteller des Grundbuchrechts, aber auch Enneccerus[1]) und in gewisser Weise auch Kohler[2]). Ganz allein steht Landsberg[3]), indem er in einem Paragraphen über die Übertragbarkeit der Rechte auf die Veräußerungsverbote zu sprechen kommt.

Es wird sich zeigen, daß die systematische Stellung die sachlichen Ergebnisse vielfach beeinflußt.

II. Fast alle Darsteller haben das miteinander gemein, daß sie einen Versuch zur Begriffsbestimmung des Veräußerungsverbotes überhaupt nicht machen.

Die einen behandeln zuerst das Verbot des Rechtsgeschäfts im allgemeinen, um dann fortzufahren: Eine Unterart sind die Veräußerungsverbote. Einen Begriff davon geben sie nicht, sie zählen Beispiele auf und erläutern dann die Wirkungen des Verbots, durchweg in einer Weise, die weder erschöpfend, noch richtig ist. Wann aber diese Wirkungen eintreten, wann insbesondere § 135 eingreift, darüber wird man nur durch Beispiele aufgeklärt. So machen es z. B. Biermann[4]), Crome[5]),

1) Enneccerus, Das BGB. I, § 60.

2) Kohler, Lehrbuch I, § 50; I, 4.

3) Landsberg, I, § 46.

4) Biermann, Bürgerliches Recht, § 53, Z. 4: „Besondere Behandlung erfahren im BGB. Verfügungen, welche usw."

5) Crome, I, § 85 2c: „Eine besondere Betrachtung erfordern Veräußerungsverbote."

Dernburg[1]), Endemann[2]), Neumann[3]), Planck[4]), Staudinger[5]) usw.

Ich hebe Neumann[3]) hervor, der sich durch seinen übersichtlichen Blick auch hier auszeichnet. Er bildet eine Menge von Vorschriftengruppen, in denen ein Veräußerungsverbot der in § 135 gedachten Art „in Betracht komme". Am Ende sagt er dann, daß § 13 KO. in allen diesen Fällen nicht passe, also ein Veräußerungsverbot überall nicht vorliege. Methodisch ist das schwerlich. Wer sagt denn, daß § 13 eine für den Begriff wesentliche Vorschrift ist?

Die andern erörtern den Begriff der Verfügungsbeschränkung und springen von ihr zum Veräußerungsverbot über. So Enneccerus[6]): „Besonders wichtige Verfügungsbeschränkungen sind die Veräußerungsverbote." Er definiert die letzteren weder, noch grenzt er sie gegen die ersteren ab; er erörtert vielmehr sogleich die von §§ 134, 135 an das Verbot geknüpften Folgen. So verfahren auch Fuchs und Güthe. Sie bezeichnen das Veräußerungsverbot als Unterart der Verfügungsbeschränkung, übrigens auch Crome[7]). Anders als Enneccerus ziehen sie eine Grenzlinie. „Die Beschränkung" — sagt Fuchs[8]) — „kann auf einem besonderen Veräußerungsverbot beruhen oder sich als die gesetzliche Folge eines gewissen Rechtsverhältnisses, mit anderen Worten, als sachliche Gebundenheit des Rechts darstellen." Ich vermisse dabei die Klarheit und führe nur das den fundus dotalis betreffende Veräußerungsverbot an. Die Verfügungsbeschränkung war doch in diesem Falle gewiß einerseits Folge der Ehe und anderseits führt sie unbestritten den Namen Veräußerungsverbot. Die Beschränkung betrifft das Können, das Verbot das Sollen; das Verbot kann hinzugefügt sein, wo die Beschränkung gesetzlich Folge eines gewissen Rechtsverhältnisses ist und wo sie es nicht ist. Vor allem aber: Fuchs benutzt zwar das Veräußerungsverbot als Abgrenzungsmittel, definiert es aber weiter nicht.

---

1) Dernburg, Das Bürgerliche Recht I, § 123 V: „Eine besondere Stellung haben die gesetzlichen Veräußerungsverbote."

2) Endemann, Lehrbuch I, § 74, Note 5.

3) Neumann, § 134, Z. 5: „Eine besondere Gruppe von Verbotsgesetzen sind die . . . Veräußerungsverbote."

4) Planck, § 135.

5) Staudinger, § 134, Note 6; § 135, Note 1.

6) Enneccerus, § 60.

7) Crome, I, § 84, Note 5.

8) Fuchs, I, S. 162c.

Dasselbe ist gegen Güthe[1]) zu sagen.

Auch die Spezialabhandlungen bringen uns nicht viel weiter. Herold[2]) z. B. lehrt: „Veräußerungsverbot ist das Verbot, von einer an sich ungeschmälert weiterbestehenden Verfügungsmacht Gebrauch zu machen.“ Das ist Umschreibung des Wortes. Doch fördert die Definition außerdem noch die Ansicht zutage, daß die mit dem Verbot verknüpfte Wirkung nicht zu einer Entziehung der Verfügungsmacht führe. Dadurch stellt sich Herold in Gegensatz zur herrschenden Meinung. Schon vor ihm stellte Ramdohr die gleiche Behauptung auf. Auf beide ist später genauer einzugehen[3]).

III. Einen energischen Vorstoß nach einer der in dieser Abhandlung verfolgten Richtungen hat Kormann[4]) gemacht, indem er eindringlicher als die andern die mit dem Veräußerungsverbot verknüpften Wirkungen prüfte. Er gelangt dabei zu einer Unterscheidung. Bald besteht die Wirkung in der Beschränkung der Verfügungsmacht, bald in der Beschränkung der Verkehrsfähigkeit. Das führt ihn[5]) zu dem Endergebnis, zu dem, wie schon gesagt, Kohler von einem anderen Gesichtspunkt aus kam, daß der Begriff des Veräußerungsverbots kein einheitlicher sei.

Beschränkung der Verkehrsfähigkeit — ein verhängnisvoller Ausdruck! Er verleitet Kormann zu einer Vermengung von Veräußerungsverbot und Verkehrsentziehung. Auch hat Kormann die relative Unwirksamkeit nicht näher untersucht; über den Wert der Unterscheidung von absoluten und relativen Veräußerungsverboten denkt er nicht hoch[5]). In dieser Beziehung hat zweifellos Kohler[6]) am schärfsten gesehen.

In der andern Frage dagegen, wann ein Veräußerungsverbot im Sinne der §§ 134, 135 anzunehmen, wann also diese Vorschriften anzuwenden seien, hat Kormann meines Erachtens uns weniger gefördert. Nur das Verdienst ist ihm, und ebenso Hölder, zuzuerkennen, daß er sich die Frage gestellt hat und an ihre Lösung herangegangen ist.

1) Güthe, I, S. 212.
2) Herold, S. 485.
3) Unten § 6.
4) Kormann, S. 96.
5) Kormann, S. 104.
6) Kohler, Lehrbuch, § 50 II.

Hölder[1]) lehrt, daß ein Veräußerungsverbot im Sinne des § 135 nicht nur die eine Veräußerung verbietende, sondern jede die Gültigkeit einer solchen aus einem andern Grunde als dem Grunde der Verfügungsunfähigkeit ihres Urhebers ausschließende Bestimmung sei. Wie man sieht, gibt Hölder auf eine scharfe Frage eine scharfe Antwort. Aber allzu scharf macht schartig. Sollen wir wirklich § 135 anwenden, wenn jemand einen Nießbrauch abtritt oder ein Grundstück formlos oder bedingt aufläßt oder wenn ein resolutiv bedingter Eigentümer verfügt? Mit Recht lehnt daher Kormann[2]) den Satz Hölders als zu allgemein ab.

Anderseits soll es nach Kormann[3]) sicher sein, „daß in § 135 unter „Veräußerungsverboten" nicht nur verstanden werden Rechtsnormen, welche die Veräußerung verbieten, sondern auch solche, welche eine Veräußerung in ihrer Wirksamkeit beschränken." Allein warum ist das sicher? Ein Beweis fehlt.

Sicher soll es nach Kormann[4]) auch sein, daß Beschränkungen der Vertretungsmacht nicht unter die §§ 134, 135 fallen, und des weiteren protestiert er gegen Jeppe, der Geschäftsunfähigkeit und beschränkte Geschäftsfähigkeit mit dem Veräußerungsverbot, der Beschränkung der Verfügungsmacht auf eine Stufe stellt. Allein das erlösende Wort wird wieder nicht gesprochen. Daß die Singularität das Kennzeichen des Veräußerungsverbots ist, darauf ist Kormann nicht gekommen. Deshalb ist sein Schritt manchmal schwankend und unsicher[5]).

Auch sonst hat, merkwürdig genug, niemand auf die Singularität des Veräußerungsverbots hingewiesen. So darf man denn wohl sagen, daß die Lehre vom Veräußerungsverbot noch unfertig ist. Weder über seine Voraussetzungen noch seine Wirkungen besteht Klarheit.

IV. Zur Illustration seien einige Paragraphen angeführt, in denen man ein Veräußerungsverbot angenommen hat. Danach sollte es scheinen, als ob wirklich das goldene Zeitalter des Veräußerungsverbots herangebrochen sei. Wo es bislang nichts zu sagen hatte, macht man ihm heute seine Reverenz.

---

1) Hölder, § 135, Note 1.

2) Kormann, S. 91, Note 4.

3) Kormann, S. 91.

4) Kormann, S. 97.

5) Man lese nur Kormann, S. 93, insbesondere Note 3, wo die Wahrheit meteorartig aufblitzt, S. 97 und S. 105.

Bei den unübertragbaren Forderungen wird fast allgemein ein Veräußerungsverbot angenommen, so von Biermann[1]), Cosack[2]), Crome[3]), Dernburg[4]), Kormann[5]), Matthiaß[6]), Staudinger[7]) usw. Das tat man freilich schon früher[8]). Aber auch §§ 1059, 1092 (Unübertragbarkeit des Nießbrauchs und der beschränkt persönlichen Dienstbarkeit) rechnet man heute zu den Veräußerungsverboten, so z. B. Crome[9]). Zu welchen praktischen Ergebnissen das führen kann, sieht man bei Endemann[10]), der als Beispiel für relative Veräußerungsverbote §§ 1059, 1408 und 1658 (Unübertragbarkeit des Nießbrauchs und der ehemännlichen und väterlichen Nutznießung) anführt, ferner bei Hellmann[11]), der in § 1092 ein relatives Veräußerungsverbot erblickt. Hellmann[11]) zählt auch §§ 2033 und 719 zu den Veräußerungsverboten, allerdings zu den absoluten.

Bei dieser flüchtigen Durchsicht kann man sich des Eindrucks nicht erwehren, daß die bei Einführung des Bürgerlichen Gesetzbuchs befürchtete Buchstabenjurisprudenz sich gerade hier besonders bemerkbar macht. Wo nur ein Paragraph eine Veräußerung für nichtig oder unwirksam erklärt, ist man gleich mit dem Veräußerungsverbot bei der Hand. Gleiche Wirkung — gleiche Ursache: in diesem circulus vitiosus bewegt man sich hier allzuoft.

Zu den Veräußerungsverboten zählt man weiter § 161 (mit Unrecht), § 883 (mit Recht), § 2113 (mit Unrecht), § 2211 (mit Recht)[12]).

Ob absolutes oder relatives Veräußerungsverbot: darüber endlich ist des Streitens kein Ende. Man lese z. B. nur die Ansichten über § 2211 und § 2113[13]).

1) Biermann, Bürgerliches Recht, § 53, Note 11.
2) Cosack, I⁴, 176 f.
3) Crome, I, § 85 Z. 2 b, c.
4) Dernburg, I, § 124 II, 1.
5) Kormann, S. 99.
6) Matthiaß, I⁸, 226 und 227.
7) Staudinger, § 135, Z. 8.
8) Mandry, Der zivilrechtliche Inhalt der Reichsgesetze, 4. Aufl., § 21, S. 243.
9) Crome, I, a. a. O.
10) Endemann, Lehrbuch I, § 75, Note 5.
11) Hellmann, Vorträge, S. 131. Vgl. auch Kormann, S. 99, Note 2.
12) Vgl. die Zitate in §§ 25, 20, 27, 19.
13) Vgl. die Zitate in §§ 19, 27.

I. Allgemeiner Teil.

§ 4.

Das Verbot des Rechtsgeschäfts im allgemeinen [1]).

I. Unter Verbot versteht man einen Befehl. Der Angeredete soll eine Handlung unterlassen. Folge des Rechtsverbots ist die Rechtswidrigkeit der Handlung, mehr nicht. Insbesondere berührt das Verbot nicht die Möglichkeit der Handlung, die unterlassen werden soll. Die Handlung bleibt möglich, der Betroffene kann sie nach wie vor begehen; aus dem Verbot folgt nur, daß er es nicht soll.

Die Strafandrohung gehört nicht zum Begriff des Verbots, wie die lex imperfecta ohne weiteres zeigt.

Wesentlich verschieden vom Verbot ist die Sanktionsversagung, so verschieden wie das Nichtsollen von dem Nichtkönnen. Der Geisteskranke kann sich nicht verpflichten, da das Gesetz seinem Versprechen die Anerkennung verweigert. Ob er das Versprechen abgibt oder nicht, ist dem Gesetz gleichgültig. Es denkt gar nicht an ein Verbot. Selbst wenn das Verbot auf einen Geisteskranken Eindruck machen würde, so ist es hier doch nach Lage der Sache überflüssig.

Sanktionsversagung ist nämlich Unmöglichmachung. Indem das Gesetz zu ihr greift, gleicht es dem Manne, der, des erfolglosen Verbietens müde, sein Grundstück mit einer unübersteigbaren Mauer umgibt und nun dem Nachbar zuruft: Wenn Du drüber steigen kannst, versuch es nur.

---

1) Vgl. zum folgenden Endemann, Verbotsgesetz, S. 80 ff.; Hölder, § 134; Jellinek, System der subjektiven öffentlichen Rechte, S. 44 ff.; Thon, Rechtsnorm und subjektives Recht, S. 11 ff.; Zitelmann, Allgemeiner Teil, S. 104; Zitelmann, Die Rechtsgeschäfte im Entwurf eines Bürgerlichen Gesetzbuchs, 2. Teil, 1890, S. 56 ff.

In der Welt der Wirklichkeit kann der Gesetzgeber natürlich nur mit Verboten zu Werke gehen. Wenn ich das Haus anzünde, so verbrennt es. Die Verbrennung ist naturnotwendige Folge der Anzündung. Vor diesem Naturgesetz hat sich auch das Gesetz zu beugen. Das Parlament — so zitiert Dernburg[1]) einmal — ist allmächtig, aber ein Weib kann es nicht in einen Mann verwandeln. Will das Gesetz die Verbrennung verhindern, so hat es nur ein Mittel: die Anzündung zu verbieten. Wie unvollkommen dieses Mittel ist, braucht nicht gesagt zu werden. Trotz der Todesstrafe werden immer noch Menschen ermordet. Das Nichtsollen ist dem Können gegenüber allemal im Nachteil.

Anders in der rein gedanklichen Welt des Rechts. In ihr tritt jegliche Wirkung nur kraft des Willens der Rechtsordnung ein. Keine Wirkung wider den Willen, ja keine Wirkung ohne den Willen des Rechts. Eine Handlung ruft einen Rechtseffekt nur deshalb hervor, weil sie vom Gesetz als dafür geeignet erklärt, weil sie sanktioniert wurde. Fehlt es an der Sanktion oder wird die vorhandene zurückgenommen, so bleibt der Rechtseffekt trotz der Handlung aus. Das Gesetz ist ein Zauberer, der die Geister ruft, sie aber auch nach Belieben wieder los wird. Daraus folgt, daß sich eine Rechtsordnung denken läßt, die den rechtsgeschäftlichen Verkehr lediglich durch Sanktionserteilung und Sanktionsverweigerung regelt, die kein Verbot von Rechtsgeschäften kennt.

Unser Gesetz freilich kennt Verbote von Rechtsgeschäften. Über das Verhältnis des Verbots zur Sanktionsversagung wird man sich am besten klar, wenn man die Zwecke beider Dinge erwägt. Dabei ist immer nur der nächstliegende gemeint.

Der Zweck der Sanktionsversagung ist stets derselbe, nämlich einen Rechtseffekt hintanzuhalten.

Diesem Zweck kann auch das Verbot eines Rechtsgeschäfts dienen, und an ihn denkt man dabei am ehesten.

Das Verbot kann aber noch einem anderen Zweck dienen, indem es nämlich die mit dem Rechtsgeschäft verbundene faktische Wirkung verhindern soll. Es richtet sich dann gegen das Geschäft nicht als rechtliches Geschäft, sondern als Faktum.

Ein Verbot mit dieser letzten Funktion kommt sowohl beim gültigen wie beim nichtigen Rechtsgeschäft vor. Beispiele beweisen

1) Dernburg, Bürgerliches Recht, II 1, § 60 II.

das sofort. Der Kaufmann, der während der Sonntagsruhe in seinem Laden Waren verkauft, tut sicher Verbotenes. Er soll zu der Zeit an dem Ort solche Geschäfte nicht abschließen. Aber sicher ist das Gesetz nicht den Rechtswirkungen dieser Geschäfte feindlich gesinnt, sondern nur ihrer in der Störung des Sonntags bestehenden faktischen Wirkung. Umgekehrt mißfällt die Aneignung eines Singvogels dem Gesetz um ihrer rechtlichen und faktischen Wirkungen willen. Deshalb wird sie erstens für nichtig erklärt, zweitens verboten. Verbot und Sanktionsversagung stehen also Schulter an Schulter. vertragen sich sehr gut miteinander, da sie ganz verschiedenen Zwecken dienen. Solcher Beispiele von verbotenen und nichtigen Geschäften gibt es viele. Es sei nur an gewisse impedimenta dirimentia des Eherechts, an die ungenehmigte Inhabergeldschuldverschreibung (§ 795) usw. erinnert.

Dagegen das Verbot mit der ersten Funktion setzt notwendig ein an und für sich gültiges Rechtsgeschäft voraus. Denn wenn man ein Geschäft, das sowieso nicht zur Hervorrufung eines gewissen Rechtseffekts imstande ist, verbieten wollte, lediglich zu dem Zweck, den Eintritt eben dieses Effekts zu verhüten, so würde man wohl unvernünftig handeln. Wer unmögliches verbietet, macht sich lächerlich. Niemand fällt es ein, die Berührung des Mondes zu untersagen. Aus ähnlichen Erwägungen heraus nimmt man ja auch heute Anstand, den Mond zu den res extra commercium zu rechnen. Was nicht im Verkehr sein **kann**, setzt man nicht außer Verkehr.

Neben der Sanktionsversagung hat folglich das Verbot nur insoweit Platz, als es sich gegen die faktischen Wirkungen des Geschäfts wendet. Ein Verbot mit der anderen Funktion ist hier ausgeschlossen.

Diese Betrachtung wirft Licht auf § 134. Er setzt bekanntlich Verbot und Sanktionsversagung in eine gewisse Beziehung.

§ 134 meint offenbar, wie vorauszuschicken ist, Verbote **gültiger** Rechtsgeschäfte, denn für Verbote **nichtiger** Rechtsgeschäfte würde er nichts neues bringen. Dafür spricht zudem noch ein historischer Grund, ist doch § 134 nur die Verdeutschung der bekannten Theodosischen Verordnung Nullum enim pactum, nullam conventionem, nullum contractum inter eos videri volumus subsecutum, qui contrahunt **lege contrahere prohibente** ... licet legislator fieri prohibuerit tantum nec specialiter dixerit inutile esse debere quod factum est Theodos et Valent l 5 C de legit 1, 14. Das Verbot soll, kurz gesagt, im Zweifel ein perfektes sein. Diese ganze Klimax aber, aufsteigend von den leges imperfectae bis zu den leges plus quam perfectae, setzt offenbar Geschäfte voraus, die an und für sich gültig sind, da sonst die lex perfecta keine Steigerung bedeuten würde.

Denkt demnach § 134 speziell an die Verbote gültiger Geschäfte, so sind nunmehr drei Fälle zu unterscheiden:

1. Das Verbot ergeht wegen der faktischen Wirkungen des Rechtsgeschäfts. Diesen Fall will § 134 nicht treffen, denn die Sanktionsversagung würde sich ja gegen die rechtlichen Wirkungen des Geschäfts richten, die doch unangetastet bleiben sollen! Auf so gelagerte Fälle bezieht sich vielmehr der Vorbehalt des § 134: „Soweit sich nicht ein anderes ergibt".

2. Das Verbot ergeht zur Verhütung der mit dem Rechtsgeschäft verbundenen Rechtswirkung. Das ist der Musterfall des § 134. Das Verbot ist zwar ein Mittel zur Erreichung des Zwecks, aber doch nur ein unvollkommenes trotz aller Strafandrohungen; denn wenn es übertreten wird, tritt der Rechtseffekt vermöge der Sanktion nachwievor ein. Da greift nun § 134 zu dem vollkommenen Mittel der Sanktionsversagung; die Sanktion, deren sich das Geschäft bis dahin erfreute, wird zurückgenommen. Die Funktion des Verbots wird also nunmehr von der Sanktionsentziehung erfüllt, und zwar so vollständig, daß — dem Verbot zu tun nichts mehr übrig bleibt. § 134 ersetzt das Verbot durch die Sanktionsversagung, das verbotene Geschäft schlägt in ein nichtiges um.

3. Das Verbot hat eine Doppelfunktion, es richtet sich gegen das Geschäft als Rechtsgeschäft und faktische Handlung.

Auch hier greift § 134 ein. Die erste Funktion wird wieder von der Sanktionsentziehung übernommen; insoweit wird das Verbot überflüssig. Die zweite Funktion dagegen behält es bei. Eben, im Fall 2, räumte das Verbot der Sanktionsentziehung völlig den Platz, hier nur teilweise, eben wurde es durch sie gänzlich ersetzt, hier nur zum Teil.

Eine Ersetzung geschieht. Damit wird die übliche Auffassung widerlegt, die in der sogenannten lex perfecta nur ein besonders starkes Verbot sieht. Die römische Klimax fordert ja allerdings zu solcher Auffassung heraus, indem sie auf eine quantitative

Steigerung zu deuten scheint, so wie etwa das Strafrecht vom Verweis aufwärts schreitet bis zu Zuchthaus und Tod. Allein diese ganze Auffassung beruht auf der Verkennung des Unterschieds von Verbot und Sanktionsversagung. Perfektheit des Verbots bedeutet nicht quantitative Verstärkung, sondern völlige oder teilweise Ersetzung der Verbotsnorm — durch eine zweite Norm von durchaus anderer Qualität. Indem das Verbot perfekt wird, hört es auf, Verbot zu sein.

II. So streng wir bisher beide Normen schieden, so ist doch jetzt nicht länger zu verschweigen, daß der Sprachgebrauch oft Verbot und Sanktionsversagung identifiziert — womit natürlich bei der Auslegung des Gesetzes zu rechnen ist.

Der Belege für dieses qui pro quo bedarf es kaum. Ein paar genügen: Man spricht von Zessionsverbot und meint doch nur, daß die Forderung nicht übertragen werden kann. Die Ehehindernisse werden oft in Bausch und Bogen als Eheverbote bezeichnet, und doch ist man sich klar, daß nicht in allen Fällen eigentliche Verbote vorliegen. Den Ehegatten, so sagt man, ist es verboten, einander zu beschenken, aber nirgends finde ich, daß mit dem Verbot Ernst gemacht wird.

Immerhin scheint mir, als ob der Sprachgebrauch nicht in jedem Falle Nichtigkeit und Verbot eines Rechtsgeschäfts als synonym gebraucht. Er tut es, wenn ich so sagen darf, nicht bei Sanktionsverweigerung, wohl bei Sanktionsentziehung. Jene ist Versagung der Sanktion von Haus aus, diese ist Wegnahme der einen Augenblick vorhanden gedachten Sanktion. So verbindet sich mit dem Verbot die Vorstellung des Ausnahmsweisen.

Die Grenze ist selbstverständlich flüssig. Indes, es soll ja auch der Sprachgebrauch nicht verteidigt, sondern nur erklärt werden. Jedenfalls liegt ihm diese stark gefühlsmäßige Unterscheidung zugrunde. Niemand sagt z. B., daß es dem Geisteskranken verboten sei, Rechtsgeschäfte abzuschließen, dem Minderjährigen verboten, sich zu verpflichten. Davor scheut die Zunge einfach. Wohl aber bezeichnet man die Ausnahme von der Übertragbarkeit der Forderungen als Verbot, ebenso die Ausnahme von der Vertragsfreiheit im Obligationenrecht (§§ 311, 312, 276 usw.); wohl auch die Ausnahme von der Formfreiheit, von der Bedingungsfreiheit, von der Freiheit in der Stellvertretung usw.

Die Grenze, die der Sprachgebrauch innehält, weist uns zugleich den Weg, der zu seiner Erklärung führt. Wenn man vom Verbot eines Rechtsgeschäfts spricht, überwiegt, wie schwerlich bestritten wird, der Gedanke an dasjenige Verbot, das die mit dem Rechtsgeschäft verbundene Rechtswirkung zu hindern bezweckt. Ein Verbot dieser Art setzt aber, wie wir sahen, ein gültiges Rechtsgeschäft voraus. Eben weil durch die Vornahme des Rechtsgeschäfts der Rechtseffekt herbeigeführt werden würde, wird sie untersagt. Ein solches Verbot ist also ausnahmsweise Hinderung eines Rechtseffekts. Man spricht nun von Verbot auch da, wo das Gesetz auf andere Weise dasselbe tut, nämlich durch Zurücknahme der Sanktion, durch Sanktionsentziehung. Es ist das erklärlich, ist es doch § 134 selbst, der beide Dinge in engste Verbindung setzt, deutet er doch selbst, wie gezeigt, das verbotene Geschäft in ein nichtiges um. Die Nichtigkeit erscheint in der Maske des Verbots, das Verbot ist indirekt ausgesprochene Nichtigkeit. So verliert das Verbot seine Wortbedeutung und so kommt man umgekehrt dazu, auch die direkt ausgesprochene Nichtigkeit Verbot zu nennen, sofern sie eben den Charakter der ausnahmsweisen Hinderung eines Rechtseffekts hat.

III. Auch die Verfasser des Bürgerlichen Gesetzbuchs stehen im Bann der soeben erklärten Redeweise. Daß „ein Rechtsgeschäft verbieten" ihnen gleichbedeutend ist mit „der Gültigkeit eines Rechtsgeschäfts entgegentreten", das geht aus den Motiven [1]) ganz sicher hervor. Weiterhin darf man wohl annehmen, daß sie unter „der Gültigkeit eines Rechtsgeschäfts entgegentreten" die Sanktionsentziehung, die Zurücknahme der momentan vorhanden gedachten Sanktion verstehen.

Die praktische Folge davon ist klar. Man muß von Fall zu Fall prüfen, wie das „Verbot", von dem das Gesetz spricht, gemeint ist, ob im eigentlichen Sinn oder nicht. Solche Prüfungen sind z. B. bei §§ 817, 819 und bei § 309 anzustellen [2]). Hier interessiert

1) Motive zum Allgemeinen Teil, S. 210, 211 (Mugdan I, S. 468, 469).

2) §§ 309, 817 und 819 reden alle von Verboten. Wie ist das gemeint? Sicher denken § 817 und § 819 an Verbote im eigentlichen Sinn. Weshalb kann der Leistende nach § 817 kondizieren? Die Motive II, S. 849, antworten: „Als Grund der Vorschrift erscheint der auf seiten des Empfängers in der Annahme liegende Verstoß und die darin sich offenbarende Auflehnung gegen die guten Sitten und die öffentliche Ordnung."

vor allem, ob das Veräußerungsverbot als wirkliches Verbot gemeint ist. Oder ist es etwa gleichbedeutend mit „ausnahmsweiser Hinderung der Veräußerung", mit singulärem Nichtverfügen können, mit singulärer Verfügungsbeschränkung? Wenn ja, so würde sich ergeben, daß überall da, wo das Gesetz der Veräußerung singulärerweise die Wirksamkeit abspricht, aber in nicht ganz deutlicher Art,

---

Planck meint freilich (Kommentar, 3. Aufl., § 817, Note 1), richtiger sei die Auffassung, daß die condictio wie sonst so auch hier die Rückgängigmachung einer innerlich nicht gerechtfertigten Vermögensverschiebung bezwecke. Jedenfalls aber ermangelt diese Rechtfertigung doch nur bei Verboten im eigentlichen Sinn des Wortes. — Ebenso ist die Verschärfung der Haftung in § 819 als Strafe gedacht und setzt einen Verstoß gegen ein wahres Verbot voraus. Wer die ihm im Voraus versprochenen Zinseszinsen annimmt, übertritt z. B. ein solches Verbot und haftet nach § 319 (zahlt freilich der andere die Zinseszinsen in Kenntnis der Rechtslage, so liegt darin eine nachträgliche Vereinbarung, die gemäß § 247 gültig ist. Eine Kondiktion ist daher ausgeschlossen, wiewohl § 814 nur für die condictio indebiti gilt, nicht aber für die condictio ob iniustam causam). Wer dagegen ein künftiges Vermögen kauft (§ 310), verstößt schwerlich durch den Empfang von Vermögensstücken gegen ein gesetzliches Verbot, er haftet nicht nach § 819 II.

Wie das Verbot in § 309 aufzufassen ist, mag zweifelhaft erscheinen. Die Gesetzesmaterialien lassen uns im Stich, die Literatur, soviel ich sehe, auch. Sicher kommt § 309 nicht zur Anwendung, wo das Geschäft an einem Mangel der Geschäftsfähigkeit oder des Willens (§ 116 flg.) oder der Form leidet, wiewohl man, wie erwähnt, im letzten Fall wohl von Verbot redet. Der Ausländer, der formlos hier ein Grundstück kauft, kann nicht unter Berufung auf seine Rechtsunkenntnis negatives Vertragsinteresse verlangen. Soll man anderseits auf einem Verbot im eigentlichen Sinn bestehn? Dann wären viele Gesetzesbestimmungen über Ausnahmen von dem Prinzip der obligatorischen Vertragsfreiheit daraufhin zu prüfen! Gewiß ist z. B., daß in § 247 ein wahres Verbot vorliegt, aber in §§ 311, 312 usw.?

Meines Erachtens beruht die in § 309 angeordnete Ersatzpflicht auf dem Prinzip der culpa in contrahendo. Mit Strafe hat das nichts zu tun, wie der Vergleich mit § 308 beweist. Zweifellos ist der Vertrag über eine unmögliche Leistung bloß nichtig und nicht auch verboten, und doch ist das negative Interesse zwecks Ausgleichs wegen der culpa in contrahendo zu leisten. Mehr will auch wohl § 309 nicht sagen. Wer rechtskundig dem Rechtsunkundigen sein künftiges Vermögen abkauft, haftet also für das negative Interesse, unabhängig davon, ob § 311 als eigentliches Verbot aufzufassen ist oder nicht. Die Entscheidung scheint mir auch billig. Das Hauptanwendungsgebiet des § 309 sind daher die Obligationen mit einem dem Gesetz mißfallenden Inhalt. Übrigens laufen die Grenzen von § 309 und § 306 oft ineinander über, da § 306 auch die juristische Unmöglichkeit betrifft.

die §§ 134, 135 zur Erläuterung herangezogen werden müßten. Wie erinnerlich [1]), stellt in der Tat Kormann die Behauptung, daß sich das so verhält, als ganz sicher an die Spitze seiner Untersuchung.

Meines Erachtens jedoch ist dieser Ausgangspunkt durchaus unsicher. Es kann so sein, aber daß es so sein muß, ist vorderhand nicht zu beweisen. Es kommt hinzu, daß die Fälle, die man im Römischen Recht als Veräußerungsverbote ansprach, mehr oder minder ersichtlich wirkliche Verbote waren, zum Teil solche mit Strafandrohung [2]).

So tut man denn wohl gut, davon auszugehen, daß das Bürgerliche Gesetzbuch das Veräußerungsverbot im wahrsten Sinn des Wortes versteht, daß es dabei an ein Verbot κατ᾽ ἐξοχήν denkt.

Nun sahen wir — und damit ziehen wir die Nutzanwendung aus der Betrachtung unter I — daß das Verbot eines Rechtsgeschäfts mehreren Zwecken dienen kann. Was das Veräußerungsverbot betrifft, so kann sein Zweck nicht zweifelhaft sein. Es bekämpft die Veräußerung wegen der ihr eigentümlichen Rechtswirkung. Es richtet sich, wenn nicht ausschließlich, so doch in erster Linie gegen die Veräußerung als Rechtsgeschäft, nicht als Faktum. Die mit der Verfügung verbundene Änderung der rechtlichen Lage will das Gesetz vermieden wissen.

Ein Verbot mit dieser Funktion setzt aber, wie mehrfach gesagt, ein zunächst gültiges Geschäft voraus. Schon daraus folgt die Singularität des Veräußerungsverbots. Es widersetzt sich solchen Verfügungen, für deren Wirksamkeit die allgemeinen Voraussetzungen gegeben sind.

Zur Unterstützung des Verbots fügen die §§ 134, 135 Sanktionsentziehungen hinzu. Wir sind darauf vorbereitet, daß darin eine völlige oder teilweise Ersetzung des Verbots durch eine wesensverschiedene Norm liegt. Was sich Veräußerungsverbot nennt, ist vermöge der in jenen Paragraphen geschehenden Umdeutung ausschließlich oder hauptsächlich — Verfügungsbeschränkung.

Auf die Singularität ist zuerst einzugehen. Der Vorteil davon besteht in der Abgrenzung des Untersuchungsfeldes.

---

1) Oben S. 12.

2) Vgl. über die res litigiosa fragm. de iure fisci § 8 (Strafe!); über die Oratio Severi l. 1 D. 27, 9 (interdicam); über das SC Hosidianum l. 52 D. 18, 1 (Strafe!); über den fundus dotalis pr. J. 2, 8 (interdicta).

§ 5.

Die Singularität des Veräußerungsverbots.

I. Das Veräußerungsverbot ist allemal singuläre Hinderung der Veräußerung.

Dafür sprechen vier Gründe. Erstens die Tradition. Von jeher hat man mit dem Veräußerungsverbot den Gedanken an etwas Ausnahmsweises, Singuläres verknüpft. Es war das wie gezeigt[1]), nahezu das einzige Begriffsmoment, über das man sich einig war. Man kann mit Sicherheit annehmen, daß das Gesetz dieser Tradition gefolgt ist, daß es von dem schwankenden Begriff am ehesten das herübergenommen hat, was den ruhenden Pol in der Erscheinungen Flucht bildete. Dieser Grund dürfte allein schon entscheidend sein.

Dazu kommt, daß die Motive[2]) ausdrücklich einmal den singulären, exzeptionellen Charakter des Veräußerungsverbots hervorheben. Sodann die Parallele mit dem richterlichen Veräußerungsverbot. Wann wird denn die Partei ein Veräußerungsverbot beim Richter beantragen, wann dieser es erlassen? Doch nur dann, wenn andernfalls der Gegner zu einer wirksamen Veräußerung in der Lage wäre. Gegen einen, der sowieso nicht veräußern kann, ein Verbot zu erlassen, lehnt der Richter ab, wenn er vernünftig ist. Das richterliche Veräußerungsverbot ist mit einem Wort allemal singulär. Beim gesetzlichen wird es folglich nicht anders sein. Unterscheiden sie sich doch rein äußerlich. Das eine Mal verbietet das Gesetz die Veräußerung unmittelbar, das andere Mal mittelbar durch den Mund des Richters. Beide Male regelt es Situationen derselben Art.

Endlich stütze ich mich auf das Ergebnis der allgemeinen Untersuchung[3]) und betrachte daher die Singularität des Veräußerungsverbots als gesichert.

II. Was heißt nun singulär? Singulär ist es z. B., daß der Ehemann den Fundus dotalis nicht veräußern kann, trotzdem alle Voraussetzungen dafür gegeben sind. Das Gegenteil ist regulär: Weil es an einer der vorgeschriebenen Voraussetzungen fehlt, deshalb entbehrt die Verfügung der Wirksamkeit. Solche Voraussetzungen sind z. B. Verfügungsbefugnis, Tauglichkeit des Aktes,

---

1) Oben S. 4.

2) Motive zum Oblig.-Recht, S. 615: „Ein solches Verbot bleibt indessen immer eine Anomalie“. (Mugdan, II, S. 344).

3) Oben S. 21.

Übertragbarkeit des Rechts usw. Die Sanktionsversagung liegt mangels einer solchen Voraussetzung allemal in der Rechtskonsequenz. Stets kann man sie aus allgemeinen Rechtsprinzipien herleiten. Solche sind z. B. nemo plus iuris transferre potest quam ipse habet; das Kollisionsprinzip: eine Verfügung über das belastete Recht ist nur insoweit wirksam als sie dem belastenden Recht nicht schadet; resoluto iure dantis resolvitur ius concessum usw.

Eben das ist nicht möglich beispielsweise bei der Veräußerung eines Dotalgrundstücks. Es läßt sich kein anderer Grund für ihre Vergeblichkeit anführen als der: Das Gesetz will es hier nun einmal so kraft besonderer Bestimmung. Ich höre jemand einwenden: Der Ehemann kann über das Dotalgrundstück einfach deshalb nicht verfügen, weil ihm die Verfügungsbefugnis fehlt. Aus demselben einfachen Grund kann der durch den Testamentsvollstrecker beschränkte Erbe (§ 2211) usw. nicht verfügen. Allein der Einwand bleibt an der Oberfläche. Regel ist, daß der Eigner eines Rechts die Verfügungsbefugnis hat. Der Gläubiger der belasteten Forderung hat sie deshalb (zum Teil) nicht, weil sein Recht mit einem andern zusammentrifft. Der einen Regel wird durch eine andere begegnet. Weshalb aber der Eigentümer des Dotalgrundstücks, der Erbe im Fall der § 2211 nicht verfügen kann, das läßt sich nicht in entsprechender Weise erklären. Die Regel ist zwar aufgehoben, aber nicht durch eine andere; es liegt bloß eine Negation vor, und diese bloße Negation ist eben singulär.

III. Die Fälle, in denen reguläre Unwirksamkeit der Verfügung in Betracht kommt, lassen sich in sechs Gruppen teilen.

1. Der Akt ist mangelhaft oder unvollständig. Der Verfügende ist z. B. nicht geschäftsfähig, die Willenserklärung leidet an einem Fehler, die Form ist nicht beobachtet, die Übergabe oder Eintragung ist unterblieben usw. In Fällen dieser Art die §§ 134, 135 heranzuziehen, ist offenbar verkehrt. Übrigens besteht über den Charakter der Sanktionsversagung hier kein Zweifel. Auf diese Gruppe ist daher nicht mehr zurückzukommen.

2. Die Verfügungsbefugnis oder das Verfügungsrecht fehlt. Die Verfügung ist alsdann absolut unwirksam, kann aber konvaleszieren. Die §§ 134, 135 greifen nicht ein.

Hierhin gehören auch zahlreiche Fälle, in denen man wegen ihrer eigentümlichen Gestaltung, jedoch mit Unrecht, von einer Verfügungsbeschränkung spricht und deshalb den § 135 anzuwenden versucht ist. Beispielsweise sagt man vom Ehemann, daß er in der Verfügung beschränkt sei, da er nur über gewisse Gegenstände seiner Frau verfügen könne, und doch ist sicher, daß eine die Schranke überschreitende Verfügung grundsätzlich ebenso zu beurteilen ist wie in dem Musterfall, daß jemand eine geliehene Sache veräußert. Beide Male kommt der Grundsatz zur Anwendung: Verfügen kann nur der Befugte. Die Verfügung des nicht Befugten ist folglich ohne Wirkung.

Auf diese Gruppe der „scheinbaren Verfügungsbeschränkungen" ist im Besonderen Teil näher einzugehen [1]).

Hier sei nur zur Verhütung von Mißverständnissen etwas wiederholt, was ich bereits bei der Auseinandersetzung mit Schröder [2]) bemerkte: Zwar ist es richtig, daß in dem Umstand, daß der Nichteigentümer grundsätzlich kein Eigentum übertragen kann, keine singuläre Veräußerungshinderung liegt und deshalb die §§ 134, 135 außer Betracht zu bleiben haben. Allein man darf auf der anderen Seite nicht übersehen, daß auch die Verfügung des Nichteigentümers nicht ganz ohne Wirkungen ist und daß insoweit ein Veräußerungsverbot, ein gesetzliches nicht minder als ein behördliches, zur singulären Vereitelung dieser Wirkungen durchaus Sinn und Zweck hat. Die Verfügung ist nämlich erstens konvaleszenzfähig (§ 185) und zweitens ist sie ein Titel für den guten Glauben. Beiden Effekten vermag das den Nichteigentümer treffende Veräußerungsverbot zu begegnen. Beispiele: Das Vermögen des Angeschuldigten wird beschlagnahmt § 332 StPO. Vielleicht befinden sich darin auch Sachen Dritter, das Veräußerungsverbot bezieht sich gleichwohl auf sie. Ihr Verkauf durch den Angeschuldigten ist daher nichtig, kann also nicht konvaleszieren, während er das ohne das Verbot wohl könnte. Ebenso wirkt das wider den Gemeinschuldner ergehende Verbot auch auf die res aliena ein, die sich in der Masse befindet. Der gute Glaube Dritter wird infolgedessen nicht geschützt, § 8 KO.

3. In den Fällen der Rechtskollision entscheidet das Kollisionsprinzip: Eine Verfügung über das belastete Recht ist nur insoweit wirksam, als sie dem belastenden Recht nicht schadet. Der Gläubiger kann z. B. seine Forderung wegen des auf ihr ruhenden Mißbrauchs oder Pfandrechts nicht aufheben (§§ 1071, 1276).

1) Unten § 23.

2) Oben S. 6.

Ein fester Sprachgebrauch, an dem nicht zu rütteln ist [1]), nennt das Verfügungsbeschränkung. Die §§ 134, 135 treffen indes diesen Fall nicht, denn er hat nichts Singuläres an sich, seine Eigentümlichkeit besteht nur in der Rechtskollision.

Welcher Art die Unwirksamkeit der kollidierenden Verfügung ist, mag zweifelhaft erscheinen. Deshalb bedarf es einer genaueren Erörterung im Besonderen Teil [2]). Es wird sich zeigen, daß sie absolut ist. Als eine Ausnahme von § 135 darf man das nicht hinstellen, bezieht sich doch der Paragraph auf solche Fälle gar nicht.

4. Revokable Rechte, Zeitrechte. Wer ein Recht auf Zeit hat, kann auch nur auf Zeit darüber verfügen. Das ist ebenso selbstverständlich, wie daß der Besteller nach Beendigung des Nießbrauchs an den Pachtvertrag des Nießbrauchers nicht gebunden ist. Wer auf 10 Jahre, also bis zu einem Resolutivtermin Eigentum erhielt, kann es zwar weiter übertragen, aber nicht über die Dauer seiner Herrschaft hinaus.

Wieder nennt das ein fester Sprachgebrauch, dem man sich zu beugen hat [3]), Verfügungsbeschränkung; aber ebenso haben die §§ 134, 135 hier wieder nichts zu sagen.

Ob die Verfügungsbeschränkung absolut oder relativ wirkt, ist bestritten. Genaueres über die „Zeitrechte" folgt daher im Besonderen Teil [4]).

5. Unübertragbare Rechte. Nur übertragbare Rechte können übertragen werden. Selbstverständlich ist die Veräußerung des Nießbrauchs nichtig. Von Veräußerungsverbot, von Anwendung der §§ 134, 135 kann keine Rede sein, das Veräußerungsverbot betrifft nur von Haus aus veräußerliche Rechte.

Was für den Nießbrauch gilt, muß auch für sonstige unübertragbare Rechte einschließlich der Forderungen gelten [5]).

6. Wie in dem Rechtssatz, daß ein Recht unübertragbar ist, kein Veräußerungsverbot liegt, so auch nicht in dem Rechtssatz, daß eine Sache in Anbetracht ihrer Zweckwidmung nicht oder nur beschränkt veräußerlich ist. Das Veräußerungsverbot betrifft nur von

---

1) Motive zum Sachenrecht, S. 541 und 857. (Mugdan, III, S. 302 und 478.)

2) Unten § 24.

3) Motive zum Allgemeinen Teil, S. 259, 260. (Mugdan, I, S. 496.)

4) Unten § 25 ff.

5) Unten § 29.

Haus aus übertragbare Rechte, es betrifft ebenso nur von Haus aus veräußerliche Sachen.

Ich gebe zu, daß man hier und stellenweise auch bei der fünften Gruppe in der Frage der Singularität schwankend sein kann. Deshalb ist nähere Prüfung vonnöten [1]). Hier weise ich nur darauf hin, daß die Meinungsverschiedenheit nicht die Singularität des Veräußerungsverbots in ihren Strudel zieht, sondern sie umgekehrt zur Voraussetzung hat.

Zu Gruppe 1—6: Hervorgehoben sei endlich, daß das Gesetz in den überblickten Fällen sich nicht ausschließlich des Mittels der Sanktionsversagung bedient, sondern bisweilen ein Verbot hinzufügt. Der Vormund z. B. handelt pflichtwidrig, wenn er ein Wertpapier ohne Genehmigung des Gegenvormundes veräußert usw. Es gibt also verbotene Verfügungen, die nicht Veräußerungsverbote im technischen Sinne sind. Das Kennzeichen der letzteren ist eben die singuläre Hinderung einer Veräußerung. Verbotene Veräußerung und doch nicht Veräußerungsverbot: darüber hat sich, wie erinnerlich, schon Schröder Gedanken gemacht [2]).

IV. Die in III gegebene Übersicht enthielt manche Fälle von Verfügungsbeschränkungen. Auch bei ihnen lag es durchaus in der Rechtskonsequenz, daß die Verfügung ohne Wirkung blieb. Das mag zunächst etwas sonderbar berühren. Liegt nicht im Begriff der Verfügungsbeschränkung die Singularität? Eine Verfügungsbeschränkung, die nicht singulär ist, — ist das nicht ein Schimmel, der nicht weiß ist?

Die Frage gibt mir Anlaß, den Begriff der Verfügungsbeschränkung zu entwickeln. Ein weiterer Anlaß ist der noch oft zu konstatierende Umstand, daß manche Schriftsteller fälschlich Veräußerungsverbot und Verfügungsbeschränkung identifizieren.

1. Das Wort Verfügung, das vor dem Bürgerlichen Gesetzbuche der Rechtssprache kaum angehörte [3]), ist uns ebenso unentbehrlich als sich damit ein fester, freilich seit Sohm nicht mehr so ganz fester Begriff verbindet. Unentbehrlich ist nun das Wort „Verfügungsbeschränkung" zwar auch, kommt es doch z. B. in §§ 878, 892, 894 vor, aber daß es einen festen Begriff bezeichne, läßt sich, wenigstens heute noch nicht sagen.

---

1) Unten § 30.

2) Oben S. 6.

3) **Biermann, Bürgerliches Recht, § 48 a. A.**

Die Motive erläutern es im Anschluß an § 837 des ersten Entwurfs (§ 892 des Gesetzes) in umfangreicher Weise; ja sie schreiben geradezu eine Abhandlung darüber, was um so mehr besagen will, als sie wohl die erste ist, die dem „Begriff" gewidmet wurde.

Die Motive spornten dann die Kommentare an, z. B. Planck, vor allem die des Grundbuchrechts wie Achilles[1]), Fuchs, Güthe, Predari, Turnau-Förster. Die systematische Literatur hält sich bezeichnenderweise zurück, z. B. Crome[2]). Biermann[3]) und Enneccerus[4]) dagegen bringen einiges.

Das Ziel der Motive ist, den Kreis der eintragbaren Verfügungsbeschränkungen zu umschreiben, doch schwanken sie so hin und her, daß es unmöglich ist, aus ihren Ausführungen eine Definition zu entnehmen.

Das Unbestimmte der Motive kehrt in der Literatur wieder. Turnau-Förster[5]) folgen ihnen ganz. Güthe[6]) verzichtet auf eine Definition und zählt einfach die eintragbaren und nicht eintragbaren Verfügungsbeschränkungen auf. Predari[7]) lehrt: „In der Verfügung beschränkt sein" heißt „durch eine juristische Tatsache in der vollen Entfaltung der rechtsgeschäftlichen Willensmacht auf dinglichem Gebiet gehemmt werden." Eine solche Tatsache scheint ihm auch die Beschränkuug der Geschäftsfähigkeit zu sein. § 892 I 2 soll hier nur deshalb nicht Platz greifen, weil diese Beschränkung nicht zum Schutz Dritter, sondern des Beschränkten selbst geschehe. Diese weite Definition ist natürlich kaum von Nutzen. Auch Planck[8]) bringt eine eigentliche Definition nicht. Fuchs[9]) dagegen tut es: Von Verfügungsbeschränkungen redet man, wo der Eigentümer der Sache oder der Eigner des begrenzten Rechts durch einen besonderen rechtlichen Tatumstand (Veräußerungsverbot, Bedingung, Ehe usw.)

---

1) **Achilles-Strecker**, Grundbuchordnung, S. 23 ff.

2) **Crome**, III, § 359, Z. 2.

3) **Biermann**, Bürgerliches Recht, § 48, Z. 3.

4) **Enneccerus**, I, § 60.

5) **Turnau-Förster**, I, § 892, III 2, S. 210.

6) **Güthe**, I, S. 208 ff., denn „Beschränkung des Berechtigten, über ein Recht zu verfügen" S. 208 ist doch wohl keine Definition.

7) **Predari**, S. 189.

8) **Planck**, III, S. 77.

9) **Fuchs**, I, S. 162.

in der Verfügung über sein Recht beschränkt wird. Die Erläuterungen, die er dazu gibt, sind sehr förderlich.

2. Das Wort Verfügungsbeschränkung sagt meines Erachtens mehr über seine Bedeutung als es zunächst scheinen mag.

a) Es handelt sich um eine Beschränkung in der Verfügung, genauer in der Verfügungsbefugnis, in dem Verfügungsrecht. Der Gegensatz dazu ist Beschränkung in der Fähigkeit zu verfügen. So mit Recht Fuchs[1]). Ungenau, wie wir sahen, Predari.

b) Es handelt sich um eine Beschränkung. Der Gegensatz ist: „frei in der Verfügung" (§ 2131). Nun gibt es aber keine schrankenlosen Rechte. Beschränkung heißt daher: Schranke in der Schranke; sie ist etwas Außergewöhnliches, sie beruht auf einem „besonderen Umstand" (Fuchs), sie ist sekundär, nachträglich, ist zweiter Ordnung.

Daraus folgt, daß in der Unübertragbarkeit eines Rechts, wie z. B. des Nießbrauchs, keine Verfügungsbeschränkung liegt. Aber auch der Umstand z. B., daß der Nießbraucher eines Landguts nur in den Grenzen einer ordnungsmäßigen Wirtschaft über das Inventar verfügen kann, enthält gleichfalls keine Verfügungsbeschränkung. Es ist zwar eine Schranke vorhanden, aber sie ist primär, immanent. Wer 3 erhält, erhält nicht etwa 7—4. Nur der Schein einer Verfügungsbeschränkung, eine „scheinbare Verfügungsbeschränkung" liegt hier, wie bereits angedeutet, vor. Durch den Schein hat man sich leider oft täuschen lassen.

3. Die Schranke in der Schranke beruht also zweifellos auf einem besonderen Umstand. Ein solcher kann sein:

a) das „Zusammentreffen" mit einem andern Recht (§ 1071), Rechtskollision genannt,

b) eine dem Recht selbst anhaftende Zeitgrenze, wie z. B. bei der Bestellung oder der Übertragung eines Rechts unter einer auflösenden Bedingung.

Beide Verfügungsbeschränkungen sind unselbständig, sind nur der Widerschein einer Rechtsbeschränkung, ergeben sich aus allgemeinen Grundsätzen, sind nicht singulär.

c) Die Verfügungsbeschränkung kann aber auch eine selbständige sein, das heißt, sie ist ohne ein beschränkendes Etwas da.

---

1) Fuchs a. a. O.

So ists z. B. bei der Verfügungsbeschränkung hinsichtlich des Dotalgrundstücks. Die selbständige Verfügungsbeschränkung ist singulär.

Was folglich im Begriff der Verfügungsbeschränkung liegt, ist das Ungewöhnliche, das Sekundäre, aber nicht das Singuläre. Alle Verfügungsbeschränkungen sind ungewöhnlich, sind Ausnahmen von der Regel, aber bei den unselbständigen Verfügungsbeschränkungen ist diese Ausnahme eine begründete, fließt sie aus einer andern, jener Regel gleichwertigen Regel, bei den selbständigen ist diese Ausnahme unbegründet, singulär.

Daß z. B. ein Gläubiger seine Forderung nicht nach Belieben aufheben kann, ist gewiß ungewöhnlich. Man faßt eben nur den halben Tatbestand ins Auge. Betrachtet man aber den ganzen Tatbestand, daß zwar der Gläubiger eine Forderung hat, die Forderung jedoch belastet ist, so findet man alles selbstverständlich, nichts ungewöhnlich. Um paradox zu sein: nicht die Verfügungsbeschränkung aus der Rechtskollision ist ungewöhnlich, sondern die Rechtskollision.

4. Der Umfang der Verfügungsbeschränkung ist verschieden. Bald wird dem Berechtigten die Verfügungsbefugnis gänzlich entzogen (§ 137), bald kann er verfügen, aber die Verfügungswirkung wird gleichzeitig zugunsten eines anderen ausgeglichen. So liegt, wie sich noch zeigen wird, der Fall der relativen Verfügungsbeschränkung. In §§ 265, 325 ZPO. endlich kann die Partei verfügen, aber unbeschadet der Rechtsstellung des Prozeßgegners.

Die Verfügungsbeschränkung ist bald Beschränkung in Verfügungen jeder Art, vor allem in der Veräußerung; bald nur in Verfügungen gewisser Art, z. B. in der Aufhebung des Rechts (§ 1071), sie ist also dann keine „Veräußerungsbeschränkung".

Stets aber dürfte die Verfügungsbeschränkung generellen Charakter haben. In dem Verbot der Schenkung zwischen Ehegatten z. B. liegt ganz gewiß keine Verfügungsbeschränkung, kann doch der Mann verfügen, wie er will, kann er doch sogar an seine Frau veräußern, nur in dem einen Fall der schenkungsweisen Übertragung an seine Frau spürt er die Schranke des Gesetzes. Aber Verfügungsbeschränkung nennt man das schwerlich.

5. Ob die Begriffsbestimmung richtig ist, bemißt sich wesentlich nach den §§ 878, 892, 894. Meines Erachtens verstehen sie in der Tat die Verfügungsbeschränkung so wie sie hier entwickelt wurde. Sie alle treffen nicht die hier ausgeschiedenen Fälle: Mangel der

Geschäftsfähigkeit, Unübertragbarkeit des Rechts, sogenannte scheinbare Verfügungsbeschränkungen! Umgekehrt treffen sie alle die Fälle der sogenannten selbständigen Verfügungsbeschränkung; § 878 trifft sodann auch die aus der Revokabilität des Rechts sich ergebende unselbständige Verfügungsbeschränkung, wie der Fall beweist, daß der Veräußerer eines Grundstücks diesem vor der Eintragung des Käufers die Eigenschaft eines Fideikommisses verleiht. In der Regel freilich kann eine solche Verfügungsbeschränkung nur durch Eintragung im Grundbuch entstehen, und dann schützt den ersten Kontrahenten der Umstand, daß eine Eintragung zu seinen Gunsten früher beantragt wurde § 77 GBO. So wird es immer bei den Verfügungsbeschränkungen sein, die nur der Widerschein eines kollidierenden Rechts sind. Auf sie bezieht sich daher keiner der genannten Paragraphen. Gleichwohl wird niemand Anstand nehmen, sie Verfügungsbeschränkungen zu nennen. Insbesondere nennen sie auch die Motive so. Übrigens handeln die §§ 892, 894 nur von den Verfügungsbeschränkungen zu Gunsten bestimmter Personen; sind also für die Abgrenzung des Begriffs nicht von erschöpfender Bedeutung.

Nach allem dem empfiehlt es sich, die Verfügungsbeschränkung ähnlich wie Fuchs zu definieren: Sie ist die auf einem besonderen Umstand beruhende Beschränkung in der an und für sich vorhandenen Verfügungsbefugnis.

Auf die selbständige Verfügungsbeschränkung werden wir im Verlauf der Darstellung noch einmal zurückkommen. Hier begnügen wir uns mit dem Ergebnis, daß nur sie allein, und nicht jede Verfügungsbeschränkung, sich durch jenen singulären Charakter auszeichnet, der dem Veräußerungsverbot eigentümlich ist!

Das absolute Veräußerungsverbot.

§ 6.

1. Die Nichtigkeit der Veräußerung.

Das Untersuchungsfeld ist nunmehr abgegrenzt. Wir kennen die Fälle, auf die die §§ 134, 135 ganz sicher gemünzt sind. Welchen Einfluß hat die Anwendung dieser Vorschriften auf ihre rechtliche Behandlung? Das ist jetzt zu prüfen.

Ich beginne mit § 134. Die behördlichen Veräußerungsverbote tun uns bei der Lösung der Aufgabe dieselben Dienste wie die gesetzlichen. Wir benutzen sie daher bisweilen zur Veranschaulichung.

Die verbotene Veräußerung ist nach § 134 nichtig. Das heißt: sie wird rechtlich nicht anerkannt, der Akt wird für unfähig erklärt, jemals eine rechtliche Wirkung hervorzurufen, es soll so sein, als wenn er überhaupt nicht da wäre. Deshalb tritt der angestrebte Rechtseffekt weder jetzt ein, noch kann er künftig jemals eintreten. Konvaleszenz ist mit anderen Worten ausgeschlossen. Ebenso der Schutz gutgläubiger Dritter. Denn der gute Glaube ersetzt nur den Mangel der Verfügungsbefugnis. Er nützt nichts, wo, wie hier, der Verfügungs*akt* nichtig ist.

Mit dem Gesagten gibt man sich wahrscheinlich nicht zufrieden. Ist man nicht gewohnt, sich das Veräußerungsverbot als *Rechts*beschränkung vorzustellen? Wirkt das Gesetz in der Absicht, den Eigentümer an der Veräußerung zu hindern, nicht auf sein *Recht* ein? Ist die Ursache seines vergeblichen Tuns nicht die Entziehung der Verfügungsbefugnis?

Man muß unterscheiden: 1. Wenn das Gesetz beispielsweise die Veräußerung eines Grundstücks an eine ausländische juristische Person verbietet, so liegt darin *keine* Entziehung der Verfügungsbefugnis. Die Übertragung an den Ausländer ist wirkungslos, *trotzdem* der Veräußerer die Verfügungsbefugnis hat. 2. Wenn dagegen das Gesetz *allen* Veräußerungen des Eigentümers die Anerkennung versagt, so liegt darin allerdings auch die Entziehung des Verfügungsrechts. Dann ist das Verbot in der Tat Rechtsbeschränkung. Das Verbot richtet sich hier nicht nur gegen einen Akt oder eine Vielheit von Akten, sondern auch gegen das Recht des Betroffenen. Es wirkt nicht nur *momentweise* in der Zukunft, sondern schafft sogleich einen andern *Zustand*.

Daß es nur in den Fällen der letzten Art berechtigt ist, von Veräußerungsverbot zu reden, wird sich noch zeigen [1]). Man kann also sagen, daß das absolute Veräußerungsverbot sowohl die Verfügungsakte vernichtet als auch die Verfügungsbefugnis entzieht.

Hierbei stoßen wir freilich auf Widerspruch.

1. Die *einen* leugnen die Verfügungsentziehung. Das tun, wie bereits angedeutet [2]), *Herold* und *Ramdohr*. Beide Schriftsteller drücken sich nicht allzuklar aus. Wenn ich sie recht verstehe,

1) Siehe unten § 16.

2) Oben S. 2.

liegt es nach ihrer Ansicht nur an der Nichtigkeit des Aktes, daß das Eigentum nicht übergeht. Die Verfügungsbefugnis bleibt! Veräußerungsverbot und Verfügungsentziehung sind ganz verschiedene Dinge. In jenem Fall geht das Recht nicht über, trotzdem der Eigentümer die Verfügungsbefugnis hat, in diesem, weil er sie nicht hat.

So schreibt Rambohr[1]): Das Veräußerungsverbot müsse bei der Person des Veräußerers halt machen. Es sei rechtliche Bindung des Willens des Veräußerers (S. 326). Vergebens lehne sich der Wille gegen das Verbot auf. Die Verfügungsbeschränkung dagegen bestehe in der sachlichen Gebundenheit des gewaltunterworfenen Stückes (S. 326). Sie ergreife die Sache oder das Recht selbst; mit der Person des Berechtigten stehe sie in gar keiner unmittelbaren Berührung (S. 326). Die Beschränkung sei Bestandteil des auf das jedesmalige Vermögensstück bezüglichen Rechtsverhältnisses (S. 336).

Man wird nicht oft auf so viel Mystik in der juristischen Literatur stoßen. Ich habe sie nicht verstanden. Rambohr wird auch nicht deutlicher, wenn er schreibt: Veräußerungsverbote wenden sich wie obligatorische Befugnisse an die Rechtssubjekte (S. 326 u.) und machen deren Willen nach einer bestimmten Richtung untertan (S. 326 u.), sie erzeugen subjektive Gebundenheit (S. 332) „Verfügungsbeschränkung und dingliche Gerechtsame schreiten an den Personen achtlos vorüber und ergreifen den Gegenstand; sie erzeugen objektiv eine sachliche Gebundenheit" (S. 326 u. S. 660). Die absolute Verfügungsbeschränkung wirkt ungefähr wie das absolute Verbot (S. 329), aber aus anderem Grunde. Wie ein relatives Veräußerungsverbot gibt es auch relative Verfügungsbeschränkung (S. 330). Der Schutz des guten Glaubens gegenüber relativen Veräußerungsverboten ist anomal, gegenüber relativen Verfügungsbeschränkungen dagegen nicht! (S. 332).

Mit Fug könnte man erwarten, daß Rambohr seine tiefgründigen Unterscheidungen an Beispielen klar machte. Statt dessen führt er zwar (S. 327) eine Menge von Beispielen an, verrät aber nirgendwo, was nun Willensbindung und was sachliche Gebundenheit des gewaltunterworfenen Stückes ist, die an den Personen achtlos vorüberschreitet. Seltsamerweise spricht er auch im Fall des Verbots, das doch bei der Person des Veräußerers Halt machen

1) Rambohr, S. 324 ff.

soll, vom Mangel an Dispositionsbefugnis. Was mag diesen Mangel wohl von der Verfügungsbeschränkung unterscheiden?

Bei Herold[1]) erfährt man schon eher, was er will. Auch nach seiner Meinung sind Veräußerungsverbot und Verfügungsbeschränkung völlig voneinander verschieden. Beim Veräußerungsverbot besteht die Verfügungsbefugnis ungeschmälert weiter, aber der Betroffene darf von ihr keinen Gebrauch machen; die Verfügungsbeschränkung entzieht die Verfügungsbefugnis, der Betroffene kann daher nicht mehr verfügen (S. 485). Die Verfügung wider ein Verbot ist die eines Berechtigten, die des in der Verfügung beschränkten ist die eines Nichtberechtigten (S. 486). Verfügungsverbot und Verfügungsbeschränkung schließen begrifflich einander aus, können daher nicht nebeneinander bestehen (S. 486). „Es hat keinen Sinn, jemanden zu befehlen, eine Sache nicht zu verkaufen und sie einem Dritten zu geben, wenn man sie ihm gleichzeitig wegnimmt, damit sie so dem Dritten zukomme" (S. 486).

Die Unterscheidung, aus der Herold, übrigens im Gegensatz zu Ramdohr, bedeutsame praktische Folgerungen zieht, entbehrt des Fundaments.

Gerade Herold und Ramdohr beweisen, wie nötig unsere allgemeine Untersuchung über das Wesen des Verbots von Rechtsgeschäften war. Herold hat sich nicht klar gemacht, daß das Verbot die Verfügung, für deren Wirksamkeit alle Voraussetzungen gegeben sind, nicht vereiteln kann, selbst wenn ihm die strengste Strafandrohung hinzugefügt ist. Das Nichtsollen ist ohnmächtig gegenüber dem Können. Statt des Verbots oder außerdem bedarf es vielmehr der Sanktionsentziehung. Daß beide in gewissem Sinn sehr wohl nebeneinander stehen können, ist uns zur Genüge bekannt. Die Sanktionsentziehung ist nun aber hier nach der ganzen Sachlage auch Verfügungsentziehung. Wenn das Gesetz erklärt, daß der Eigentümer hinsichtlich seiner Verfügungen unter gewissen Umständen so stehen solle, wie ein Fremder, so wird niemand Anstand nehmen, darin eine Entziehung der Verfügungsbefugnis zu erblicken. In § 134 geht das Gesetz noch weiter, indem es die Verfügungen des Eigentümers für endgültig unwirksam, für nichtig erklärt. In maiore minus! Da entzieht es also doch auch die Verfügungsbefugnis. Will man das deshalb leugnen, weil

1) Herold, S. 485 ff.

das Gesetz hier den Eigentümer noch schlechter stellt als den Nichteigentümer? Das wäre doch absurd. Richtig ist vielmehr, daß das Gesetz nicht nur dem Eigentümer das Verfügungsrecht nimmt, sondern außerdem noch etwas tut: dem Verfügungs*akt* die Gültigkeit abspricht.

Herolds Meinung ist sodann ganz unhistorisch. Wo hat man denn bislang die Veräußerungsverbote meist abgehandelt? In dem Kapitel über *Beschränkung des Eigentums*.

Vergeblich beruft sich *Herold* auf die Entstehungsgeschichte unseres Gesetzes. Das Unrecht seiner Berufung wird allein schon durch den Absatz 2 des § 107 des ersten Entwurfs (gleich §§ 134, 135 des Gesetzes) bewiesen. „Als gesetzliches *Veräußerungsverbot* — heißt es da — gilt auch die in einem Rechtsgeschäft sich gründende, nach gesetzlicher Vorschrift gegen dritte wirksame *Verfügungsbeschränkung*." Dazu kommt § 137 BGB. „die Befugnis zur Verfügung über ein veräußerliches Recht kann nicht durch Rechtsgeschäft ausgeschlossen oder beschränkt werden". Er handelt also von der Verfügungs*entziehung* und Verfügungs*beschränkung*, und zwar im unmittelbaren Anschluß an gesetzliche und behördliche Veräußerungsverbote. Der Schluß ergibt sich von selbst: das rechtsgeschäftliche Veräußerungsverbot bewirkt keine Verfügungsbeschränkung, wohl aber das gesetzliche und das behördliche.

Das Ergebnis ist, daß das absolute Veräußerungsverbot eine Verfügungsentziehung in sich schließt. Für die Beurteilung der Fälle, in denen das Gesetz eine solche anordnet, ist das natürlich von Belang. Keinesfalls stehen sie im Gegensatz zum Veräußerungsverbot.

2. Leugnen *Herold* und *Ramdohr* die Verfügungsentziehung, so wird anderseits das Veräußerungsverbot durch sie nicht erschöpfend charakterisiert. Dazu kommt die Vernichtung des Aktes, aus der sich der Ausschluß der Konvaleszenz und des Schutzes des guten Glaubens erklären. Weil das Veräußerungsverbot mehr als Verfügungsentziehung ist, hat es auch da praktische Bedeutung, wo es sich ausnahmsweise gegen eine sowieso schon der Verfügungsbefugnis entbehrende Person wendet.

3. Irrig ist endlich die Ansicht, daß das Veräußerungsverbot das Recht oder die Sache *unveräußerlich* mache, wie es z. B. *Landsberg*[1]) ausdrücklich behauptet. Aber auch bei andern

---

1) *Landsberg*, I, § 46. Je nach ihrer Art — schreibt er — sind die Rechte bald übertragbar, bald nicht. „Ist ein Recht der Art nach über-

Schriftstellern macht sich diese Vorstellung mehr oder minder bemerkbar. So beginnt Dernburg[1]) seinen Paragraphen über Veräußerungsverbot mit den Worten: „Die Veräußerlichkeit vermögensrechtlicher Güter ist die Regel. Aber Verbote können ihr entgegentreten." Da wirken offenbar gemeinrechtliche Reminiszenzen nach, und zwar mit Unrecht, wie folgendes Beispiel beweist: Der Angeschuldigte, dessen Vermögen nach § 332 StPO. beschlagnahmt ist, veräußert eine Sache; sowohl der obligatorische wie der dingliche Vertrag sind nichtig und der Käufer wird trotz seines guten Glaubens nicht Eigentümer. Wenn aber der Käufer die Sache an einen Dritten weiterveräußert, so ist die Obligation gültig, die Verfügung ist nicht nichtig, die mangelnde Veräußerungsbefugnis wird durch den guten Glauben des Dritten ersetzt[2]).

Das Veräußerungsverbot bezieht sich mithin wohl auf eine Sache, einen Gegenstand (§ 772 ZPO.), aber es lastet nicht auf ihnen.

Zuzugeben ist nur, daß, wenn das Gesetz allen Menschen die Veräußerung der beschlagnahmten Gegenstände verbietet, die letzteren in der Tat unübertragbar werden. Ob es solche Fälle gibt? Es gibt ihrer, aber sie sind selten, und zudem ist es zweifelhaft, ob sie nicht unter einem andern Gesichtswinkel, nämlich dem der Verkehrsentziehung, zu betrachten sind. Als Beispiel möchte ich anführen, daß die Veräußerung wutkranker Hunde jedermann verboten ist[3]). Ebenso richtet sich das Verbot der Veräußerung von Sprengstoffen[4]) nicht lediglich an den Besitzer, sondern grundsätzlich an jedermann (arg. a contr. ex § 9). Doch wird hier der Grundsatz durchbrochen. Wenn A, B und C Erlaubnis zum Handeln mit Sprengstoffen haben und B veräußert dem C den Sprengstoff des A, so verstößt er nicht gegen ein Veräußerungsverbot, er tut höchstens insofern etwas unwirksames, als er über fremde Sachen verfügt. Davon abgesehen, läßt sich auch in diesem Fall noch sagen, daß das Verbot sich auf die Sache legt, sie mehr oder minder unveräußerlich macht.

---

tragbar, so kann doch diesem einzelnen Recht durch besonders es berührende Verbote die Übertragbarkeit entzogen sein, wir nennen solche Verbote Veräußerungsverbote." Die Systematik ist wohl an dem Irrtum schuld.

1) Dernburg, Bürgerliches Recht, I, § 124.

2) Ebenso entscheidet Kormann, S. 98.

3) Viehseuchengesetz vom 23. Juni 1880 in der Fassung vom 1. Mai 1894 (RGBl. S. 409) § 36.

4) Sprengstoffgesetz vom 9. Juni 1884.

§ 7.
Fortsetzung. Einzelheiten.

I. Das Veräußerungsverbot kann bedingt sein. Bedingt ist es, wenn es bei Zustimmung einer gewissen Person, vor allem eines Beamten oder einer Behörde, entfällt. Die Bedingtheit hat praktische Folgen, die um so beachtenswerter sind, als unbedingte Veräußerungsverbote zu den Seltenheiten gehören werden.

1. Wenn z. B. der Angeschuldigte eine nach § 332 StPO. beschlagnahmte Sache vorbehaltlich der Genehmigung des Güterpflegers veräußert, mag ein solcher schon bestellt sein oder noch nicht, so ist die Verfügung nicht nichtig, sondern in der Schwebe. Wenigstens wüßte ich nicht, was dagegen spräche. Vielleicht fühlt sich der Verfolgte völlig unschuldig, erwartet die Aufhebung der Beschlagnahme in wenigen Tagen und hat daher ein berechtigtes Interesse, für sein Vermögen zu sorgen wie in normalen Zeiten. Erteilt der Güterpfleger seine Genehmigung, dann ist der Vertrag sicher wirksam; verweigert er sie, dann ist er absolut nichtig. Die Parteien können nicht etwa der Verweigerung zum Trotz den Akt aufrecht erhalten für den Fall, daß die Beschlagnahme demnächst aufgehoben werde [1]). Denn ließe man das zu, so erhielte der Angeschuldigte mit der dadurch gewährten Aussicht auf Konvaleszenz des Geschäftes einen Vorteil, der der ratio des Veräußerungsverbots geradezu widerspricht. Die abweichende Ansicht Rehbeins [2]) hält dieser Erwägung nicht Stich.

Etwas anders liegt die Sache beim Sprengstoffgesetz. Verkauf unter der Bedingung der polizeilichen Genehmigung ist gewiß zulässig; aber auch wenn diese abgeschlagen wird, können die Parteien bei dem Akt, z. B. dem constitutum possessorium, für den Fall stehen bleiben, daß sie künftig einmal erteilt werden sollte. Vgl. § 309 BGB. Die ratio des Gesetzes ist eben hier eine andere.

Allgemeines läßt sich schwer sagen. Immerhin scheint mir der Satz richtig: Hängt das Bestehen des Verbots von der Zustimmung einer Behörde ab, so kann die Veräußerung stets für den Fall, unter der Bedingung geschehen, daß die Zustimmung erfolge.

---

1) Wohl aber können Parteien im Fall des § 185 BGB., wenn der Zustimmungsberechtigte die Genehmigung verweigert, auf der Verfügung nach wie vor beharren. Vgl. Planck § 185 Z. 4, der sich freilich zu widersprechen scheint.

2) Rehbein, S. 173 oben.

Das verbotene Geschäft ein für allemal als unter solcher stillschweigender Bedingung geschlossen auszulegen, dürfte dagegen zu weit gehen. Im Einzelfall mag die Auslegung gerechtfertigt sein.

2. Sicher wird auch in den Fällen des bedingten Verbots der gute Glaube nicht geschützt. Das folgt schon arg. a contr. ex § 135 II. Die Interessen, die das absolute Verbot erheischen, sind offenbar wichtiger als die Rücksicht auf den guten Glauben des einzelnen, und diese Interessenabwägung wird natürlich durch den Umstand der Genehmigungsfähigkeit des Aktes nicht beeinflußt.

Sodann ist zwar der Akt genehmigungsfähig, aber wenn die Genehmigung ausbleibt oder verweigert wird, ist er als nicht vorhanden anzusehen, anders als in den Fällen des § 185. Es fehlt demnach auch hier an einem Titel für den guten Glauben.

II. Ist das absolute Veräußerungsverbot eintragungsfähig?

Herold muß das selbstverständlich verneinen, denn das Verbot berührt ja nach seiner Grundauffassung das eingetragene Recht nicht.

Die herrschende Meinung nimmt zwar umgekehrt an, daß das Verbot den Verlust der Verfügungsbefugnis zur Folge habe, hält es aber gleichwohl nicht für eintragungsfähig. Denn — sagt z. B. Güthe[1]) — die Eintragung der Verfügungsbeschränkung dient dem Zweck, den guten Glauben bezüglich ihres Nichtbestehens auszuschließen. Beim absoluten Veräußerungsverbot kommt dieser Zweck nicht in Frage, da es auch gegen Gutgläubige wirkt. Anderer Ansicht sind Dernburg[2]) und Kretzschmar[3]), denen ich mich anschließen möchte. Mag auch dem Ersterwerber sein guter Glaube nichts nützen, so doch der von dieser wieder erwerbenden Person. Um das zu verhüten, bedarf es der Eintragung. Aus diesem Grunde würde an und für sich auch die Eintragung der Verfügungsbeschränkung der Ehefrau zulässig, weil nicht zwecklos, sein. Spezielle Erwägungen führen aber in diesem Fall zur Unstatthaftigkeit der Eintragung[4]). —

III. Über den Einfluß des Veräußerungsverbots auf Zwangsverfügungen und die Ersitzung vgl.[5]).

---

1) Güthe, S. 208, Note 36 a. E. Vergl. auch KG. in OLG. 11, S. 31.

2) Dernburg, Bürgerl. Recht I, § 124 Z. 3.

3) Kretzschmar, § 894, III 1. Ferner noch Dorner, Kommentar zum Reichsgesetz über die freiw. Gerichtsbarkeit, § 39, Note 7b und Löwe, Kommentar zur StPO., § 334.

4) Motive zum Fam.-Recht, S. 225, 237 (Mugdan, IV, 124, 131).

5) Unten § 31.

§ 8.

2. Das Verbot der Verfügung.

Die Funktion des Verbots, die Veräußerung zu verhindern, übernahm an seiner Stelle die in § 134 angeordnete Sanktionsentziehung. Bleibt noch eine andere Funktion für das Verbot übrig, so daß es mit nichten überflüssig wird? [1]) Diese Frage, der wir uns nunmehr zuwenden, ist zweifellos zu bejahen. Auch die nichtige Veräußerung zieht noch allerlei Folgen nach sich, die das Gesetz nicht wünschen kann. Ich erinnere nur daran, daß die von dem Erwerber vorgenommene weitere Veräußerung unter Umständen Wirksamkeit erlangt. So wird also die erste Veräußerung trotz ihrer Nichtigkeit der Anstoß zu einer zweiten gültigen Verfügung. Schon deshalb hat das Gesetz Anlaß, sie im eigentlichen Sinn des Wortes zu verbieten.

Die praktische Bedeutung des Verbots ergibt sich aus allgemeinen Rechtsgrundsätzen. Besondere hat das Gesetz nicht aufgestellt.

1. Das Verbot richtet sich zunächst gegen die Verfügung. Weil sie rechtswidrig ist, darf kein Beamter, kein Richter zu ihrer Vornahme hilfreiche Hand leisten. Wenn jemand z. B. eine Sache verkauft und dann in den Fall des § 332 StPO. gerät, so ist zwar die Obligation gültig, der Richter hat aber die Klage auf Erfüllung der Obligation gleichwohl schon aus dem erwähnten Gesichtspunkt abzuweisen. Der Klage gegen den Güterpfleger steht der Gesichtspunkt natürlich nicht im Wege. Wie ist es, wenn schon vor der Beschlagnahme die Auflassung stattgefunden hatte und der Antrag auf Eintragung des Käufers beim Grundbuchamte gestellt worden war? In diesem Fall ist meines Erachtens § 878 nicht anwendbar, denn er redet davon, daß der Berechtigte in der Verfügung beschränkt wird, nicht aber davon, daß ihm die Verfügung verboten wird.

Eine Spezialbestimmung über die Beurkundung von Rechtsgeschäften enthält Art. 40 des preuß. FGG.: „Verstößt der Inhalt eines Geschäfts gegen ein Strafgesetz oder ist das Geschäft offenbar ungültig, so hat der Richter sowie der Notar die Beurkundung abzulehnen.“ Ein strafrechtliches Verbot liegt hier nicht vor, der Beamte hat daher nur auf den andern Punkt sein Augenmerk zu richten.

2. Die Hauptfrage ist, ob das Verbot mittelbar auch die Obligation trifft.

---

1) Oben S. 17.

Wenn jemand ungeachtet der Beschlagnahme (§ 332 StPO.) verkauft, so verpflichtet er sich an und für sich nur zu einer Leistung, die er nicht machen kann, und zwar aus persönlichen Gründen, so daß also subjektive Unmöglichkeit, Unvermögen vorliegt. Die Obligation ist mithin gültig und er hat vollen Schadenersatz zu zahlen [1]).

Nun aber kommt hinzu, daß die Verfügung verboten ist, und es liegt nahe zu folgern, daß auch die Obligation zu solcher Verfügung verboten ist. Das lehrt bekanntlich Schröder [2]), den vor allem Kohler energisch unterstützt hat. Kohler [3]) nennt es geradezu die Hauptfunktion des Veräußerungsverbots, die Nichtigkeit des obligatorischen Vertrags zu statuieren, diesem den Rechtsschutz zu entziehen und dadurch solche Geschäfte wirtschaftlich zu vernichten. Niemand wird mehr kaufen, niemand mehr verkaufen, wenn der andere Teil den Kauf nicht zu halten braucht und ihm sogar die gemachte Vertragsleistung wieder abjagen darf.

Indes es läßt sich doch auch argumentieren [4]): Nicht das Versprechen ist verboten, sondern nur seine Erfüllung. Die Obligation ist gültig. Der Versprecher haftet auf das volle Interesse, das ist gewissermaßen eine Strafe. Kannte freilich der Käufer das Verbot, so kann er kein Interesse verlangen.

Die eine Art der Regelung ist so gut denkbar wie die andere. Sonderbar berührt, daß der Verkäufer sich bei doppeltem Verbot besser steht als wenn das Verbot nur den dinglichen Akt betrifft. Bei doppeltem hat er nur das negative Interesse zu leisten (§ 309), bei einfachem das positive. Überlegt man jedoch, daß in der Furcht der Partei vor voller Schadensersatzpflicht ein Antrieb zur Erfüllung der Obligation, das heißt, zur Vornahme der verbotenen Verfügung liegen kann, so begreift man, weshalb das Gesetz sich zum Erlaß

---

1) Unrichtig Binder, Beiträge zur Auslegung des BGB., Heft 2, 1902, S. 112: „Weil die Veräußerung nichtig ist, ist sie unmöglich, und weil sie unmöglich ist, ist auch der ‚auf die Leistung gerichtete' Vertrag nichtig." Richtig ist doch nur die Veräußerung speziell durch den Betroffenen! Binder ist eben auch von der Vorstellung beeinflußt, als ob die Sache unveräußerlich werde. — Vgl. noch die Erwägungen Biermanns, ArchCivPrax., 91, S. 85 ff. Dritte können nicht verfügen, weil ihnen das Eigentum mangelt; der Eigentümer nicht, weil er unter dem Verbot steht — und doch subjektive Unmöglichkeit!

2) Schröder, S. 20 und passim.

3) Kohler, KrVJSchr. 19, S. 144.

4) Binder a. a. O.

eines Doppelverbots veranlaßt sieht, und so verliert man jenes Gefühl des Sonderbaren.

Es dürfte mithin in dieser schon im Gemeinen Recht so heiß umstrittenen Frage Windscheid[1]) recht haben: Interest quid actum sit. Kohler beurteilt sie zu einseitig. Das Richtige scheint mir: Nichtigkeit der Obligation, wo ihre Gültigkeit ein nach den Umständen gefährlicher Ansporn zur Erfüllung wäre oder wo geradezu die Interessen des Veräußerers selbst mit dem Verbot gewahrt werden sollen; sonst Gültigkeit der Obligation[2])!

Wie steht es um das Rückforderungsrecht des Veräußerers? Ist die Obligation nichtig, so klagt er mit der rei vindicatio, von einer exceptio rei venditae et traditae kann keine Rede sein. Statt der vindicatio kann er sich auch der condictio bedienen, allerdings regelmäßig nur gegen seine Vertragspartei.

Ist die Obligation gültig, so kann der vindizierende Verkäufer auf die exc. rei venditae et traditae replizieren: Die Veräußerung ist mir verboten. Ich verstoße deshalb nicht gegen Treu und Glauben, wenn ich die Übertretung des Verbots rückgängig mache.

Das relative Veräußerungsverbot.

1. Die relative Unwirksamkeit der Veräußerung.

§ 9.

Stand der Literatur. Kritik.

Den Musterfall des relativen Veräußerungsverbots, wenn auch nicht speziell des gesetzlichen, bietet § 938 ZPO.: Der Richter „verbietet" dem Verkäufer auf Gesuch des Käufers im Wege der einstweiligen Verfügung die Veräußerung. Es ist das vielleicht der einzige Fall, auf den sämtliche einschlägige Vorschriften passen.

Sicher werden Dritte in ihrem guten Glauben geschützt (§ 135 II). Sicher konvalesziert auch die widerstreitende Veräußerung, sei es durch Zustimmung des Geschützten, sei es durch Wegfall des Verbots! Schon darum ist es, wie Hölder[3]) mit Recht bemerkt, verwerflich, von relativer „Nichtigkeit" zu reden. Hier ist der Akt offenbar nicht

---

1) Windscheid, I, § 172 a, Note 2.

2) Vgl. z. B. S. 115, 162 Note.

3) Hölder, § 135, Z. 2. Vgl. noch unten S. 51.

nichtig, auch nicht vom Standpunkt des Geschützten aus, denn sonst wären Konvaleszenz und Schutz des guten Glaubens ausgeschlossen.

Die verbotene Verfügung ist „dem Geschützten gegenüber unwirksam". Was heißt das? Das ist die Kernfrage, freilich auch eine Rätselfrage.

I. Die Motive [1]) sagen: Das im Interesse aller ergehende Verbot wirke seiner Natur nach unbeschränkt. Das zum Schutz einzelner erlassene Verbot gehe in seiner Wirkung nicht weiter als dieser Schutz erfordere; absolute Nichtigkeit könne nicht die Folge sein. Die einfachste und zugleich zweckmäßigste Gestaltung sei sichtbar diejenige der relativen Unwirksamkeit; das Veräußerungsgeschäft gehe seinen Weg, soweit es mit dem Rechte des Geschützten nicht in Widerspruch stehe, sei diesem gegenüber aber, soweit ein Widerspruch vorliege, unwirksam.

Die weitaus herrschende Meinung denkt sich das so: Der widerstreitende Erwerber wird Eigentümer. Er hat alle Rechte und Pflichten eines solchen gegenüber der Allgemeinheit. Nur für den Geschützten ist der Veräußerer nach wie vor Eigentümer geblieben [2]).

Es ist das eine Auffassung, wie sie schon bei der Auslegung des § 6 der alten Konkursordnung gang und gäbe war.

Indes hat es ihr von jeher an Gegnern nicht gefehlt. So sagt Windscheid [3]): „Eine Nichtigkeit, die für den einen vorhanden ist, für den andern nicht, ist ein in sich verkehrter Begriff". Ebenso spricht Mitteis [4]) von „jener längst aufgegebenen Auffassung, wonach die geltend gemachte relative Nichtigkeit nur für den einen Nichtigkeit begründet, während alle andern sich auch jetzt noch nicht darauf berufen können." Ferner polemisieren Oertmann [5]) und Fitting [6]) gegen diese „längst aufgegebene" und doch heute wieder herrschende Meinung.

Der Gedanke der Relativität hat auch in der Lehre vom fiduziarischen Eigentum eine Rolle gespielt. Man benutzte ihn dort,

---

1) Motive zum Allgemeinen Teil, S. 212. (Mugdan. I, S. 469.)

2) Man lese statt aller den neuesten Schriftsteller: Biermann, Bürgerliches Recht, S. 179; dazu Planck, § 135, Note 2.

3) Windscheid, I, § 82, Note 8.

4) Mitteis, Iherings Jahrbücher, 28, S. 129.

5) Oertmann, Zeitschrift für deutschen Zivilprozeß, 33, S. 24 ff.

6) Fitting, Reichskonkursrecht, 3. Aufl., 1904, S. 292, Note 10; sie sei logisch unmöglich und praktisch undurchführbar.

wie z. B. Jäger[1]), zur Konstruktion eines Aussonderungsrechts des Fiduzianten, indem man argumentierte, der Fiduziar sei zwar allen andern gegenüber Eigentümer, nicht aber jenem gegenüber. Mit Recht sagt aber das Reichsgericht[2]), daß sich der Eigentumsbegriff in solcher Weise nicht spalten lasse. So äußern sich auch Schriftsteller wie z. B. Lang[3]) und Schöninger[4]). Ich hebe besonders Kohler[5]) hervor. Energisch wie immer, erklärt er: „Eine Verfügung kann nicht bezüglich des einen gelten, bezüglich des andern nicht; das Eigentum kann nicht bezüglich des einen übertragen sein, bezüglich des andern zurückbleiben. Eine jede derartige Anschauung von Rechten, die nach der einen Seite hin bestehen, nach der andern nicht, ist unklar und nimmt der Rechtsordnung alle Festigkeit und allen Halt".

Den allerbündigsten Beweis hierfür liefert meines Erachtens Hellmann in seinem Lehrbuch des Konkursrechts. Man vergleiche nur die Ausführungen S. 158, 253, 353 ff. Wie das hin und herschwankt! Ich mache nur auf einen Punkt besonders aufmerksam. Dem Fiduzianten verweigert er das Aussonderungsrecht, da es kein relatives Eigentum gebe; anderseits nimmt er in §§ 135, 136 ein solches an. Er fühlt selbst den Widerspruch und sucht ihn daher zu überbrücken, indem er schreibt: In §§ 135, 136 sei keineswegs der Erwerb, sondern die Verfügung relativ unwirksam. „Das sind völlig verschiedene Dinge. Die relative Unwirksamkeit der Verfügung bedeutet, daß nicht jeder, sondern nur der durch das Verbot Geschützte die Unwirksamkeit geltend machen kann. Wenn dieser sie geltend macht, so steht fest, daß ihm gegenüber der Erwerber niemals Eigentümer des verbotswidrig Veräußerten geworden war wegen Unwirksamkeit der Veräußerung." Mir scheint, als ob Hellmann mit den letzten Worten wieder in die Vorstellung des relativen Eigentums zurückfällt, gegen die er sich doch verwahren will.

---

1) Jäger, 2. Aufl., § 43, Note 19, bemerkt zur Rechtfertigung dieses relativen Eigentums, daß es ja auch sonst vorkomme, namentlich im Fall der Verfügung entgegen einem relativen Veräußerungsverbot. Ob er diese Bemerkung in der 3. Auflage beibehalten wird, ist mit Rücksicht auf seine Schwenkung in § 7 der 3. Auflage fraglich.

2) RG. 45, S. 82.

3) Lang, ArchZivPrax., 83, S. 143.

4) Schöninger, ArchZivPrax., 96, S. 188.

5) Kohler, Lehrbuch, I, S. 158.

Wie Hellmann widerspruchsvoll ist, so schillert Jäger. In der 1. und 2. Auflage seines bekannten Kommentars lehrt er[1]) wie üblich, daß der vom Gemeinschuldner Erwerbende Eigentümer werde, nur nicht im Verhältnis zu den Konkursgläubigern. Der Verwalter könne daher das veräußerte Stück direkt, ohne vorherige Anfechtung vindizieren. In der 3. Auflage sagt er[2]) dann von dieser Lehre, daß sie, deren Richtigkeit, ja logische Möglichkeit wiederholt angezweifelt worden sei, in der Tat dem Geist des Gesetzes nicht gerecht werde. Wieweit er nun aber von ihr abrückt, darüber wird man nicht klar. Er bringt das Beispiel: A kauft vom Gemeinschuldner eine Sache, B stiehlt sie ihm, A dringt mit seiner rei vindicatio nicht durch. B kann, ja muß mit Rücksicht auf § 118 KO. die Herausgabe verweigern. Jäger illustriert damit den Satz, daß die Unwirksamkeit zwar nur im Interesse der Konkursgläubiger gerügt werden dürfe, insoweit aber von jedermann.

Das Beispiel mag richtig entschieden sein[3]), aber was will Jäger grundsätzlich mit dem Beispiel sagen? Wie weit entfernt er sich von der gerade kritisierten herrschenden Meinung? Wie stehts z. B. mit der a. negatoria? Dringt A mit ihr gegen Dritte durch? Und wenn ja, wie erklärt sich Jäger das? Der Verwalter hat die vindicatio, A die negatoria: Da kommt doch wohl wieder der Pferdefuß der Majorität zum Vorschein. Hat aber A die negatoria nicht, wo bleibt dann die Relativität? —

Nach allem dem besteht über die Unhaltbarkeit der herrschenden Meinung wohl kein Zweifel[4]). Man muß es zu den auffälligsten Erscheinungen der Literatur zählen, daß diese Meinung solchen Einfluß gewinnen konnte. Fast kritiklos hat man sich ihr unterworfen. Ein Versuch ihrer Rechtfertigung besteht nicht.

II. Die protestierende Minderheit war gezwungen, sich nach einer andern Auslegung der relativen Unwirksamkeit umzusehen.

1. Die einen verstehen darunter Anfechtbarkeit. So nahm Windscheid[5]) an, daß § 6 der alten KO. dem Verwalter ein Anfechtungsrecht gebe. Mitteis[6]) behauptete ganz allgemein, daß

1) Jäger, 1. Aufl., § 7, Note 7, 8.
2) Jäger, 3. Aufl., § 7, Note 8.
3) A. A. Hellmann, Konkursrecht, S. 254, Note 1.
4) Vgl. noch Simon, Einigung, S. 47 ff.
5) Windscheid, I, § 82, Note 8.
6) Mitteis, IheringsJahrb. 28, S. 128, 116, 115.

zwischen Anfechtbarkeit und relativer Unwirksamkeit nominis tantum sonus differt. Schlechthin für Gleichstellung war auch Regelsberger[1]).

Die Ansicht wird auch heute noch vertreten, z. B. von Reichel. Wenigstens kommt es doch wohl auf Anfechtung hinaus, wenn er sagt: die vorgenommene Veräußerung wird rückwärts aufgelöst — Resolution des pendenten Rechts[2]). Mitteis dagegen hält die Ansicht heute nicht mehr für durchführbar[3]). Im allgemeinen hat er gewiß Recht. In Anbetracht der genauen Ausdrucksweise des Bürgerlichen Gesetzbuchs darf man sagen: quia sonus differt, etiam res differunt. Weil § 135 nicht von Anfechtbarkeit spricht, meint er auch keine Anfechtbarkeit. Trotzdem wird sich später zeigen, daß der Ansicht eine gewisse Konzession zu machen ist.

2. Andere verstehen unter relativer Unwirksamkeit eine ihrem Umfang nach beschränkte, partielle Unwirksamkeit, das heißt eine Unwirksamkeit nicht aller Verfügungen des Betroffenen, sondern nur der widerstreitenden. So sagt Hölder[4]) zu § 135: Die vom Gesetz bestimmte Ungültigkeit ist ... hier in Ansehung ihres Umfangs eine beschränkte!

Wenn also der Gemeinschuldner sich für eine seiner Hypotheken einen bessern Rang einräumen läßt, so ist die Verfügung voll wirksam; wenn er aber eine Sache veräußert, so ist das voll unwirksam, abgesehen von der Möglichkeit der Konvaleszenz. Reichel nennt das sachliche Relativität im Gegensatz zur persönlichen.

So wie Hölder die relative Unwirksamkeit interpretiert, hat

1) Regelsberger Pandekten, S. 635.

2) Reichel, Iherings Jahrb. 46, S. 111.

3) Mitteis, Röm. Privatr., S. 242, Note 22.

4) Hölder, § 135 Z. 2. Er sagt, „daß die Veräußerung nur nicht zu Recht besteht als eine solche, die jene Rechte (sc.: die zu sichernden Rechte der Schutzperson) aufhebt oder schmälert, während sie insoweit rechtswirksam ist als sie unbeschadet der ungeschmälerten Fortexistenz jener Rechte rechtswirksam zu sein vermag. Die vom Gesetz bestimmte Ungültigkeit ist also hier in Ansehung ihres Umfangs eine beschränkte". Oder will Hölder auf das in seinen Pandekten, S. 306 Gesagte hinauskommen? Dort spricht er von „der relativen oder nur für bestimmte am Inhalt des Rechtsaktes beteiligte Personen bestehenden Nichtigkeit". „Eine solche liegt ... vor ... im Fall desjenigen Erwerbs eines dinglichen Rechts, durch welchen dieses nur als relatives oder nicht gegenüber allen Rechtsgenossen bestehendes entsteht." Dann würde sich Hölder allerdings mit der herrschenden Meinung decken.

Wendt[1]) schon früher den fraglichen § 6 der alten KO. ausgelegt. So legen ihn auch heute noch viele Schriftsteller aus, z. B. Herold[2]).

Daß diese Auffassung dem Bürgerlichen Gesetzbuch nicht gerecht wird, scheint mir geradezu unzweifelhaft. Allerdings ist es richtig, daß das Veräußerungsverbot nur den widerstreitenden Verfügungen ihre Wirkung nimmt. Indes das ist eine Binsenwahrheit, und wenn man das relative Unwirksamkeit nennt, dann hat sie auch das römische Veräußerungsverbot gehabt; denn auch dieses richtete sich natürlich nicht gegen Verfügungen, die dem Geschützten nur Vorteil oder doch keinen Nachteil brachten. Allein das Bürgerliche Gesetzbuch wollte doch gerade mit seiner Unterscheidung vom absoluten und relativen Veräußerungsverbot etwas Neues schaffen, und es hat daher bei der relativen Unwirksamkeit nicht den Gegensatz von schädlichen und nützlichen Verfügungen im Sinn, sondern innerhalb der Gruppe der widerstreitenden Verfügungen will es wieder zwischen absolut und relativ unwirksamen unterscheiden. Das beweist vollkommen ein Vergleich zwischen § 161 einerseits und §§ 883, 888 anderseits. Beide Male wird die Unwirksamkeit auf die widerstreitenden Verfügungen beschränkt (§ 161, § 883). Aber nun kommt der Gegensatz: in § 888 heißt es, daß der Erwerb demjenigen gegenüber, zu dessen Gunsten die Vormerkung besteht, unwirksam ist, in § 161 fehlt diese Beschränkung. Und diese Beschränkung bedeutet die Relativität der Unwirksamkeit. So reden denn die Motive zu § 161 (§ 135 des ersten Entwurfs) von absoluter Unwirksamkeit, was sie gar nicht könnten, wenn sie den hier kritisierten Standpunkt einnähmen.

Man soll — das ist das Ergebnis — ein Veräußerungsverbot nicht deswegen relativ nennen, weil es nur die dem Geschützten schädlichen Verfügungen trifft. Wenn man es doch tut, so beweist das nur, daß das Wort relativ einen höchst relativen Sinn hat — leider, wie sich noch oft herausstellen wird.

Übrigens gibt es in der Tat Veräußerungsverbote, die schlechthin alle Verfügungen, ob schädlich oder nicht, mit ihrem Banne treffen.

---

1) Wendt, Pandekten, S. 160.

2) Herold, S. 495. — Auch Dernburg, Bürgerl. Recht, I, § 115 zählt zu den „Geschäften, denen die Rechtswirksamkeit nach gewissen Richtungen entzogen ist", den Fall, „daß die Unwirksamkeit eines Geschäfts nur begrenzten Umfang hat", unterscheidet aber davon den andern, daß das Geschäft „bloß hinsichtlich gewisser Personen unwirksam ist". Er kennt also zwei Arten relativer Unwirksamkeit.

So ist es z. B. sicher im Fall des § 332 StPO. Der Angeschuldigte ist nicht in der Lage, sich einen bessern Rang für seine Hypothek einräumen zu lassen, wohl aber meines Erachtens die Ehefrau trotz ihres Mannes, der Erbe trotz des Testamentsvollstreckers.

3. Manche fassen die relative Unwirksamkeit — Nichtigkeit schreiben sie meist — als eine heilbare, als eine solche, die konvaleszieren kann. So deutet sie z. B. neuerdings Mitteis ganz allgemein[1]). So deuten Fitting[2]) und Eccius[3]) den § 7 KO.

Indes ist es so gut wie sicher, daß das Bürgerliche Gesetzbuch unter relativer Unwirksamkeit etwas anderes versteht. Konvaleszenz tritt ja auch in den Fällen ein, die das Gesetz in Gegensatz zu den Fällen der relativen Unwirksamkeit stellt, z. B. in § 161 usw. Die Konvaleszenz folgt so sehr aus allgemeinen Grundsätzen, daß das Gesetz sie ausdrücklich ausschließt, wenn sie nicht stattfinden soll, z. B. in § 1395.

4. Als schwebend charakterisiert auch Örtmann die relative „Nichtigkeit", nur in umgekehrter Richtung. Es wird nicht die unwirksame Verfügung wirksam, sondern die wirksame unwirksam. „Sie ist — schreibt er[4]) — (absolute) Nichtigkeit unter der Rechtsbedingung der Geltendmachung des Nichtigkeitsgrundes. Ein Rechtsgeschäft ist ‚im Verhältnis' zu oder ‚gegenüber' gewissen Personen nichtig, heißt nichts anderes als: es ist nichtig, falls die Nichtigkeit von diesen gewissen Personen geltend gemacht wird, andernfalls ist und bleibt es gültig. Die relative Nichtigkeit ist unter allen Umständen nur ein Provisorium, sie kann nur dauern, bis sich die eine oder die andere der genannten Alternativen entschieden hat".

Wodurch unterscheidet sich aber diese relative Nichtigkeit von der Anfechtbarkeit? Oder will Örtmann sagen, daß die Verfügung im wahrsten Sinne des Wortes in der Schwebe ist, daß man einstweilen weder sagen kann, daß sie wirksam, noch daß sie unwirksam ist? Ein besonders schönes Beispiel für diese schwebende Nichtigkeit liefert — oder scheint zu liefern — § 108. Der Minderjährige schließt einen Kaufvertrag. Der Vertrag, sagt man, ist in der Schwebe.

---

1) Mitteis, Röm. Privatrecht, S. 242, Note 22. Auch hinsichtlich des römischen Rechts faßt er den Gegensatz zwischen absoluter und relativer Nichtigkeit so auf.

2) Fitting a. a. O., S. 292 und die Noten dazu.

3) Eccius, Gruchots Beiträge 50, S. 485.

4) Örtmann, Zeitschr. f. deutsch. Zivilproz. 33, S. 28.

Hat der Minderjährige Rechte und Pflichten? Wer weiß? Das ist noch so unentschieden als der Sieg bei Beginn der Schlacht. Allein man unterstelle, daß der Minderjährige die verkaufte Sache sofort übergab. Wer hat einstweilen Eigentum? Hier geben wir uns mit der Antwort, daß es schwebe, nicht zufrieden. In der Tat schwebt es auch nicht. Daß Eigentum ist vielmehr beim Minderjährigen geblieben, sein Vertreter kann während der „Schwebezeit" vindizieren usw.

So würde denn Örtmann doch wohl wieder auf die Anfechtbarkeit zurückkommen — und damit in einen in der Hauptsache falschen Weg einbiegen.

5. Hebt Örtmann energisch hervor, daß die Unwirksamkeit, wenn einmal vom Geschützten geltend gemacht, zur absoluten werde und nunmehr sich jeder auf sie berufen könne, so kann andern Schriftstellern zufolge die relative Unwirksamkeit dauernd nur von gewissen Personen geltend gemacht werden. Die relative Unwirksamkeit ist nach dieser z. B. bei Jäger[1]) anklingenden Auffassung an und für sich absolut und nur hinsichtlich ihrer Geltendmachung relativ. Der Veräußerer ist infolge des gegen ihn ergangenen Veräußerungsverbots Eigentümer geblieben, aber nur der Geschützte, und vielleicht noch einige andere Personen, können sich darauf berufen, die anderen können es nicht.

Der Scylla des relativen Eigentums scheint man ja bei solcher Formulierung zu entgehen. Indes es scheint doch nur so. Man redet nicht vom relativen Eigentum, aber man denkt daran. Der Veräußerer ist zwar Eigentümer geblieben, aber die Unbeteiligten dürfen sich nicht darauf berufen. Das heißt doch im Grunde, daß der Erwerber als Eigentümer behandelt wird, daß er es ist. Bei dem si dominus esset der Publizianischen Formel beruhigen wir uns nicht. Daß der eine Eigentümer sei, der andere als solcher behandelt werde, das ist keine Konstruktion, das ist Lösung eines Rätsels durch ein Rätsel.

So erklärt sich denn auch, daß Schriftsteller häufig von der einen Auffassung in die andere hineinfallen, daß dieselben Autoren von der Relativität bald mit Bezug auf die Existenz der Verfügung und Verfügungswirkung, bald mit Bezug auf die Geltend-

1) Jäger, Kommentar, 3. Aufl., § 7, Note 9, wo es heißt, relativ sei die Unwirksamkeit bloß ihrer Geltendmachung nach. — Von mehr als einem Anklang läßt sich freilich mit Rücksicht auf das, was sogleich (S. 48 Note 1 und Text) zu sagen ist, nicht reden.

machung sprechen, Scylla und Charybdas liegen nahe beieinander. Eine scharfe Scheidung der Schriftsteller läßt sich daher kaum durchführen [1]). Besonders deutlich sieht man es bei Biermann [2]). Im Fall der kollidierenden Übereignung sagt er, daß für den Geschützten nach wie vor der Veräußerer Eigentümer sei, für die andern aber der Erwerber. Im Fall der kollidierenden Belastung dagegen sagt er, daß die Hypothek nichtig sei, nur könne allein der Vorgemerkte die Nichtigkeit geltend machen, nicht aber der nachstehende Gläubiger. Aus der Nichtigkeit zieht Biermann dann praktisch erhebliche Folgerungen [3]).

Im übrigen hat bekanntlich Brandis [4]) das Unlogische und das Inkonsequente des Gedankens der nur relativ geltendmachbaren Nichtigkeit nachgewiesen. Und wenn Windscheid [5]) wenigstens in einem Fall, nämlich dem der nichtigen Ehe, den Begriff der relativen Nichtigkeit für unentbehrlich hielt, so ist wahrscheinlich auch diese Säule 1900 geborsten. Wenigstens behauptet Zitelmann [6]), daß die nichtige Ehe der §§ 1324—1328 BGB. einstweilen alle Wirkungen einer Ehe äußere, und stimmt er Hellwig darin bei, daß die Nichtigkeit so gut wie die Anfechtbarkeit nur eine bloße „Aufhebbarkeit" sei. Die nichtige Ehe besteht also für jedermann, jedoch gewisse Personen können sie vernichten mit der Wirkung, daß sie für niemand mehr besteht.

---

1) So sagt z. B. Dernburg, Pandekten I, § 120 1b: „Die Nichtigkeit ist eine relative, wenn sie nicht von jedem bei ihr Interessierten und nicht in allen Fällen geltend gemacht werden kann. Häufig führen nämlich Erwägungen der Zweckmäßigkeit, der Billigkeit, der guten Ordnung dahin, gewissen Personen die Geltendmachung von Nichtigkeiten abzuschneiden und sie andern allein zu eröffnen." In der Note 8 daselbst drückt er sich dagegen so aus, daß das Rechtsgeschäft gewissen Personen gegenüber nicht vorhanden sei, andern gegenüber gültig sei. Man sollte erwarten: Niemand gegenüber vorhanden, aber nicht jeder kann sich darauf berufen. Mit dem in der Note Gesagten stimmt das zu § 135 BGB. im Bürgerlichen Recht I, § 124, II, 3 Bemerkte überein. Vgl. noch § 115 II daselbst.

2) Biermann, Bürgerliches Recht, S. 179 einerseits, Widerspruch und Vormerkung S. 211 anderseits.

3) Unten S. 60.

4) Brandis, Zeitschr. f. Z. u. Pr. VII, S. 121ff.

5) Windscheid, I, § 82, Note 8.

6) Zitelmann, Zum Recht der Eheanfechtung, S. 10 (Sonderabdruck aus der E. J. Bekker zum 16. August 1907 gewidmeten Festschrift „Aus Römischem und Bürgerlichem Recht").

Allein mag auch diese in Rede stehende Auffassung der relativen Nichtigkeit sich zur Not[1]) mit der juristischen Denkweise vertragen, mag sie sogar von alten und neuen Gesetzen hier und da verwertet worden sein: das Bessere ist der Feind des Guten. § 135 BGB. und die sich ihm anschließenden Gesetzesbestimmungen verstehen jedenfalls unter der relativen Unwirksamkeit etwas anderes, sie verstehen darunter „ausgeglichene Wirksamkeit".

§ 10.
Eigne Ansicht.

I. Meine eigene Ansicht nimmt ihren Ausgangspunkt von § 23 des Zwangsversteigerungsgesetzes. Danach hat die Beschlagnahme eines Grundstücks die Wirkung eines Veräußerungsverbots. Veräußert der Schuldner das Grundstück an einen Dritten, so wird der Dritte Eigentümer. Das ist ganz unbestritten.

Unrecht haben also diejenigen, die die relative Unwirksamkeit aus logischen Gründen verwerfen und sie da, wo sie im Gesetz vorkommt, zu einer absoluten oder zur Anfechtbarkeit umdeuten. § 23 beweist klar, daß unser Gesetz unter relativer Unwirksamkeit ein Drittes, von Anfechtbarkeit und absoluter Unwirksamkeit Verschiedenes versteht.

Widerlegt wird aber auch die herrschende Meinung, daß der Erwerber für die einen Eigentümer werde, für die anderen nicht. Hier sieht man ganz deutlich, daß er für jedermann Eigentümer wird, auch für den betreibenden Gläubiger. Insofern ist die Verfügung absolut wirksam! Aber der Gläubiger soll durch die Veräußerung keinen Schaden erleiden, die Wirkung wird daher zu seinen Gunsten paralysiert. Kann ein Gläubiger grundsätzlich nur Grundstücke seines Schuldners zur Versteigerung bringen, so hier auch ein fremdes wie wenn es dem Schuldner noch gehörte. § 26 drückt das so aus: Die Veräußerung des Grundstücks hat auf den Fortgang des Verfahrens keinen Einfluß[2]). Hier zeigt sich schlagend:

1) Vgl. Thiesing, Die Wirkungen nichtiger Ehen 1907 (Fischers Abhandl. XVI 1).

2) Das Gesagte gilt auch für die beweglichen Sachen, auf welche sich die Beschlagnahme erstreckt, z. B. auf das Zubehör (§§ 20, 21 des Gesetzes). Der Schuldner kann freilich über die einzelnen Stücke innerhalb der Grenzen einer ordnungsmäßigen Wirtschaft auch dem Gläubiger gegenüber wirksam verfügen (§ 23), die Überschreitung dieser Grenzen ist jedoch

Relative Unwirksamkeit ist absolute Wirksamkeit mit relativer Gegenwirkung. Die schädliche Wirkung tritt zwar ein, aber zugleich diejenige Gegenwirkung, die nötig ist, damit der Geschützte nicht zu Schaden komme. Im Endergebnis ist es für ihn so als ob die schädliche Wirkung überhaupt nicht eingetreten wäre. Sie wird durch die Gegenwirkung zu seinen Gunsten entkräftet, der Stoß wird durch Gegenstoß pariert.

Um eine Definition zu bilden: Relatives Veräußerungsverbot ist entkräftete oder, noch besser, ausgeglichene Wirksamkeit. Die Rechtslage des Geschützten ist das Ergebnis, die Resultante zweier aufeinanderprallenden Rechtswirkungen.

Diese Auffassung wird bestätigt durch § 888 BGB. Gesetzt der Fall, daß ein Auflassungsanspruch vorgemerkt ist, so ist die widerstreitende Veräußeruug relativ unwirksam. Zwar hilft sich die herrschende Meinung noch immer mit der Redensart aus, daß für den Vorgemerkten der Veräußerer Eigentümer geblieben sei; indes die richtige Auffassung macht sich gerade hier mit einer Wucht geltend, der man auf die Dauer nicht wird widerstehen können. Und wie verhält's sich derzufolge? Der Dritte wird Eigentümer in Beziehung zu aller Welt, auch zu dem Geschützten. Aber der Verpflichtete bleibt zur Auflassung imstande, die Umschreibungsbewilligung freilich kann er aus formellen Gründen nicht erteilen, statt seiner schuldet sie der Dritte.

Das ist genau unser Begriff der relativen Unwirksamkeit. Die schädliche Wirkung tritt zwar ein, aber die Gegenwirkung beseitigt den Schaden. Der Veräußerer verliert das Eigentum an dem Grundstück, erhält oder, wenn man will, behält jedoch die Befugnis, darüber zu verfügen, soweit es zur Befriedigung des vorgemerkten Anspruchs erforderlich ist. Es zeigt sich aufs neue, daß relative Unwirksamkeit absolute Wirkung mit relativer Gegenwirkung bedeutet. Es ist für alle wahr, daß der Verpflichtete nicht mehr Eigentümer ist, aber auch für alle wahr, daß er die Verfügungsbefugnis zu Gunsten des Vorgemerkten behielt.

Vollkommen gleich verhält es sich mit der Unwirksamkeit der gegen ein relatives Veräußerungsverbot verstoßenden Verfügung.

---

wieder „dem Gläubiger gegenüber unwirksam". Das heißt: der Schuldner verliert zwar das Eigentum, aber der Eigentumswechsel hat auf den Fortgang des Verfahrens keinen Einfluß.

Beispiel: Jemand ist eine Forderung vermacht. Er erwirkt gemäß § 938 CPO. ein Veräußerungsverbot gegen den Erben. Wenn dieser die Forderung trotzdem an einen Dritten zediert, so erlangt sie der Dritte voll und ganz, aber der Erbe bleibt befugt, sie an den Legatar abzutreten. Durch die Abtretung des Erben erwirbt der Legatar die Forderung des Dritten.

In andern Fällen wird es natürlich anders sein. Die Schutzinteressen sind verschieden, die Art, wie sie gewahrt werden, kann daher nicht immer gleich sein. So ist denn auch der Ausdruck des § 135: die Verfügung ist dem Geschützten „gegenüber unwirksam" eben wegen seiner allgemeinen Fassung sehr glücklich. Denn wenn es auch in den drei beobachteten Fällen wahr ist, daß der Gegner des Geschützten durch die verbotene Veräußerung sein Recht verliert, so ist es doch auch wahr, daß der Geschützte keinen Schaden erleidet. In diesem Sinn trifft es zu, daß die Verfügung ihm gegenüber unwirksam ist. Andere werden vielleicht durch den Eigentumswechsel empfindlich berührt, er nicht. Den Ausdruck „ökonomische Unwirksamkeit" möchte ich vermeiden. Die Unwirksamkeit ist doch eine juristische! Was sodann die Ausdrucksweise „relative Nichtigkeit" betrifft, so sahen wir zwar schon früher, daß sie unzutreffend ist, jetzt aber wird es vollends klar.

Eher könnte man die relative Unwirksamkeit eine mittelbare nennen. Die Unwirksamkeit wird nicht direkt herbeigeführt, sondern indirekt mittels Gegenwirkung.

Aber wenn sie auch nur eine indirekte ist, so ist sie doch nicht etwa nur eine obligatorische. Der „Ausgleich" geschieht nicht lediglich so, daß der kollidierende Dritte verpflichtet wird, den Geschützten schadlos zu halten; die Gegenwirkung tritt vielmehr, wie die Beispiele zeigten, ipso iure ein. Der Eigentumer kann trotz der Veräußerung noch über die Sache verfügen. Insofern läßt sich sagen, daß die relative Unwirksamkeit dingliche Unwirksamkeit ist oder genauer, daß sie direkt, unmittelbar, dinglich ausgeglichene Wirksamkeit ist. Freilich ist das nur der Grundsatz. Ausnahmen lassen sich nicht vermeiden,

II. Neues ist vielen verdächtig. Darum lege ich Wert auf die Feststellung, daß das Gesetz an gar vielen Stellen, die mit dem Veräußerungsverbot nichts zu tun haben, in denen sogar — was viel heißen will — nicht einmal das Wort relativ gebraucht wird, ähnlich verfährt wie hier gezeigt wurde. Ich meine vor allem die Fälle des „Schutzes des Vertrauens auf den äußeren Tatbestand", wie sie Wellspacher[1]) in seinem schönen Buche nennt. Man betrachte z. B. § 407. Der Schuldner zahlt an den alten Gläubiger, weil er von der Zession nichts weiß. Er kennt die neue Rechtslage nicht, deshalb stellt ihn das Gesetz so als ob die alte noch da wäre. Das Gesetz hätte sagen können: dem Schuldner gegenüber ist die Zession unwirksam, solange er sie nicht kennt. Die herrschende Meinung würde vermutlich dann so verfahren, wie sie es heute in § 135 tut. Sie würde sagen: für den Schuldner ist es so als ob der Zedent noch Gläubiger wäre; würde uns also wieder das Zerrbild bescheren, daß die Forderung für die einen dem einen, für die andern dem andern gehört. Wie ganz anders das Bürgerliche Gesetzbuch! Es läßt keinen Zweifel, daß die Zession absolute Wirkung hat. Auch für den Schuldner ist der Zedent nicht mehr der Gläubiger, aber es tritt die schützende Gegenwirkung ein, indem der Schuldner durch Zahlung an den Zedenten befreit wird. Wenn das zu einfach ist, um relative Wirksamkeit genannt zu werden, so ist umgekehrt die relative Unwirksamkeit des § 135 im Prinzip von derselben Einfachheit. Wie der Zedent dem Schuldner die Forderung erlassen kann, trotzdem er nicht Gläubiger ist, so kann der Interdikt (Betroffene) die Forderung an den Geschützten zedieren, trotzdem er sie vorher einem andern abtrat. Beide Male findet ein Ausgleich zweier Rechtslagen statt. Beide Male steht der Geschützte so da als ob die alte Rechtslage noch da wäre. — Eine Eigentümlichkeit ist im Fall des Veräußerungsverbots nur, daß der Geschützte hier im Voraus ein festes Recht auf diesen Ausgleich erhält.

Ähnliche Betrachtungen lassen sich an § 1435 BGB., an §§ 15, 69 HGB. usw. knüpfen — alles Fälle, in denen das Vertrauen auf das Register geschützt wird. Um kurz § 1435 zu besprechen: Das Gesetz hätte sagen können, daß die Änderung des Güterstandes, solange sie nicht registriert ist, nur relative Wirkung hat. Das wäre dann so aufzulösen gewesen, wie es uns das Gesetz jetzt selbst vormacht: Es können dem gutgläubigen Dritten gegenüber keine Einwendungen aus der Änderung des Güterstandes hergeleitet werden. Dadurch wird klar, daß auch vom Standpunkt des Dritten aus die

1) Moritz Wellspacher, Das Vertrauen auf äußere Tatbestände, Innsbruck 1906.

Eheleute, die beispielsweise früher in allgemeiner Gütergemeinschaft lebten, jetzt in Gütertrennung leben. Denn die Frage, ob die Eheleute getrenntes oder gemeinschaftliches Eigentum haben usw., verlangt notwendig eine einheitliche Antwort. Aber es soll für den gutgläubigen Dritten, der vom Ehemann eine Sache erwarb, so sein, als ob noch Gütergemeinschaft bestände. Er erwirbt daher Eigentum, trotzdem Gütertrennung geschah und die Sache dabei der Frau zugeteilt wurde. Anderseits ist es doch gewiß, daß der Dritte nunmehr kein gemeinschaftliches, sondern Frauengut erhält. Er wird ausschließlich Rechtsnachfolger der Frau, und wenn ein Vierter gegen die Frau vorher mit der rei vindicatio durchgedrungen war, so muß der Dritte das Urteil gelten lassen; er kann nicht etwa einwenden, daß von seinem Standpunkt aus die Frau kein Prozeßführungsrecht gehabt habe.

So zeigen die §§ 407, 1435 usw., in denen das Gesetz von relativer Unwirksamkeit hätte reden können, wie wir die relative Unwirksamkeit da zu zergliedern haben, wo es von einer solchen wirklich spricht.

III. In den bisherigen Ausführungen war ein Anklang an die Fiktion nicht zu überhören. Deshalb besteht Veranlassung zu dem Hinweis, daß die relative Unwirksamkeit keine Fiktion ist, noch durch eine solche erklärt werden kann.

So wenig die absolute Unwirksamkeit eine fingierte ist, so wenig die relative. Gewiß ist die Fiktion ein vortreffliches Hilfsmittel der Gesetzestechnik, gewiß hätte das Gesetz auch wohl in § 135 sich fiktiv ausdrücken können, etwa so: Die Verfügung gilt zu Gunsten des Geschützten als nicht vorgenommen, und in der Tat drückt es sich auch in andern Fällen, wo man von Relativität spricht, fiktiv aus. Allein wissenschaftliche Erklärungen vermag die Fiktion nicht zu bieten, die Fiktion kann solche Arbeit nicht leisten, sie weißt ihr nur das Ziel, den Weg zu diesem Ziel muß sich der Ausleger erst bahnen [1]).

Das beweist z. B. § 392 HGB. Die Forderung gehört entweder dem Kommissionär oder dem Kommittenten. Daran kann § 392 nicht rütteln. Es bleibt also unter Wahrung der Tatsache, daß die Forderung dem einen, nämlich dem Kommissionär,

---

1) Vgl. neuestens Bernhöft, Zur Lehre von den Fiktionen in der E. J. Bekker zum 16. August 1907 gewidmeten Festschrift „Aus Römischem und Bürgerlichem Recht", S. 241 ff.

zusteht, dem Ausleger nichts übrig als die Sätze zu finden, die den Kommittenten nach einer gewissen Richtung so stellen, als ob ihm die Forderung gehörte.

Ähnlich sind die Fiktionen in §§ 1058, 1248 BGB. aufzulösen. Ebenso wäre die Fiktion in § 135 aufzulösen, wenn sich das Gesetz ihrer bedient hätte. Es ist demnach klar, daß darin keinerlei Konstruktion liegt, daß man sagt: Der kollidierende Erwerber ist Eigentümer, aber der Veräußerer gilt dem Geschützten gegenüber kraft des Verbots für den Eigentümer.

Übrigens übt das Gesetz, wenn es auch die Fiktion in § 135 vermeidet, doch so große Zurückhaltung, daß noch genug „aufzulösen" bleibt. Das geschehe in § 11. Vorher aber ist noch ein anderer Punkt zu besprechen.

IV. Ich bin mir wohl bewußt, daß die hier verfochtene Konstruktion nicht überall da durchführbar ist, wo man relative Unwirksamkeit behauptet. Ob mit Recht oder nicht, kann hier zunächst dahin gestellt bleiben. Hier handelts sich um die Durchführbarkeit in thesi.

Und zwar ist die Konstruktion nur da, aber auch überall da durchführbar, wo die Schutzinteressen der Veräußerung nicht völlig widerstreben, folglich gewahrt werden können, ohne daß es nötig wäre, die Veräußerung zu vernichten. Das wird sofort klar, wenn man sich an unsere Charakterisierung der relativen Unwirksamkeit als absoluter Wirksamkeit mit relativer Gegenwirkung erinnert. Die kollidierende Veräußerung wird nicht vernichtet, sie ist vielmehr die Grundlage, von der aus der Ausgleich geschieht.

Die Konstruktion ist umgekehrt da nicht durchführbar, wo die Schutzinteressen gerade darin bestehen, daß der Verbotsbeschränkte Eigentümer bleibe oder daß ein Dritter wenigstens nicht dauernd Eigentümer werde.

Jenes trifft keineswegs nur da zu, wo obligatorische Ansprüche zu schützen sind, wiewohl dieser Fall den Hauptreiz bildet und deshalb von uns vorzugsweise berücksichtigt wird, sondern weit darüber hinaus. Das beweist schon unser Ausgangsbeispiel, nämlich das Veräußerungsverbot zum Schutz des die Zwangsversteigerung betreibenden Gläubigers. In andern Fällen wieder soll ein Verwaltungsrecht oder, wie man es sonst nennen will, gesichert werden. Das Hauptbeispiel liefert § 7 KO.: Wenn der Gemeinschuldner eine

Sache veräußert, verliert er zwar das Eigentum, aber für den Verwalter selbst soll es so sein, als ob die Sache noch zur Masse gehörte. Sein Recht zum Besitz und zur Verfügung erstrecken sich daher auf sie trotz der Veräußerung. In der Erstreckung liegt der Ausgleich.

Dieses trifft z. B. in dem Fall zu, daß der Stadt die Veräußerung eines Grundstücks wider den Willen der Aufsichtsbehörde verboten ist. Ziel des Verbots ist, der Stadt das Eigentum an dem Grundstück unter allen Umständen zu erhalten. Wie nun, wenn die verbotene Veräußerung — was ich bestreite — trotzdem relative Wirksamkeit haben soll, wenn also — das ist alsdann anzunehmen — der Käufer vom Standpunkte der unbeteiligten Dritten aus Eigentümer des städtischen Grundstücks wird? Relatives Eigentum gibt es nicht. Ist der Käufer für die einen Eigentümer, dann auch für die andern, insbesondere auch für die Stadt. Die Stadt hat mithin das Eigentum verloren. Was wird dann aber aus dem Schutzinteresse? Zu seiner Wahrung bleibt nichts anderes übrig als dafür zu sorgen, daß die Stadt wieder Eigentümerin werde. Das geschieht am besten so, daß die Stadt durch jederzeitige Geltendmachung der Unwirksamkeit der Veräußerung das Eigentum, natürlich mit Wirkung inter omnes, zurückerlangt. Zeigt sich also deutlich, daß die relative Unwirksamkeit hier keine ausgeglichene Wirksamkeit ist, so zeigt sich zugleich, daß sie — Anfechtbarkeit ist, und zwar eine modifizierte, insofern es auf keine Form und keine Frist ankommt!

Entsprechend ist die etwaige Relativität in den Fällen des revokablen Eigentums zu konstruieren. Wenn z. B. der Vorerbe eine mit dem Anfallsrecht des Nacherben kollidierende Veräußerung vornimmt, so wird der Käufer zwar Eigentümer, auch gegenüber dem Nacherben, aber dieser kann es ihm mit Wirkung inter omnes entziehen.

Was die so verstandene Relativität von der andern unterscheidet, ist, daß sie bloß vorübergehend ist. Ist einmal angefochten, so ist nichts mehr da, was als relativ bezeichnet werden könnte. Ganz anders bei der Relativität im Sinne ausgeglichener Wirksamkeit! Sie ist dauernd. Man überzeuge sich durch das bekannte Beispiel, daß der Verkäufer die Sache einem vom Käufer erwirkten richterlichen Veräußerungsverbot zuwider (§ 938 ZPO.) einem Dritten übereignet hat. Der Zwitterzustand, daß dann der Dritte Eigentümer ist, aber der Käufer mittels des Ausgleichs so dasteht, als ob es der Verkäufer noch wäre, kann ewig dauern. Die Relativität bleibt auch nach dem Ausgleich, ja mehr als das: die Relativität wird erst durch den Ausgleich erzeugt.

Diese Dauer des Zwitterzustands ist nur deshalb möglich, weil es sich für den Geschützten, im Beispiel für den Käufer, nur in einer gewissen Richtung darum handelt, den durch das Verbot Betroffenen so zu stellen als ob er noch Eigentümer wäre, und ihn im übrigen der Eigentumserwerb des kollidierenden Dritten nicht geniert. In den Fällen der Anfechtung dagegen geniert dieser Erwerb die Schutzperson nach jeder Richtung; für den Nacherben z. B. ist das Eigentum des vom Vorerben Kaufenden unerträglich. Deshalb bedarf es hier der völligen Vernichtung dieses Erwerbs und mit dieser verschwindet dann auch die Relativität.

Kurz: Relativität im Sinne von Anfechtung ist, wenn man so will, totaler Ausgleich und deshalb nur von vorübergehender Dauer; Relativität im Sinne von ausgeglichener Wirksamkeit (oder absoluter Wirksamkeit mit relativer Gegenwirkung) ist partieller Ausgleich und darum fähig zu ewiger Dauer.

So ergibt sich also, daß und warum der Begriff der relativen Unwirksamkeit von Verfügungen im allgemeinen kein einheitlicher ist. Bald ist sie als ausgeglichene Wirksamkeit, bald als modifizierte Anfechtbarkeit zu konstruieren. Diese Verschiedenheit ist die natürliche Folge davon, daß die Schutzinteressen selbst wieder verschieden sind. Bald widerstreben sie der Veräußerung in jeder Hinsicht und erheischen daher ihre Vernichtung, wenn sie doch geschieht; bald nur in einer einzelnen Hinsicht, so daß es einer völligen Beseitigung der Veräußerung nicht bedarf.

Ungerechtfertigt wäre es, wollte man die Konstruktion im Sinne ausgeglichener Wirksamkeit deshalb ganz und gar verwerfen, weil sie nicht alles zu leisten vermag. Denn wenn letzteres zwar richtig ist, so ist doch anderseits richtig, daß sie in der Mehrzahl aller Fälle besseres zu leisten vermag als jede andere Konstruktion. Man wirft ein Schlüsselbund nicht weg und greift zum Dietrich, weil seine Schlüssel nicht alle Schlösser im Hause öffnen. Umgekehrt mag vielleicht die Konstruktion der relativen Unwirksamkeit als Anfechtbarkeit an und für sich überall durchführbar sein, aber sicher ist, daß sie in jener Mehrzahl der Fälle den Sinn des positiven Gesetzes nicht treffen würde, und deshalb haben die Schriftsteller, die relative Unwirksamkeit ganz allgemein für Anfechtbarkeit erklären (oben S. 44), unrecht. Das Beispiel der Vormerkung beweist das in geradezu unwiderleglicher Weise; nicht minder § 23 ZVG. Wer vom Subhastaten kauft, wird und bleibt Eigentümer. Die Relativität seines Erwerbs besteht nur darin, daß er sich die Zwangsversteigerung gefallen lassen muß wie wenn er der Subhastat wäre. Über dem Streben nach formeller Einheitlichkeit darf man die sachlichen Eigenarten und Besonderheiten nicht außer Acht lassen. Über der Form steht die Sache.

Ist demnach der Mangel an Einheitlichkeit kein Mangel, so lege ich kein großes Gewicht darauf, wenngleich ich damit manchem wohl etwas Trostvolles sage, daß, wenn nicht im allgemeinen, so doch wenigstens in den Fällen, die uns hier angehen, nämlich in den Fällen der relativen Veräußerungsverbote die relative Unwirksamkeit einer einheitlichen Konstruktion fähig ist, nämlich im Sinne von ausgeglichener Wirksamkeit. Das mag überraschen, erklärt sich aber ganz einfach so, daß in allen den Fällen, in denen, wie soeben gezeigt, diese Konstruktion versagte, relative Veräußerungsverbote, wie sich später gegenüber abweichenden Ansichten herausstellen wird, überhaupt nicht vorliegen. Denn teils sind die Fälle zwar Veräußerungsverbote, aber absolute, so das Verbot an die Stadt betr. Veräußerung ihrer Grundstücke, und zum andern Teil sind sie nicht einmal Veräußerungsverbote, so die Fälle der revokablen Rechte. Nur in einem Fall ist die Verfügungsbeschränkung relativ, nämlich im Fall des Fideikommisses, in allen anderen absolut. Die Konstruktion der Relativität in diesem Fall kann aber vom Standpunkt des § 135 aus gleichgültig sein, denn § 135 bezieht sich auf ihn nicht. Wo wirklich relative Veräußerungsverbote vorliegen, läßt sich, so viel ich sehe, überall mit der Konstruktion der relativen Unwirksamkeit als ausgeglichener Wirksamkeit auskommen.

§ 11.
Kasuistik.

I. Der Übertragungsanspruch ist durch ein Veräußerungsverbot geschützt; eine andere Veräußerung kollidiert.

1. Der Anspruch auf Zession einer Forderung, z. B. eines nomen legatum, ist geschützt. Das ist der reinste Fall, da es einer Mitwirkung des kollidierenden Dritten nicht bedarf. Vgl. S. 51.

2. Der Anspruch auf Auflassung eines Grundstücks ist geschützt.

Überträgt der Verkäufer das Grundstück einem Dritten, so wird dieser Eigentümer, aber jener bleibt zur Auflassung im Interesse des Geschützten befugt. Die Umschreibungsbewilligung freilich vermag er, wie schon einmal bemerkt, aus Gründen des formellen Grundbuchrechts nicht zu erteilen. Dadurch entsteht eine Verwickelung, die § 888 in der bekannten Weise löst. Der Geschützte erlangt einen direkten Anspruch gegen den Dritten auf die formellrechtliche Bewilligung seiner Eintragung.

3. Der Anspruch auf Übereignung einer beweglichen Sache ist geschützt.

Überträgt der Verpflichtete die Sache dem Dritten durch const. possess., so ist die Rechtslage so einfach wie im Fall 1, da es einer Mitwirkung des Dritten wieder nicht bedarf.

Anders wenn der Dritte nicht nur das Eigentum, sondern auch den Besitz der Sache erhielt. Ohne sein Zutun gelangt der Geschützte offenbar nicht zu seinem Recht.

Planck[1]) hilft sich so: dem Gläubiger gegenüber gilt der Verpflichtete trotz der Veräußerung der Sache noch als Eigentümer, hat er also noch den Herausgabeanspruch gegen den Dritten. Mit der Abtretung dieses Anspruchs wird der Gläubiger Eigentümer und kann in dieser Eigenschaft gegen den Dritten vorgehen.

Damit ist zugleich die herrschende Meinung wiedergegeben (Enneccerus[2]), Biermann[3]) usw.). Daß wir ihr nicht folgen können, ist selbstverständlich. Der Verpflichtete ist nicht mehr Eigentümer, auch nicht vom Standpunkt des Geschützten aus; also ist auch kein Eigentumsanspruch da, den sich der Geschützte zunutze machen könnte.

Übrigens vergißt Planck[4]), daß der Dritte gegen den Eigentumsanspruch die exceptio rei venditae et traditae hat, eine ex-

1) Planck, § 135, Z. 2.

2) Enneccerus, § 60, II 2.

3) Biermann, Bürgerliches Recht, S. 178.

4) Dernburg, Bürgerliches Recht I, § 124, Note 6 wendet gegen Planck ein: „So spitzfindig dies alles ist, so gebrechlich ist es, denn wenn auch der A dem B gegenüber noch als Eigentümer gilt, so ist A doch nicht Eigentümer gegenüber dem C und hat auch keine Eigentumsklage gegen denselben, welche er dem B abtreten könnte.“ Dabei übersieht Dernburg denn doch wohl, daß nicht nur im Verhältnis des Geschützten zum Verpflichteten, sondern auch zum Dritten der Verpflichtete nach wie vor als Eigentümer gelten soll. Insoweit ist der Vorwurf der Inkonsequenz daher nicht berechtigt.

ceptio, die sich doch auch der Geschützte gefallen lassen müßte. Der Fehler hat mithin nicht einmal Methode. —

Es kann sich nur darum handeln, ob man dem Geschützten einen direkten oder indirekten Anspruch gegen den Dritten auf Herausgabe der Sache geben soll. Dem Verpflichteten steht kraft des Verbots das Recht der Verfügung nach wie vor zu. Es hat aber keinen Wert, wenn der Dritte ihm die Sache vorenthält. Folglich kann der Verpflichtete ihre Aushändigung zwecks Ausübung des Verfügungsrechts verlangen, dem alten Grundsatz gemäß, daß das Gesetz, wenn es ein Recht gewährt, auch die Mittel dazu gewährt. Diesen Herausgabeanspruch, der von einem Eigentumsanspruch weit entfernt ist, könnte der Geschützte nötigenfalls pfänden und sich so zunutze machen. — Das wäre der indirekte Weg.

Der direkte wäre der, daß der Geschützte einen eigenen Herausgabeanspruch unmittelbar gegen den Dritten erhielte.

Dafür tritt z. B. Dernburg[1]) ein, dem ich mich anschließe, und zwar wegen der Analogie des § 888. Der Grundgedanke dieser Vorschrift ist ersichtlich der: Insoweit die kollidierende Verfügung den Betroffenen zur Erfüllung seiner Verbindlichkeit außer Stand setzt, erlangt der Geschützte einen Hilfsanspruch gegen den widerstreitenden Erwerber. Der Hilfsanspruch geht bei Immobilien auf Umschreibungsbewilligung, bei Mobilien auf Übergabe.

Gegen die Analogie vermag Planck[2]) nichts anderes vorzubringen, als daß kein Bedürfnis dafür vorliege. Nun, der Weg, den er geht, führt jedenfalls nicht zum Ziele, wie wir sahen. Welches „Bedenken“ soll sodann gegen die „Verallgemeinerung“ sprechen? Planck schweigt. Im Gegenteil: Der gerade Weg ist der beste. Das trifft auch hier zu. Insbesondere fährt der Dritte auf ihm am sichersten. Müßte er dem Betroffenen die Sache herausgeben, so hätte er keine Gewähr, daß der Geschützte die Sache wirklich erhielte — und der Herausgabeanspruch ist doch nur im Interesse des Geschützten da!

In das andere Extrem würde man fallen, wollte man dem letzteren gegen den Dritten einen Anspruch auf Übereignung und nicht nur auf Herausgabe gewähren. So konstruiert wohl Kohler[3]).

---

1) Dernburg a. a. O. zu Note 6.

2) Planck a. a. O.

3) Kohler, Lehrbuch I, S. 158, 159.

Ganz sicher ist, daß dem Gesetz bei Immobilien diese an sich mögliche Konstruktion fernliegt; augenscheinlich will es die Übereignung nur dem zur Pflicht machen, der sie versprach. Die Konsequenz erheischt, daß es sich bei Mobilien ebenso verhalte. Der Geschützte erlangt also das Eigentum durch die vereinte Mühe des Schuldners und des widerstreitenden Dritten: Jener, der ja verfügungsberechtigt bleibt, einigt sich mit ihm, dieser übergibt ihm die Sache.

II. Jemand hat die Eintragung einer Grundschuld zu beanspruchen und sichert sich durch Veräußerungsverbot. Der Eigentümer läßt gleichwohl ein Recht für einen Dritten eintragen.

Ich konstruiere so: Der Eigentümer behält die Befugnis, das geschützte Recht mit Vorrang einzutragen. Der Dritte schuldet die formellrechtliche Zustimmung nach § 888. Die Lage erinnert stark an den Fall des Rangvorbehalts [1]).

III. Ein Auflassungsanspruch ist durch Veräußerungsverbot gesichert. Der Verpflichtete bestellt in der Zwischenzeit eine Grundschuld. Demnächst wird der Geschützte eingetragen, die Grundschuld ist „ihm gegenüber unwirksam".

Ganz unzulänglich ist wieder die Redeweise, daß jene im Verhältnis zu dem Geschützten nicht bestehe, wohl aber im Verhältnis zu den andern. Entweder besteht sie allen gegenüber oder überhaupt nicht. Daher vermeidet Fuchs [2]) den Verstoß gegen die Logik, indem er in dem parallelen Fall der Vormerkung (Auflassungsvormerkung; kollidierende Hypothek zwischenzeitlich eingetragen) auch den nachstehenden Hypothekaren gestattet, sich auf die Unwirksamkeit der vormerkungswidrigen Hypothek zu berufen. Allein er verstößt mit dieser Entscheidung gegen etwas anderes, nämlich gegen die Tendenz der Vormerkung und ebenso des relativen Veräußerungsverbots, nach Möglichkeit nur dem Geschützten Vorteil zu bringen.

Biermann [3]) nimmt an, daß die der Vormerkung (und dem Veräußerungsverbot) widerstreitende Hypothek zwar nichtig sei, aber nur der Geschützte die Nichtigkeit geltend machen könne, und zwar mit der a. negatoria. Sein Anspruch auf Beseitigung sei Berichtigungsanspruch. Biermann erachtet sogar § 22 GBO. für anwendbar.

---

1) In dem parallelen Fall der Vormerkung herrscht Streit. Vgl. Planck III, S. 187 und die dort Angeführten.

2) Fuchs, S. 31 und Bemerkung 7 zu § 883.

3) Biermann, Widerspruch und Vermerkung, S. 211.

Ich nehme an, daß die widersprechende Hypothek für jedermann besteht. Aber der Geschützte hat den Anspruch auf ihre Unschädlichmachung gegen den Verkäufer, dem das zur Erfüllung des Anspruchs nötige Verfügungsrecht verblieben ist. Der Hypothekar schuldet nur die formellrechtliche Zustimmung.

Die Hypothek ist unschädlich zu machen. Es bedarf folglich nicht ihrer Aufhebung, der Geschützte kann Abtretung an sich selbst verlangen, so daß die Hypothek zur Eigentümergrundschuld wird. So lehrt auch Predari[1]). Wenn Planck[2]) u. a. widersprechen, so tun sie es eben auf Grund ihrer falschen Vorstellung von der relativen Unwirksamkeit der Hypothek. Sie führt auch Biermann[3]) dazu, den Anspruch des Geschützten, wie gesagt, als einen Berichtigungsanspruch anzusehen.

IV. Schutz des Anspruchs aus Miete oder Pacht[4]). Hier kann nur ein Veräußerungsverbot helfen, nicht eine Vormerkung. Der widerstreitende Erwerber übernimmt die Pflichten aus dem Vertrag, soweit es das Interesse des Mieters erheischt. Das ist zum mindesten die Pflicht, den Gebrauch und Fruchtgenuß zu dulden.

Wenn zum Schutz eines Anspruchs auf Leihe einer Mobilie oder Immobilie oder auf Miete einer Mobilie ein Veräußerungsverbot ergeht, so hat es sicher bei dieser Pflicht des Erwerbers sein Bewenden. Im übrigen hat er keine Pflichten aus dem Vertrag.

Indes bei der Miete und Pacht von Grundstücken geht man meines Erachtens am besten noch einen Schritt weiter und wendet § 573 ff. analog an. Der Erwerber tritt dann an die Stelle des Vermieters, also so wie wenn er eingewilligt hätte. Mitteis[5]) hat den ähnlichen Fall untersucht, daß jemand vom eingetragenen Scheineigentümer pachtet, und nimmt an, daß der wahre Eigentümer zwar an den Pachtvertrag gebunden sei, nicht jedoch an die Stelle des Verpächters trete; er habe vielmehr nur den Sach- und Fruchtgenuß zu dulden. In der Tat, sowie der Fall liegt, kann man dem Eigentümer nicht mehr zumuten; wohl aber kann man es in unserm Fall dem kollidierenden Erwerber.

---

1) Predari, S. 204 a. E.

2) Planck III, § 888 I, 2 a.

3) Biermann a. a. O.

4) Vgl. das von Windscheid II § 400, Note 7, angeführte Urteil des OAG., Rostock.

5) Mitteis, Zwei Fragen VII.

V. Widersprechende Aufhebung eines Rechts.

1. Widersprechende Löschung im Grundbuch. Der Anspruch auf Abtretung einer Grundschuld ist z. B. durch Veräußerungsverbot gesichert, der Eigner will die Grundschuld trotzdem löschen lassen.

Die herrschende Meinung nimmt zwar mit Recht an, daß das relative Veräußerungsverbot das Grundbuch grundsätzlich nicht sperre, sie macht aber eine Ausnahme hinsichtlich der Löschungen. Der Gemeinschuldner — um im Beispiel zu bleiben — kann und darf wohl auflassen, aber die Löschung einer Grundschuld ist ihm verwehrt. Vgl. Planck, Bd. 3, S. 118. Dieser Ansicht ist insbesondere das Kammergericht[1]). Man begründet das damit, daß im Fall der Löschung nichts mehr übrig bleibe, woran sich der Geschützte halten könne.

Ich vermisse die Klarheit darüber, ob das Bedenken materiell- oder formellrechtlich ist. Der Einwand, daß sich die Löschung mit der relativen Unwirksamkeit materiellrechtlich nicht vertrage, geht sicher fehl. Man verkennt dabei, daß die relative Unwirksamkeit im Grunde absolute Unwirksamkeit ist. Relativ unwirksame Löschung heißt: Die Grundschuld erlischt zwar, aber der Eigentümer behält zugunsten des Berechtigten die Befugnis, eine neue Hypothek mit Vorrang zu bestellen. So vollzieht sich eben „der Ausgleich".

Es bleibt demnach nur das technische Bedenken, ob der Schutz des zu Sichernden trotz der Löschuug grundbuchmäßig zum Ausdruck gebracht werden kann. Das ist meines Erachtens zu bejahen. Zwar wird das Recht gelöscht, aber die Vormerkung bezw. der Vermerk des Veräußerungsverbots bleibt bestehen. Wenn man will, ist das halbe Löschung, Löschung mit Vorbehalt. Ich kann hier Biermann[2]) nur Beifall zollen.

Auch gegen Löschungen wird mithin das Grundbuch nicht gesperrt. Das dünkt mir ein willkommenes Ergebnis. Wer weiß denn, ob der geschützte Anspruch wirklich besteht? Der „Betroffene" leugnet seine Verpflichtung mit aller Entschiedenheit, soll man ihn, der seiner Sache gewiß ist, an der Löschung, an der er ein dringendes Interesse hat, verhindern, wiewohl sie dem Begünstigten keinerlei Gefahr bringt?

---

1) KG. 23 A, S. 242 = OLG. 4, 198. Vgl. auch Güthe, Kommentar I, S. 213 und 215.

2) Biermann, Widerspruch uud Vormerkung, S. 208. Ebenso Kretzschmar, § 894, III 5.

2. Kollidierende Dereliktion eines Grundstücks.

Das Grundstück wird herrenlos, der frühere Eigentümer bleibt aber in der Lage, darüber im Interesse des Geschützten zu verfügen. Die formellrechtlichen Schwierigkeiten werden analog § 58 CPO. gelöst. Kann jemand sein Grundstück trotz der darauf ruhenden Hypothek preisgeben, dann erst recht trotz der darauf ruhenden Vormerkung einer künftigen Hypothek. Diesem letzten Fall muß aber der unserige gleichgestellt werden, daß der Anspruch auf Bestellung einer Hypothek durch Veräußerungsverbot gesichert ist.

3. Wie gestaltet sich endlich die relative Unwirksamkeit des Erlasses einer Forderung?

Die Antwort findet man am besten durch Beobachtung des wirklichen Lebens. Ein anständiger Mensch wird an den Erlaß einer Forderung, deren Zession er einem Dritten versprochen hat, den Vorbehalt knüpfen, daß der Erlaß nicht gelten solle, falls der Dritte wider Erwarten auf der Abtretung bestehe. Der Schuldner kann sich also nicht auf den Erlaß berufen, wenn der Dritte sein Recht auf und aus der Zession geltend macht, wohl aber, wenn der Gläubiger selbst die Leistung hinterher begehrt oder wenn ein Vierter dies tut, der die Forderung pfänden ließ. Auf diese Rechtslage nun, die jeden Tag vorkommen kann und nichts künstliches hat, kommt es bei dem relativ unwirksamen Erlaß hinaus. Die Konstruktion der Rechtslage freilich ist nicht so ganz einfach und sehr verschieden denkbar. Soll man sagen: Der Erlaß geschieht unter einer gewissen Bedingung? Oder die Parteien schließen nur ein pactum de non petendo ab, das der Schuldner zwar den Gläubigern und dessen Rechtsnachfolgern entgegensetzen kann, nicht aber dem Geschützten, weil er ausdrücklich ausgenommen ist? Am besten konstruiert man wohl so: Die Forderung geht unter, gleichzeitig aber ist der Schuldner dem Gläubiger gegenüber verpflichtet, sich zugunsten des Geschützten so zu verhalten, als ob die Forderung noch bestände. Die Sicherheiten der Forderung bleiben bestehen.

Der Gläubiger kann von seinem Schuldner keine Zahlung verlangen, da sie dem Geschützten, z. B. dem Legatar gegenüber, der wegen des nomen legatum gegen den Erben ein Veräußerungsverbot nach § 938 ZPO. erwirkt hat, keine Wirkung haben würde. Der Sachverhalt ist ähnlich wie bei der Zession einer Forderung unter einer Suspensiv- oder Resolutivbedingung. Die Zahlung würde gegen den Anfalls- oder Rückfallsberechtigten nicht wirken, sie kann daher dem Schuldner nicht angesonnen werden[1]).

Dringt folglich der Gläubiger mit der Klage auf Zahlung nicht durch, so doch wohl mit der Feststellungsklage. Ob er ferner nicht auf Hinterlegung für sich und den Geschützten oder auf Zahlung an sie beide klagen kann? Die Frage dürfte unter Berufung auf Hellwig[2]) zu bejahen sein.

Zahlt der Schuldner in Unkenntnis des Veräußerungsverbots an den Gläubiger, also in unserm Beispiel an den Erben, so wird er frei[3]).

1) Hellwig, Zivilprozeß, S. 318.

2) Hellwig, a. a. O., S. 319, Note 13.

3) Doch ist das bestritten. Planck, § 135, Note 5, bejaht es grundsätzlich, Staudinger, § 135, Note 3d, verneint es grundsätzlich. Staudinger folgt damit den Motiven. Sie sagen (I, S. 24; Mugdan, I, S. 470): „Nicht besonders geschützt ist im Falle der untersagten Veräußerung einer Forderung der in Unkenntnis des Verbots leistende Schuldner. So billig es an sich erscheinen mag, die Leistung des nicht unterrichteten Schuldners als wirksame Erfüllung zu behandeln, so wenig ist dies unter Umständen mit dem Zweck des einzelnen Verbots vereinbar."

In den meisten Fällen wird die Streitfrage nicht praktisch, weil sie in ihnen speziell geregelt wird. So schützt z. B. § 8 KO. den Schuldner des Kridars. Der Schutz hängt davon ab, ob er zur Zeit der Leistung die Eröffnung des Verfahrens kannte. Etwas anders lautet § 22 ZVG. Bei der Zahlung des Schuldners an den Subhastaten kommt es darauf an, ob er die Beschlagnahme kannte oder das Zahlungsverbot ihm zugestellt war. Ebenso wird der Schuldner in den §§ 1052 und 2129, in denen ich allerdings keine relative Unwirksamkeit annehme, geschützt. Zahlt er an den Nießbraucher oder Vorerben, so wird er nur dann nicht frei, wenn er von der Übertragung der Verwaltung Kenntnis hatte oder ihm die Mitteilung davon zugestellt war.

Diese Einzelvorschriften führe ich deshalb an, weil sie den Motiven zum Trotz beweisen, daß ein einheitliches, wenn auch verschieden ausgestaltetes Prinzip besteht: Grundsätzlich soll der Schuldner, der in Unkenntnis des Verbots erfüllt, frei werden. Und zwar wird man anzunehmen haben, daß dem Schuldner an und für sich nur die Kenntnis des Verbots, der Verfügungsentziehung usw. schadet, soweit nicht Sondervorschriften Abweichendes anordnen. Dieser Grundsatz ist aus § 407 BGB., der sozusagen die Vorlage für Bestimmungen ähnlicher Art ist, zu entnehmen und kommt z. B. in § 1070 I und in § 1275 zur Anwendung.

Um nunmehr zu Zweifelsfällen überzugehen, so wird nach dem Gesagten der Schuldner, der an den Erben zahlt, weil er vom Dasein eines Testamentsvollstreckers nichts weiß, frei. Er wird ferner frei, wenn er an den Erben zahlt in Unkenntnis des Veräußerungsverbots, das der Ver-

§ 12.
Einzelheiten.

Zur Erörterung von Einzelfragen diene uns der greifbare Fall, daß der „Käufer" seinen Anspruch gegen den „Verkäufer" durch ein richterliches Veräußerungsverbot, gemäß § 938 ZPO., hat sichern lassen und der „Verkäufer" den Gegenstand an einen „Dritten", den „Zwischenmann", wider das „Verbot" weiterveräußert. Es tauchen dabei ähnliche Fragen auf wie in dem Fall des durch eine Vormerkung geschützten Anspruchs [1]).

---

mächtnisnehmer zum Schutz der ihm vermachten Forderung erwirkte. Meines Erachtens gelangt die das Verbot aussprechende einstweilige Verfügung schon durch Zustellung an den Erben zur Wirksamkeit. Zwar bezieht sich die generelle Verweisung des § 936 ZPO. auch auf § 829 III, wonach mit der Zustellung des Beschlusses der Pfändung an den Drittschuldner die Pfändung als bewirkt anzusehen ist. Allein die Verweisung paßt nicht auf unsern Fall, denn es handelt sich nicht um Erlangung eines Pfandrechts, also um Herstellung einer unmittelbaren Beziehung zum Drittschuldner, sondern um ein Verbot an den Erben. Das Naturgemäße ist daher hier die Zustellung der einstweiligen Verfügung an den Erben; die an den Drittschuldner ist nützlich, aber nicht nötig.

Deshalb berührt uns auch der Streit über die Tragweite des § 829 III ZPO. nicht. Besagt er nur, daß das Pfandrecht zustande kommt, so daß immer noch Raum für § 407 BGB. bleibt? Sowohl R. Schmidt, Lehrbuch des d. Zivilr. 2. Aufl., S. 953, Note 1. Er lehrt, daß der Drittschuldner, der wegen Ersatzzustellung an einen Bediensteten nicht persönliche Kenntnis von der Pfändung erhielt, gemäß § 407 BGB. gültig an den Drittschuldner zahle. Anders die Motive zum BGB. I, S. 214. Da der Wortlaut Zweifel enthält, entscheide ich mich für das Prinzip des § 407 und folge Schmidt.

Aber wie dem auch sei, unser Fall der einstweiligen Verfügung wird von dem Streit über § 829 III nicht berührt. Denn es bedarf keiner Zustellung des Veräußerungsverbots an den Drittschuldner, und wenn sie geschieht, kommt es doch nach wie vor allein darauf an, ob dieser bei der Zahlung an den Erben das Verbot wirklich kannte.

Zum Schluß sei noch bemerkt: Die Vorstellung, als ob dem Veräußerungsverbot eine besondere Strenge anhafte und darum der Schuldner, etwa höheren Interessen zu liebe, keine Berücksichtigung seines guten Glaubens verdiene, ist falsch, werden wir doch sehen (§ 14), daß das relative Veräußerungsverbot gar kein wahres Veräußerungsverbot ist. Eher kann man sagen: Wenn der Schuldner in § 407, dem Fall der geschehenen Zession, geschützt wird, wievielmehr in dem Fall der durch ein Veräußerungsverbot bloß vorbereiteten Zession.

1) Biermann, Widerspruch und Vormerkung, S. 212 ff.; Planck, III, § 888, I 2.

1. Daß der Dritte trotz des Verbots in jeder Beziehung Eigentümer wird, wissen wir zur Genüge. Er hat die rei vindicatio, die a. negatoria, die Schadensersatzklage aus § 823 I usw. Diese Klagen stehen ihm nicht nur gegen fremde Personen zu, sondern unter Umständen auch gegen den „Verkäufer" oder den „Geschützten". Beide können sich z. B. gegen ihn des Hausfriedensbruchs schuldig machen. Möglich ist, daß der Geschützte dem Zwischenmann wegen unzulässiger Einwirkung auf das Grundstück aus § 906 haftet usw.!

2. Der Geschützte hat gegen den kollidierenden Dritten, wie bekannt, einen eigenen Herausgabeanspruch. Ob dieser dingliche Natur hat, kann hier noch dahingestellt bleiben. § 292 findet in jedem Fall Anwendung [1]). Mit dem Eintritt der Rechtshängigkeit haftet also der Dritte dem Geschützten wie wenn eine rei vindicatio anhängig wäre. Wie nun, wenn der Dritte vor der Rechtshängigkeit die Sache schuldhaft vernichtet? Die Tendenz der Regeln über die relative Unwirksamkeit ist doch, daß der kollidierende Erwerber von Anfang an mit der Durchsetzung des geschützten Anspruchs zu rechnen und danach sein Verhalten einzurichten hat. Jene Frage ist daher zu bejahen. Der Dritte hat sogleich für die schuldhafte Vereitelung seiner Herausgabepflicht einzustehen. Es gelten von vornherein die Vorschriften, welche für das Rechtsverhältnis zwischen dem Eigentümer und dem Besitzer vom Eintritt der Rechtshängigkeit ab maßgebend sind.

Zu dem gleichen Ergebnis kommt Fuchs [2]) in dem Parallelfall des durch eine Vormerkung gesicherten Herausgabeanspruchs, während Biermann [3]) freilich anderer Ansicht ist.

Übrigens darf man nicht vergessen, daß nach § 135 II das Verbot nur gegen den schlechtgläubigen Dritten wirkt.

Aus dem Gesagten folgt: Verkauft der Dritte die Sache an einen Vierten weiter, den das Verbot infolge seines guten Glaubens nicht berührt, so haftet er dem Geschützten. Aber auch wenn er zwar den Vierten über das Veräußerungsverbot aufklärt, der Vierte jedoch trotzdem die Sache schuldhaft zerstört, haftet er. — Der Vierte hat gleichfalls Schadensersatz zu zahlen. Im ganzen kann sich der Ge-

1) So mit Recht Planck, II, § 292. Gerade unser Fall zeigt, daß Schollmeyers Ansicht (Kommentar, § 292), wonach § 292 einen obligatorischen Anspruch voraussetzt, zu eng ist.

2) Fuchs, I, S. 119.

3) Biermann, Widerspruch und Vormerkung, S. 219.

schützte mithin an drei Personen halten, an den Verkäufer und die beiden widerstreitenden Erwerber.

Gibt der Dritte dem Verkäufer die Sache zurück, so wird er natürlich frei. Hier zeigt sich die Unselbständigkeit seiner Haftung.

3. Das führt uns zu einer andern Frage. Wie verhalten sich der Hauptanspruch gegen den Verkäufer und der Hilfsanspruch gegen den kollidierenden Erwerber?

Hat der letztere alle Verteidigungsmittel des Hauptschuldners? Das Reichsgericht [1]) hat in einer ungemein klaren Entscheidung die Frage in dem entsprechenden Fall der Vormerkung bejaht. Gleicher Ansicht sind Biermann [2]), Fuchs [3]) und Planck [4]), neuestens auch Turnau-Förster [5]). Biermann benutzt das Ergebnis der Stammlerschen Untersuchung über die Einreden aus dem Rechte eines Dritten. Das Ergebnis lautet: „Einreden aus dem Rechte eines Dritten sind dann zulässig, wenn mehrere Ansprüche auf Herbeiführung des gleichen Erfolges für das Vermögen des Gläubigers abzielen und die eine Verpflichtung der andern helfend oder abgeleitet hinzutritt, derartig, daß die Nebenpflicht in ihrem Bestande und Inhalte von den gleichen Fragen wie jene erste Verbindlichkeit abhängig ist". Wenn für irgend einen, so paßt der Satz für unsern Fall. Auch in ihm sind also dem Erwerber die Verteidigungsmittel des Hauptschuldners zu gewähren. Er kann geltend machen, daß der geschützte Anspruch erloschen oder verjährt sei usw.

Kann er insbesondere auch aus dem Anfechtungsrecht des Hauptschuldners eine Einrede hernehmen? Dafür ist Fuchs [6]) in dem entsprechenden Fall der Vormerkung, dagegen Biermann [7]). Ich möchte Fuchs den Vorzug geben. Der Dritte erwirbt vorbehaltlich des Anspruchs des Geschützten. Ein anfechtbarer Anspruch ist nun ebenso mangelhaft wie ein verjährter, mag auch die juristisch-technische Behandlung des Mangels eine verschiedene sein. Kann der Dritte sich auf die Verjährung berufen, so ist nicht einzusehen, warum nicht auch auf die Anfechtbarkeit. Biermann meint,

---

1) RG. 53, Nr. 9.
2) Biermann, Widerspruch und Vormerkung, S. 213.
3) Fuchs, § 883, Note 14.
4) Planck, § 888 I, 2 a. A.
5) Turnau-Förster, § 888 II, 2.
6) Fuchs, S. 119.
7) Biermann, a. a. O., S. 214.

daß der der Vormerkung widerstreitende Erwerber keine dem Bürgen analoge Stellung habe, und dasselbe wird er wohl im vorliegenden Fall sagen. Analog ist sie freilich nicht, aber wenn sogar ein Bürge oder Pfandschuldner aus der Anfechtbarkeit Rechte herleiten kann, wievielmehr ist es unserm Erwerber zuzugestehen. Handelt es sich hier doch nicht um zwei Obligationen, sondern sozusagen um eine Obligation, die sich nur mit Rücksicht auf den Eigentumswechsel der Sache in zwei Teilobligationen gespalten hat.

Die Frage, ob der Vorgemerkte direkt gegen den Dritten auf Erteilung der Umschreibungsbewilligung klagen kann, ist vom Reichsgericht[1]) mit der herrschenden Meinung bejaht worden. Die Auflassung durch den Verpflichteten braucht keineswegs vorauszugehen. Entsprechendes ist auch hier anzunehmen. Der durch das Veräußerungsverbot Geschützte kann sofort auf „Herausgabe" der beweglichen Sache klagen. Selbstverständlich muß er die Existenz der Hauptschuld beweisen. Wird der Dritte verurteilt, demnächst aber die Klage gegen den seine Verpflichtung bestreitenden Hauptschuldner auf Vollzug der „Einigung" abgewiesen, so hat der Dritte sein Eigentum nicht verloren und kann die Sache vom Geschützten vindizieren. So kompliziert also die Rechtslage unter der Lupe der Theorie ist, so einfach gestaltet sich die Sache im Leben. Sofern nur der Verpflichtete seine Schuld nicht bestreitet, vollzieht sich die Einigung mit ihm mangels jeder Formvorschrift so schnell, daß sie gar nicht in die Erscheinung tritt. In Wirklichkeit gelangt daher der Geschützte schon dadurch zu seinem Rechte, daß er sich die Sache vom kollidierenden Erwerber, nötigenfalls durch Klage, verschafft.

4. Der Einfluß des Konkurses ist verschieden. Der Konkurs des „Dritten" schadet dem Geschützten zweifellos nicht. § 13 KO. handelt nur vom Konkurs des eigentlichen Verpflichteten. Der letztere hat, wie bekannt, an dem nunmehr dem Dritten gehörenden Gegenstand das Verfügungsrecht im Interesse des Geschützten behalten. Durch den Konkurs des Dritten wird dieses Recht nicht berührt. Am deutlichsten zeigt das der Fall, wo sich das Veräußerungsverbot auf eine Forderung bezieht, wo es mithin einer Mitwirkung des Dritten oder seines Konkursverwalters gar nicht bedarf. Bei der kollidierenden Veräußerung von Mobilien und Immobilien kommt ja nun allerdings noch eine Hilfsobligation gegen den Dritten hinzu.

1) RG., a. a. O.

Aber dieser Umstand vermag eine andere rechtliche Behandlung unmöglich zu rechtfertigen. Von einer Umwandlung der Hilfsobligation in eine Geldobligation ist also keine Rede. Der Geschützte kann im Konkurs des Dritten Herausgabe der Sache bezw. Erteilung der Umschreibungsbewilligung verlangen. Meines Erachtens geht der Anspruch wie bei der Vormerkung, auf Absonderung, nicht auf Aussonderung, denn die Sache gehört ja dem Gemeinschuldner (§§ 24, 47 KO.).

Der Konkurs des Verpflichteten dagegen schädigt den Geschützten, denn das Veräußerungsverbot ist „den Konkursgläubigern gegenüber unwirksam" (§ 13 KO.) und der Verwalter braucht es daher nicht zu beachten. Wohl aber hat es der Verpflichtete selbst nach wie vor zu respektieren. Dieser, so viel ich sehe, noch nicht hervorgehobene Umstand hat praktische Bedeutung, wenn der Gemeinschuldner nach der Beendigung des Konkurses die ihm belassene Sache veräußern will oder wenn er sie während des Konkurses ohne Vorwissen des Verwalters veräußert. Kurz — das relative Veräußerungsverbot besteht im Konkurs „relativ" weiter.

Wenn endlich der Verpflichtete in Konkurs fällt, nachdem er bereits an den Dritten veräußert hat, so greift § 13 überhaupt nicht Platz. Denn, wie ist die Rechtslage? Der Kridar behielt trotz der Veräußerung die Befugnis, über die Sache im Interesse des Geschützten zu verfügen. Die Gläubiger erleiden dadurch, daß der Verwalter dieses Recht ausübt, keinerlei Nachteil.

5. Wird dem Verpflichteten die Sache, auf die sich das Veräußerungsverbot bezieht, gestohlen, so erlangt der Geschützte zweifellos keinen eigenen Anspruch gegen den Dieb. Er tritt vielmehr nur zu solchen Personen in Rechtsbeziehungen, die durch kollidierende Verfügungen von dem Betroffenen erwarben. Nur gegen Verfügungen richtet sich der Schutz, nur Verfügungserwerber haften dem Geschützten. In unserm Fall kann der letztere nur dadurch Eigentum erlangen, daß der Verpflichtete ihm den Herausgebeanspruch gegen den Dieb abtritt.

6. Kehren wir zu dem Fall zurück, daß der „Betroffene" den Gegenstand „verbots"widrig an einen Dritten weiterveräußert! Wie der Ausgleich zugunsten des Berechtigten geschieht, wissen wir. Hier ist nunmehr hervorzuheben, daß er vermöge dieses Ausgleichs Rechtsnachfolger des Dritten wird. Die Reihenfolge der Eigentümer ist: Verpflichteter, Dritter, Berechtigter. Der Berechtigte erhält folglich das Eigentum des Dritten, des Zwischenmanns. Es be-

darf kaum der Erwähnung, daß ein Käufer nicht den geringsten Anspruch darauf hat, das Eigentum gerade seines Vertragsgegners zu erlangen. Wenn er nur überhaupt Eigentum erwirbt! So sagt denn auch § 433 ganz allgemein, daß der Verkäufer verpflichtet ist, dem Käufer „das Eigentum" zu verschaffen.

Die Rechtsnachfolge hat praktische Bedeutung. Denn alle Verbesserungen, die das fragliche Recht in der Zwischenzeit beim Dritten erfährt, sei es durch Akte, die er selbst vornimmt, sei es durch solche, die ihm gegenüber vorgenommen werden, kommen auch dem Geschützten zugute. Beispiele: Auf der Sache lastet ein Pfand, der Pfandgläubiger verzichtet den Dritten gegenüber auf das Pfand. — Der Dritte erwirbt für das Grundstück Vorkaufsrechte, Wegegerechtigkeiten usw. (§ 96 BGB.). — Der Dritte hat die zinslose Forderung gekündigt, er erhielt einen Schuldschein, ein Pfand.

Natürlich kann der Dritte das Recht nicht zum Nachteil des Geschützten verschlechtern. Das kann er so wenig wie sein Vorgänger. Eine Belastung der Sache durch ihn z. B. ist „dem Geschützten gegenüber unwirksam".

Schwierig ist die Frage der Rechtskraft.

Was die Prozesse des Betroffenen selbst angeht, so gilt hinsichtlich der Erstreckung ihrer Rechtskraft im Verhältnis zu dem Geschützten alles wie sonst, wenn kein Veräußerungsverbot ergangen wäre. Beispiele: Der Anspruch auf Zession einer Forderung ist durch Veräußerungsverbot gesichert. Der Gläubiger wird mit seiner Klage gegen den Schuldner abgewiesen. Das Urteil wirkt auch gegen den Geschützten. — Ein Übereignungsanspruch ist durch Veräußerungsverbot gesichert. Der Verpflichtete überträgt dem Berechtigten das Eigentum durch Abtretung des Herausgabeanspruchs gegen den Entleiher. Der letztere kann sich darauf berufen, daß der Zedent mit seiner rei vindicatio bereits abgewiesen worden ist. — Ein Dritter hat gegen den Verpflichteten siegreich auf die Feststellung geklagt, daß ihm an dem fraglichen Gegenstand ein Pfandrecht zustehe. Vor dem Urteil muß sich auch der Geschützte beugen.

Das Veräußerungsverbot schützt eben nur gegen Verfügungen des Betroffenen, nicht auch gegen seine Prozeßführung. Ein Antrag auf Ausdehnung des Schutzes wurde in der ersten Kommission abgelehnt. Vgl. Hellwig, Rechtskraft[1]).

---

1) Hellwig, Rechtskraft, S. 108ff.

Gilt das über die Prozeßführung des Betroffenen Gesagte auch für die Prozeßführung des kollidierenden Dritten? Die Frage ist meines Wissens noch nicht gestellt worden.

Man könnte sie aus zwei Gründen bejahen. Einmal bringt die Erstreckung dem Geschützten nicht lediglich Nachteil, sondern bald Vorteil, bald Nachteil. Es ist verfehlt, immer nur nach der Schattenseite zu sehen. Sodann: Leidet der Geschützte unter dem Prozeßverlust des Betroffenen, dann erscheint es nur folgerecht, daß er auch unter dem des Dritten leidet. Beide sind gewissermaßen identisch.

Anderseits läßt sich sagen: Der Dritte erlangte sein Prozeßführungsrecht erst durch die Verfügung des Betroffenen, eine Verfügung, die dem Geschützten nicht schaden soll. Also berührt auch der Prozeß des Dritten, zu dem es ohne jene Verfügung nicht gekommen wäre, den Geschützten nicht.

Ich entscheide mich für diese Lösung. Zu ihren Gunsten spricht noch, daß der kollidierende Bewerber an der Prozeßführung kein besonderes Interesse hat. Ob er die Sache nun dem Geschützten herausgibt oder — dem Prozeßgegner: er selbst behält sie auf keinen Fall. Ganz anders steht der Betroffene da. Er haftet dem Geschützten, wenn er ihm die Sache nicht verschafft, er wird daher auf eine energische Prozeßführung sehr bedacht sein.

§ 13.
Konstruktionsfragen.

I. Das absolute Veräußerungsverbot bringt keine schwierigen Konstruktionsfragen mit sich [1]). Was zunächst eine etwaige Rechtsbeziehung zwischen dem Geschützten und dem kollidierenden Erwerber betrifft, so kommt eine solche aus dem einfachen Grunde nicht zustande, weil es einen kollidierenden Erwerber nicht gibt. Die Sache kann ja rechtlich aus dem Vermögen des Interdikten überhaupt nicht heraus. Darauf ausschließlich beruht die Sicherheit des durch das Verbot Geschützten.

Auch zwischen diesem letzteren und dem Interdikten stellt das Verbot keine Rechtsbeziehung her; daß bereits welche bestehen, interessiert hier nicht. Insbesondere gibt das Verbot dem Geschützten

1) Vgl. E. J. Bekker, I, § 79, Beilage II. Doch ist dort das Objekt der Konstruktion ein anderes.

nicht etwa ein Recht an der fraglichen Sache. Sein Schutz gründet sich nicht auf eignen Machtzuwachs, sondern lediglich auf die Machtverringerung seines Gegners.

II. Ganz anders beim relativen Veräußerungsverbot! Der Schutz des Berechtigten beruht hier teils auf Negation: Der Schuldner bleibt zur Verfügung über das verbotswidrig veräußerte Recht im Interesse des ersteren befugt; der Schuldner kann sich dieser Befugnis nicht entäußern. Teils wird er positiv: Dem kollidierenden Erwerber werden gewisse Pflichten gegen den Berechtigten auferlegt, z. B. die Pflicht zur Herausgabe der wider das Verbot erworbenen Sache oder zur Bewilligung der Umschreibung des wider das Verbot erworbenen Liegenschaftsrechts. Der Geschützte erlangt demnach durch das Verbot gewisse Rechte. Das Verbot nimmt nicht nur dem Betroffenen etwas von seinen Rechten, es gewährt zugleich dem Geschützten etwas. Es macht nicht nur den einen Teil ärmer, sondern bereichert zugleich den andern. Das absolute Veräußerungsverbot wirkt bloß negativ, das relative negativ und positiv.

III. Es besteht nun das Bedürfnis, die eigentümliche positive Wirkung des relativen Veräußerungsverbots zu konstruieren.

Die gleiche Frage kommt bei der Vormerkung vor und ist dort viel verhandelt worden. Dingliches Recht des Vorgemerkten, actio in rem scripta, ius ad rem usw.: alle diese Konstruktionen ziehen an unserm Gedächtnis vorüber. Wenn Biermann[1]) sich begnügte, die Vormerkung als einen Grundbuchvermerk zu charakterisieren, der die Verwirklichung bestimmter Ansprüche in dinglicher Weise sichere, so hat man zwar schon mit Recht gesagt, daß das keine Konstruktion sei. Nichts aber beweist das schlagender als die hier zur Erörterung stehende Frage. Das Veräußerurgsverbot wirkt auch ohne Eintragung, und wenn es Mobilien betrifft, ist eine Eintragung nicht einmal denkbar. Wie will Biermann hier konstruieren? An den äußern Umstand der Eintragung kann er sich hier nicht klammern. Hic Rhodus, hic salta! So liefert unser Fall sozusagen eine Reinkultur für den Beobachter.

Worum handelt es sich denn bei dem Veräußerungsverbot? Die Verwirklichung eines Anspruchs — sagen wir auf Übereignung — soll gesichert werden.

---

1) Biermann, Widerspruch und Vormerkung, S. 184.

Der Anspruch ist ein relatives Recht. Er geht nur gegen eine Person, den Verkäufer. Man hat freilich behauptet: alle Rechte seien absolut, auch die obligatorischen. Ich erinnere nur an die glänzenden und bestehenden Ausführungen Staubs[1]). Das ist indes sicher unrichtig. Wenn ich zum 1. März einen Arbeiter zur Umgrabung meines Gartens dinge und ein Dritter, der das weiß, dingt den Arbeiter für sich zur selben Zeit, so haftet mir der Dritte an und für sich nicht. Es existiert kein Rechtssatz des Inhalts, daß jedermann verpflichtet ist, sich so zu verhalten, daß der von mir gedungene Arbeiter seine Obligation erfüllen kann. Wohin sollte das auch führen? Allerdings haftet mir der Dritte unter Umständen aus § 826. Aber das beweist nichts. Denn man ändere das Beispiel: Der Arbeiter ist auf dem Wege zu mir, um sich mir zur sofortigen Leistung gewisser Dienste anzubieten. Wenn ihn dann der Dritte mit Gewalt am Weitergehen hindert, in der erklärten Absicht, mir zu schaden, so haftet er mir wieder — trotzdem hier noch keine Obligation bestand, in die er hätte eingreifen können.

Aber so richtig es ist, daß die obligatorischen Rechte relativ sind, daß hinter der primären Norm an den Schuldner keine sekundäre steht, die sich an jedermann wendet und ihm zur Pflicht macht, die Obligation nicht durch irgendwelches Verhalten zu beeinträchtigen — so sehr wir dem Römischen Recht zu Dank verpflichtet sind, daß es uns den Unterschied zwischen absolutem und relativem, zwischen dinglichem und persönlichem Recht lehrte, — so sicher ist es auch, daß eine „Erstreckung" der Obligation, ihre „Ausstattung mit Drittwirkung" (Kohler), ihre „Verdinglichung" an und für sich nicht unlogisch ist, und daß sie im Einzelfall durchaus praktikabel sein kann.

Praktische Bedenken forderten die „Beschränkung" der Obligation auf die beiden Beteiligten, praktische Erwägungen verlangen unter Umständen, daß Dritte in sie hineinbezogen werden.

So liegt die Sache hier. Die Idee des Gesetzes ist die, daß der Dritte, der den Schuldner an der Erfüllung in gewisser Weise hindert, insoweit gleichfalls verpflichtet werde.

Diese Idee liegt auch der Vormerkung zugrunde und ebenso dem landrechtlichen ius ad rem.

Wohl auch der a. in rem scripta (Real-, Zustandsobligation). Immerhin ist dieser Fall etwas anders gestaltet. Man betrachte die

1) Staub, Die juristische Konstruktion der dinglichen Rechte. Archiv Bürgerliches Recht V, S. 12 f.

a. noxalis, die a. quod metus causa! Je nachdem das Tier, die abgepreßte Sache, ihren Herrn wechseln, wechselt auch der Schuldner. Der neue ersetzt den alten vollkommen, tritt völlig an seine Stelle. Ebenso ist es heute bei der Veräußerung des Grundstücks durch den Vermieter (§ 573 ff.) und bei den Reallasten. Hier haben wir nicht das Bild einer durch Hilfsobligationen gestärkten Hauptobligation, sondern mehrerer einander ablösender Obligationen von gleichem Wert. In der Hauptsache illustrieren folglich diese Fälle die Obligation mit unbestimmtem, wechselndem Schuldner. Der Gedanke, daß ein Fremder die Obligation stört und deshalb zur Ausgleichung in dem Maße, als er stört, neben dem Hauptschuldner verpflichtet wird, tritt hier zurück. — Gleichwohl scheint mir die Grundidee dieselbe. Die Obligation reagiert ausnahmsweise auf Störungen Dritter. Denn man frage sich: Welches Merkmal bestimmt in diesen Obligationen den Schuldner? Immer ist es ein solcher Umstand, der ihre Erfüllung durch den bisherigen Schuldner mehr oder minder erschwert oder ausschließt [1]). Nur reagiert hier die Obligation stärker. Der Dritte ersetzt den bisherigen Schuldner. Die actio in rem scripta ist also zwar auch ein Fall der erstreckten, der mit Drittwirkung ausgerüsteten Obligation, aber doch von besonderer Art [2]).

Von a in rem scripta redet man daher in den uns hier beschäftigenden Fällen besser nicht, wie denn auch Gierke [3]) in dem

1) Das trifft auch für die Reallasten zu. Sie bestehen in unmittelbaren oder mittelbaren Erträgnissen des Grundstücks. Indem der Eigentümer es verkauft, setzt er sich außerstand, zu erfüllen. Schuldner wird daher der neue Herr. Über den „wirtschaftlichen Gedanken der Reallast" vgl. auch Crome, III, S. 613.

2) Ganz deutlich zeigen das auch die §§ 573 ff. BGB. Der obligatorische Anspruch des Grundstücksmieters wird auf verschiedene Weise geschützt. Bestellt z. B. der Vermieter einem Dritten eine Grundgerechtigkeit, so ist dieser dem Mieter gegenüber verpflichtet die Ausübung zu unterlassen, soweit sie den vertragsmäßigen Gebrauch beeinträchtigen würde. Veräußert der Vermieter das Grundstück oder bestellt er einen Nießbrauch, so tritt der Erwerber an seine Stelle! Von a. in rem scripta läßt sich nur im zweiten Fall reden, aber die Grundidee ist beide Male die gleiche; die Obligation reagiert gegen die Störungen Dritter.

3) Gierke, S. 338, Note 155, freilich mit anderer Begründung: Die a in rem scripta löse nur persönliche Ansprüche gegen Dritte aus, die vorgemerkte Forderung dagegen wirke, wenngleich sie gegen den Schuldner nur eine persönliche Verpflichtung begründe, so doch gegen Dritte dinglich.

Parallelfall der Vormerkung den Begriff der a in rem scripta für unpassend erklärt und deshalb Oberneck tadelt[1]). Anderseits möchte ich auch den Ausdruck ius ad rem, mit dem Gierke[2]) operiert, vermeiden, da er allzugroßem Mißtrauen begegnet. Manche verbinden nämlich mit ihm die Vorstellung einer Beziehung des Geschützten zur Sache, die zwar kein volles dingliches Recht ist, aber doch mehr als bloße Obligation. Diese Vorstellung ist natürlich abzuweisen. Entweder liegt ein dingliches Recht vor oder keins. Ein Mittelding gibt es nicht. — Sodann verdunkelt die Bezeichnung ius ad rem den Blick dafür, daß nicht nur Obligationen auf Sachherrschaft in dieser besonderen Weise geschützt werden können, sondern auch solche ad faciendum. Der Gedanke der gegen Dritte wirkenden Obligation hat eben mit der Frage des dinglichen, besser, des Sachenrechts, nichts zu tun!

Endlich vermied ich geflissentlich, von einer absoluten oder verdinglichten Obligation zu reden. Denn die Obligation erstreckt sich hier nur auf solche Personen, die durch eine kollidierende Verfügung dem Geschützten zu nahe treten. Sie reagiert nicht grundsätzlich gegen jeden Störer. Ein absolutes Recht ist sie mithin nicht; sie ist vielmehr ein relatives, da sie sich zwar gegen einen großen, aber doch immer nur gegen einen prinzipiell begrenzten Kreis richtet. Der Dieb stört auch die Obligation und tut doch, wie wir sehen, kein Unrecht gegen den Geschützten! Man kann nur sagen, daß die Obligation infolge des Veräußerungsverbots weitere Kreise zieht als gewöhnlich, daß sie mit Drittwirkung ausgestattet ist.

Damit ist denn auch der Übergang zu der Frage gegeben, ob der Geschützte kraft des relativen Veräußerungsverbots ein dingliches Recht an der Sache erlangt.

Dagegen spricht von vornherein die Erwägung, daß er dann mehr Recht erlangen würde als beim absoluten Veräußerungsverbot. Praktische Bedeutung hat die Frage kaum, wie sich sogleich zeigen wird. Die rechtliche Behandlung ist im wesentlichen zweifelsfrei. Es handelt sich, wie so oft, nur um das Bedürfnis der Etikettierung. Wenn wir nur über die Etikette besser Bescheid wüßten! Wer zu den Begriffsmomenten des dinglichen Rechts die

---

Die Begründung scheint mir verfehlt. Vergl. was sogleich (S. 75) und später (S. 109) zu sagen ist.

1) Übrigens geht auch Kohler, Lehrbuch I, § 50 III b., in gewissen Fällen des relativen Veräußerungsverbote mit der a in rem scripta zu Werke.

2) Gierke a. a. O., S. 612.

Absolutheit zählt — und das möchte ich auch — kann in unserm Fall kein Sachenrecht annehmen. Es liegt hier ähnlich wie bei der Grundstücksmiete. Der Mietanspruch erstreckt sich nur gegen gewisse Dritte, der verbotgeschützte Anspruch desgleichen [1]). Der Käufer z. B., der gegen den Verkäufer ein Veräußerungsverbot nach § 938 ZPO. ergehen ließ, erlangt keinen eigenen Anspruch gegen den, der dem Verkäufer die Sache entwendet [2]). — Andere sehen bekanntlich das Wesen des Sachenrechts in der unmittelbaren Sachherrschaft! [3]). Aber auch für sie liegt hier kein Sachenrecht vor, da doch nur die Erfüllung einer Obligation gesichert werden soll. Gewiß kommt der Umstand, daß nicht nur der Veräußerer, sondern auch gewisse dritte Personen in ihrem Verhalten die Obligation zu respektieren haben, der Beziehung des durch das Verbot geschützten Käufers zu der Sache zugute — aber das unmittelbar zu sichernde Rechtsgut ist doch nicht die Beziehung des Käufers zur Sache, sondern das Verhalten des Verkäufers, bestehend in der Herstellung eben dieser Beziehung, kurz die obligatio ad tradendum. Daß die dritten Personen passiv bleiben, sich der Störung enthalten, nützt dem Käufer immer noch nichts, solange der Verkäufer seinerseits nicht handelt und ihm die geschuldete Sache aushändigt. Erzeugt anerkanntermaßen der Anspruch des Käufers auf die Sache noch kein Sachenrecht, so kann der Umstand, daß Dritte diesen Anspruch zu respektieren haben, daran nichts ändern.

Der Konkurs soll der Prüfstein der Dinglichkeit sein — ein Diktum freilich, gegen das ich Zweifel hege. Diesem Diktum würde unser Ergebnis entsprechen, denn im Konkurs des Veräußerers muß der geschützte Käufer die Einbeziehung der Sache in die Masse dulden.

Hat also der Geschützte nach wie vor nur einen persönlichen Anspruch auf die Sache — und an dieser Stelle enthüllt sich die einigermaßen praktische Seite der Frage — so liegt der Schluß nahe, daß die prozessuale Geltendmachung dieses Anspruchs, sei es gegen den Verkäufer, sei es gegen den kollidierenden Erwerber, die Sache nicht streitbefangen macht. Das Gleiche behauptet

1) Vgl. Crome, Die juristische Natur der Miete, Jherings Jahrb. 37, S. 1ff. und Eccius, Zur Frage von der Dinglichkeit der Miete und Pacht, Gruchots Beiträge 46, S. 572ff.

2) Oben S. 69.

3) Vgl. vor allem Landsberg, I, S. 65.

Philipsen[1]) für den Fall der Vormerkung. Es fragt sich aber, ob nur dingliche Klagen rem litigiosam machen. Petersen[2]) behauptet das auch von der a. in rem scripta, noch weiter geht Hellwig[3]). Was von der a. in rem scripta gilt, muß meines Erachtens auch von der, wie wir sahen, wesensverwandten „Erstreckung der Obligation“ gelten, wie sie unser Fall zeigt. So hängt die Entscheidung in letzter Linie nicht vom materiellen, sondern vom prozessualen Recht ab. Man wird Petersen zu folgen haben.

§ 14.
2. Das Verbot der relativ unwirksamen Verfügung.

„Dem Geschützten gegenüber unwirksam“ — über die Bedeutung dieser Worte ist nunmehr genug gesagt. Vor allem ergab sich, daß der Betroffene vollauf in der Lage des Verfügenkönnens bleibt. Nach wie vor kann er die befangene Sache aus seinem Vermögen heraus in ein anderes schieben. Er hat das Verfügungsrecht behalten! Er erleidet nicht etwa durch das Veräußerungsverbot einen Verlust der Verfügungsbefugnis, das Gesetz verhängt nicht etwa über ihn eine Sperre. Es schützt vielmehr den Andern in der Weise, daß es die gegen das „Verbot“ geschehene Veräußerung wieder ausgleicht.

Läßt sich mithin nicht sagen, daß der Betroffene durch das Veräußerungsverbot eine Verfügungsentziehung, so doch, daß er eine Verfügungsbeschränkung erleide. Denn eine Beschränkung ist es doch wohl, daß er nur so veräußern kann, daß er die zur Erfüllung des geschützten Anspruchs nötige Verfügungsbefugnis zurückbehält,

---

1) Philipsen, Die Vormerkung, 1903, S. 70. Anderer Ansicht für diesen Fall sind die bei Planck, § 888 2 angeführten Fuchs, Othmer, Dernburg. Die von Planck selbst, ferner von Biermann und Reichel — vgl. die Zitate von Planck — vertretene Mittelmeinung scheint mir inkonsequent. Danach macht die Klage des Vorgemerkten gegen den Verkäufer nicht rem litigiosam, wohl aber die Klage gegen den Dritten aus § 888. Wenn aber die Vormerkung eine auf dem Grundstück ruhende Verpflichtung ist — so Biermann, Widerspruch und Vormerkung, S. 217 — dann ist nicht einzusehen, weshalb diese Verpflichtung nur Dritte, nicht auch den Veräußerer treffen soll. Der Umstand, daß der Veräußerer auch persönlich haftet, widerspricht dem doch nicht.

2) Petersen, Kommentar, § 265, Z. 3.

3) Hellwig, Zivilprozeß, S. 342.

mit andern Worten, daß er nur cum deductione zu veräußern imstande ist.

Der Betroffene behält die Verfügungsbefugnis. Damit ist der Übergang zu der Frage gegeben, ob er von dieser Befugnis Gebrauch machen darf. Von der Frage des Verfügenkönnens zu der des Verfügendürfens!

I. Die Frage ist hier anders pointiert als beim absoluten Veräußerungsverbot. Dort lautete sie so: der Betroffene kann nicht verfügen, wozu also noch ein Verbot? Hier lautet sie: Der Betroffene kann verfügen, und dennoch ein Verbot?

Die Frage ist offenbar zu verneinen. Das Gesetz fand es zweckmäßig, der gegen ein relatives Veräußerungsverbot verstoßenden Verfügung Wirksamkeit in gewissem Umfang zuzusprechen. Um der einen Schutzperson willen soll die Sache nicht sozusagen vom Verkehr abgeschnitten werden. Welchen Sinn hätte es aber nun, dem Betroffenen die Verfügung gleichwohl zu verbieten? Das Gesetz würde damit den Schritt, den es eben vorwärts getan hat, wieder zurückgehn. Beobachtet der Eigentümer das Verbot — und zu diesem Zweck und in dieser Erwartung wird doch ein Verbot vom Gesetz erlassen — so führt das ja gerade wieder zu dem Ergebnis, welches das Gesetz vermeiden will: Die Sache würde der einen Schutzperson zuliebe vollkommen brachgelegt. Harmonie von Mittel und Zweck — das ist es, was das Gesetz mit der Einführung der relativen Unwirksamkeit erstrebte. Die Hinzufügung eines Verbotes würde eben diese Harmonie wieder zerstören.

Die Richtigkeit des Gedankenganges beweist ein Blick auf den Fall des vom Richter nach § 938 ZPO. zugunsten des Käufers eines Grundstücks gegen den Verkäufer erlassenen Veräußerungsverbots. Es liegt dem durch den Mund des Richters sprechenden Gesetz ganz fern, dem Eigentümer die Verfügung über sein Grundstück zu verbieten. Die Obligation zu solcher Verfügung ist nicht im mindesten auf etwas Verbotenes gerichtet, sie ist gültig. Ebenso würde ein Richter gründlich irren, wenn er sagte: Ich darf die gewünschte Umschreibung des Grundstücks nicht vornehmen, denn ich darf verbotene Verfügungen nicht fördern. Das relative Veräußerungsverbot hat mithin auch nach dieser Richtung keine Grundbuchsperre zur Folge, es sperrt weder dinglich noch obligatorisch. Keine Ungültigkeit der Obligation, keine Grundbuchsperre: das sind die praktischen Folgen unseres Standpunktes.

Dagegen wird sich niemand auf das Wort Veräußerungsverbot berufen wollen, etwa so schließend: Wenn das Gesetz von Verbot redet, dann erläßt es auch wirklich ein Verbot. Dafür mag zunächst eine Vermutung sprechen, aber diese Vermutung ist eben widerlegt. Sodann ist der Sprachgebrauch hinsichtlich des Wortes Verbot äußerst saloppe. Sahen wir doch, daß die Literatur von Verbot spricht, wo nur eine Sanktionsentziehung vorliegt. So redet auch das Gesetz von Veräußerungsverbot und meint damit nur eine eigentümliche Beschränkung des Verfügenkönnens. Indem also die sachliche Erläuterung, die das Gesetz in § 135 gibt, von der Wortbedeutung abweicht, kommt es auf das Wort selbst nicht mehr an. Non ius ex nomine, sed ex regula [1])!

Mehr Eindruck könnte ein Einwand aus § 772 ZPO. machen. § 772 verbietet dem Vollstreckungsgläubiger die Veräußerung der gepfändeten Sache mit Rücksicht darauf, daß dem Schuldner ihre Veräußerung verboten ist. Der Gläubiger soll nicht veräußern; tut ers doch, so ist es — freilich nur relativ — unwirksam. Der Schluß liegt nahe: Bedeutet das relative Veräußerungsverbot ein echtes Verbot an den Gläubiger, dann doch erst recht an den direkt davon Betroffenen.

Allein der Schluß ist falsch, wie die Motive zu § 772 beweisen. § 772 ZPO. stand zuerst im 1. Entwurf des Bürgerlichen Gesetzbuchs, und zwar als Abs. 3 des § 107 (§ 135 des fertigen Gesetzes). Die Motive sagen nun: Die Veräußerung durch den Vollstreckungsgläubiger würde gemäß Abs. 1 ebenfalls zulässig, aber dem Geschützten gegenüber unwirksam sein. Solche Veräußerung wäre aber unzweckmäßig. Daher habe man nur die Wahl zwischen vorbehaltloser Gestattung und der Untersagung der Veräußerung ... Aus dem Verbot an den Gläubiger folgt demnach nicht auch ein Verbot an den Betroffenen selbst [2]).

II. Unser Ergebnis bedarf indes noch der Ergänzung.

Sicher ist es dem Betroffenen verboten, eine absolut wirksame Veräußerung vorzunehmen, sofern er zu einer solchen ausnahmsweise in der Lage sein sollte. Das ist er dann, wenn er einem gutgläubigen Dritten gegenüber steht. In dem Rahmen, in dem er normalerweise verfügen kann, mag er verfügen; darüber hinaus ist es ihm ver-

---

1) Vgl. auch Güthe, Kommentar, I, S. 215 m.

2) Motive zum Allgemeinen Teil, S. 215. (Mugdan, I, S. 471.)

wehrt. So erklärt sich auch die Haftung des Gemeinschuldners gegenüber der Konkursmasse, wenn er ein Massegrundstück an einen Gutgläubigen veräußert. Er tut etwas Verbotenes und muß deshalb Schadensersatz zahlen. Doch führt das zu einem Problem, auf das hier nicht weiter eingegangen werden kann: Dem Problem der gegenseitigen Beeinflussung zweier Sondervermögen.

Das Verbot geht nicht so weit, daß der Betroffene die Umschreibung des befangenen Grundstücks nur mit gleichzeitigem Vermerk ihrer bloß relativen Wirksamkeit verlangen könnte. Die vorbehaltlose Umschreibung widerspricht auch nicht dem Prinzip, daß der Richter nichts Unrichtiges eintragen darf. Denn wird nicht etwa der kollidierende Erwerber voll und ganz Eigentümer, auch im Verhältnis zum Geschützten? Es ist grundsätzlich Sache des letzteren, die Eintragung des Veräußerungsverbots zu erwirken. Von Grundbuchamtswegen geschieht sie nicht [1]).

Das Grundbuch ist einweilen, wie gesagt, nicht unrichtig, aber es ist unvollständig. § 894 BGB. drückt sich also zu eng aus, wenn er nur von der „Berichtigung" des Grundbuchs spricht. Gleichwohl dürfte dem Geschützten der Weg des § 894 offen stehen. Er kann gegen den Verpflichteten und später gegen den widerstreitenden Erwerber auf Zustimmung zur Berichtigung, genauer Vervollständigung des Grundbuchs klagen. So auch Planck [2]), der noch ein anderes Bedenken überwindet. —

Das Gesetz kann aber noch ein Verbot in weiterem Umfang hinzufügen. Das ist wohl zu berücksichtigen. Es sagt dann: „Wenn du, Eigentümer, verfügst, so will ich dem zwar eine beschränkte Wirksamkeit zuerkennen; aber ich will gleichwohl nicht, daß du verfügst. Ich verbiete es dir." So faßt z. B. Kretzschmar den § 2211 auf [3]). Die relative Wirkung gesteht hier das Gesetz nicht um des Eigentümers willen zu, sondern mehr um der Allgemeinheit willen. Jenem geschähe eigentlich mit absoluter Unwirksamkeit recht! Die praktische Folge dieses Verbots ist die Grundbuchsperre

---

1) Selbst im Konkurs ist die Verfügungsbeschränkung nur auf Antrag des Konkursgerichts oder des Konkursverwalters vom Grundbuchamt einzutragen, § 113 KO.

2) Planck, § 894, 2 b.

3) Unten S. 101.

§ 15.

Rückschau. Zusammenfassung. Folgerungen.

I. Eine Rückschau zeigt, daß es um das Verfügen **können** und um das Verfügen **dürfen** beim relativen Veräußerungsverbot ganz anders bestellt ist als beim absoluten.

Jenes macht seinem Namen wenig Ehre. Man erwartet ein **Verbot** und man erwartet eine **Veräußerungs**hinderung. Beides stellt das Gesetz mit dem Wort in Aussicht, beides hat es nicht gehalten. Ein lucus a non lucendo!

Der Eigentümer, dem der Richter die Veräußerung im Interesse des Käufers „verbietet", **kann** veräußern und **darf** veräußern; weder dingliche noch obligatorische Sperre tritt ein. Die einzige Wirkung des Verbots ist die, daß der Betroffene nur mit beschränkter Wirkung veräußern kann. Er erleidet eine Verfügungsbeschränkung.

Man kann daher sagen: Was das Gesetz relatives Veräußerungsverbot **nennt**, ist eine Verfügungsbeschränkung. Jenes wird in § 135 zu dieser **umgedeutet**. Der alte Name bezeichnet eine neue Sache; das alte Kleid deckt ein neues Wesen.

Dagegen beim **absoluten** Veräußerungsverbot hält das Gesetz, was es verspricht. Da gießts den alten Wein in den alten Schlauch. Der Betroffene **soll** nicht und **kann** nicht veräußern. Die Sache soll und kann aus dem Vermögen grundsätzlich nicht herausgelangen. Ist das relative Veräußerungsverbot bloß Verfügungsbeschränkung, so ist das absolute ein Verbot, verbunden mit Entziehung des Verfügungsrechts und Vernichtung des Verfügungsakts.

II. Der Unterschied ist mithin beträchtlich. So beträchtlich, daß die beiden Dinge völlig heterogen sind? Das behauptet, wie erinnerlich, in der Tat **Kohler** [1]). Indes, was das Gesetz zusammenfügte, soll die Theorie nicht scheiden — solange es angeht. Hier geht es meines Erachtens noch an. Beide „Verbote" dienen dazu, eine Veräußerung zu paralysieren, für deren Wirkung die Voraussetzungen an und für sich gegeben sind. Beide lähmen singulärerweise die Veräußerung und sonstige Verfügung. Nur geschieht die Lähmung auf verschiedene Art, bald durch Vernichtung der Veräußerung, bald durch ihre Entkräftung; das eine Mal wird sie für nichtig erklärt, das andere Mal „ausgeglichen".

---

1) **Kohler**, Lehrbuch I, S. 157 ff.

Zusammenfassend darf man sagen: Veräußerungsverbote sind durch Verbote mehr oder minder unterstützte singuläre Lähmungen der Veräußerung und sonstigen Verfügung.

Der Ausdruck Lähmung ist etwas farblos. Der Ausdruck Verfügungsbeschränkung ist anschaulicher, aber nicht ganz genau. Er paßt nicht in den allerdings seltenen Fällen, in denen sich das Veräußerungsverbot sozusagen auf den Gegenstand legt, ihn unveräußerlich macht. Die objektive Unveräußerlichmachung ist mehr als die nur das eine Rechtssubjekt treffende Verfügungsbeschränkung [1]). Er paßt wohl auch nicht, wenn das Veräußerungsverbot gegen den Nichteigentümer ergeht, denn hier läßt es sich schwerlich als Rechts- oder Verfügungsbeschränkung auffassen, zumal ich mich zu den Gegnern der von Hellwig und andern Schriftstellern vertretenen Legitimationstheorie bekenne.

Immerhin: In der großen Mehrzahl der Fälle ist die Definition des Veräußerungsverbots als der „durch Verbot mehr oder minder unterstützten singulären Verfügungsbeschränkung" durchaus zutreffend.

III. Die Veräußerungsverbote sind also in der Hauptsache oder bisweilen sogar ausschließlich Verfügungsbeschränkungen. Auf der Verfügungsbeschränkung, nicht auf dem Verbot beruht recht eigentlich der Schutz der Interessen, für die das Gesetz eintritt. Indem das Gesetz ein Veräußerungsverbot erläßt, ordnet es implicite eine Verfügungsbeschränkung an.

An dieser Stelle gewinnen wir nun die Antwort auf eine Frage, die früher offen gelassen werden mußte [2]): Sie fällt uns wie eine reife Frucht in den Schoß.

Das Gesetz kennt zahlreiche Fälle unmittelbar ausgesprochener Verfügungsbeschränkungen. Die Verfügungsbeschränkung tritt da nicht unter der erst mit Hilfe der §§ 134, 135 zu lüftenden Maske des Verbots auf, sondern erscheint offen als das, was sie ist. Das Gesetz wehrt sich gegen die Verfügung nicht in der Form des Verbots, sondern geradezu mittels Sanktionsentziehung. Es schreibt z. B., daß der Eigentümer nicht verfügen könne, daß er keine Verfügungsbefugnis habe, daß seine Verfügungen unwirksam seien usw. Selbstverständlich ist hier immer nur an singuläre Hinderung des

1) Diesem Moment legt Kormann, S. 104 großes, allzugroßes Gewicht bei.

2) Oben S. 21.

Verfügungseffekts zu denken. Der Charakter der Sanktionsentziehung ist in diesen Fällen oft zweifelhaft. Die Frage ist, ob wir zur Hebung des Zweifels die §§ 134, 135 heranziehen dürfen.

Wenn also das Gesetz jemand zugunsten einer bestimmten Person singulärerweise in der Veräußerung beschränkt, darf man dann § 135 anwenden und deshalb annehmen, daß der Eigentümer mit relativer Wirksamkeit verfügen kann? Die Frage ist ohne Zweifel zu bejahen. Relative Unwirksamkeit ist eine Modifikation des Verfügenkönnens, nicht etwa des Verbots. Folglich ist diese Modifikation überall da zu machen, wo das Gesetz dem Verfügenkönnen entgegentritt. Ob es das offen oder versteckt tut, ob die Verfügungsbeschränkung in Begleitung oder im Gewande des Verbots auftritt oder nicht -- alles das ist gleichgültig.

Wenn weiterhin das Gesetz jemand ohne Rücksicht auf eine bestimmte Person singulärerweise in der Verfügung beschränkt, darf man dann § 134 heranziehen? Sicher ist ja, daß der Betroffene in solchem Falle kein Eigentum zu übertragen vermag. Aber ist etwa Konvaleszenz möglich, bildet die Veräußerung einen geeigneten Titel für den Schutz des guten Glaubens Dritter? Darüber können Zweifel bestehen, und sicher dürfen wir zu ihrer Beseitigung § 134 verwerten. Die Frage nach der Konvaleszenz und dem Schutz des guten Glaubens sind somit zu verneinen. Der Grund für die Anwendbarkeit des § 134 ist (ähnlich wie der für die Verwertbarkeit des § 135) dieser: Wenn das Gesetz an das Verbot die strengen Folgen des § 134 knüpft, dann wohl auch an die Sanktionsentziehung, drückt sie doch die Mißbilligung der Verfügung noch viel energischer aus.

Das Ergebnis ist demnach, daß das Anwendungsgebiet der §§ 134, 135 viel größer ist als es scheint. Sie kommen nicht nur da zur Anwendung, wo das Gesetz die Veräußerung im engsten Sinne des Wortes „verbietet", sondern auch, wo es ihr — in nicht ganz deutlicher Weise — die Sanktion entzieht, d. h., eine singuläre Verfügungsbeschränkung anordnet. „Veräußerungsverbot" ist in den §§ 134, 135 nicht wörtlich zu verstehen, sondern darüber hinaus als Sanktionsentziehung, als Verfügungsbeschränkung. Das ist die Antwort auf die Frage, die früher offen blieb.

Damit ist zugleich eine terminologische Frage entschieden. Wir werden von Veräußerungsverboten auch da reden, wo das Gesetz nur eine (singuläre) Verfügungsbeschränkung ausspricht; denn es faßt eben im Anschluß an einen verbreiteten Sprachgebrauch das Wort Verbot in diesem weiten Sinne auf. So kann man folglich sagen, daß §§ 1395, 2211 usw. Veräußerungsverbote enthalten. Diese Redeweise empfiehlt sich umsomehr, als der Ausdruck Verfügungsbeschränkung zur Bezeichnung der allerverschiedensten Rechtslagen gebraucht wird. Seien wir froh, daß wir gewisse Verfügungsbeschränkungen aus dem allgemeinen Gewimmel herausheben können, sie bezeichnend — wie Brinz einmal in anderer Beziehung sagt — mit dem guten, alten Wort Veräußerungsverbot. Übrigens werden alle diese Verfügungsbeschränkungen mehr oder minder von Verboten begleitet sein, so daß man sich von der Wortbedeutung nicht allzusehr entfernt. —

Stellt sich das Anwendungsgebiet der §§ 134, 135 als überraschend groß heraus, so darf man doch nicht vergessen, daß sie nur da zur Geltung kommen, wo sich nichts anderes ergibt. Das ist in § 134 besonders gesagt, aber auch in § 135 selbstverständlich.

Man könnte nun z. B. meinen, daß § 135 da außer Betracht zu bleiben habe, daß m. a. W. relative Unwirksamkeit da ausgeschlossen sei, wo es im Gesetz heißt, daß der Eigentümer nicht verfügen könne, daß er nicht befugt sei, zu verfügen usw.! Denn im Falle relativer Unwirksamkeit kann ja der Eigentümer verfügen, behält er ja die Verfügungsbefugnis. So erklärt denn auch Kipp [1]) kategorisch: „Wenn das Gesetz sagt, daß jemand über etwas nicht verfügen kann, so ist die Verfügung absolut nichtig, auch wenn das Gesetz zum Schutz bestimmter Personen besteht."

Indes der Schluß geht fehl, wie § 2211 BGB. beweist. Es heißt dort, daß der Erbe über einen der Verwaltung des Testamentsvollstreckers unterliegenden Gegenstand nicht verfügen kann. So stand auch schon in § 2081 des 2. Entwurfs und in § 1901 des 1. Entwurfs (wo vor verfügen noch das Wort wirksam eingeschoben war). Trotz dieser Ausdrucksweise wollten aber die Verfasser die Frage offen lassen, ob eine absolute oder relative Unwirksamkeit der Verfügung anzunehmen sei [2]). Wo sie also von Nichtverfügenkönnen oder dergl. reden, kann sehr wohl eine bloß relative Unwirksamkeit in Frage kommen. Einen weiteren Beweis dafür liefern übrigens §§ 6, 7 KO.

Wenn manche Schriftsteller meinen, daß es am besten wäre, alle Vorabeiten zum Gesetz zu verbrennen, so zeigt sich nirgends

---

1) Windscheid-Kipp, I, § 172 a, Zusatz 2 a am Ende.

2) Protokolle zum Erbrecht, S. 7096 (Mugdan, V, S. 669).

besser als hier, wie recht Dernburg[1]) mit seiner Erwiderung hat: Wer den Schlüssel zum Hause hat, soll nicht aufs Dach klettern, um hineinzukommen.

IV. Mit unserm Ergebnis stimmt die herrschende Meinung insofern überein, als auch sie die §§ 134, 135 nicht nur da anwendet, wo das Gesetz die Veräußerung „verbietet", sondern auch wo es Verfügungsbeschränkungen ausspricht. Nur Herold[2]), der, wie erinnerlich, zwischen Veräußerungsverbot und Verfügungsbeschränkung einen begrifflichen Unterschied findet, protestiert mit aller Schärfe gegen die Anwendung der für das erstere aufgestellten Regeln auf die letztere. Relative Unwirksamkeit und Nichtigkeit kommen nach seiner Meinung nur bei Veräußerungsverboten vor, mit der Verfügungsbeschränkung dagegen — lehrt er — verbinde sich ein Drittes, nämlich eine Unwirksamkeit, die zwar absolut sei, aber durch Konvaleszenz in Wegfall gerate.

Einen exakten Beweis freilich haben die Anhänger der herrschenden Meinung bisher kaum versucht. Damit hängt auch der Fehler zusammen, daß man vielfach bei allen Verfügungsbeschränkungen die Unterscheidung der §§ 134, 135 anzuwenden geneigt ist. So z. B. Ramdohr[3]). Schon Simon[4]) fand, daß das nicht richtig sei, erkannte aber noch nicht die Grenzlinie. Nur die singulären Verfügungsbeschränkungen fallen unter die §§ 134, 135.

Die Motive mögen der irrigen Auffassung Vorschub geleistet haben, denn obgleich sie die Frage an drei Stellen[5]) ihres erwähnten „Essais" behandeln, oder vielleicht eben deshalb, sind sie von Klarheit weit entfernt. Immerhin stimmt ihre wahre Meinung wohl mit der hier vertretenen überein. Das ergibt sich gleich aus der ersten Stelle, wo sie die gesetzlichen Verfügungsbeschränkungen zugunsten bestimmter Personen einteilen in solche, die im Wesen des von ihnen betroffenen Rechts liegen, und in solche, die in besonderen Verhältnissen liegen. Im letzteren Fall sollen sie nur relativ wirken, sofern ihnen das Gesetz nicht absolute Wirkung beilegt. Dieselbe Unterscheidung kommt an der zweiten Stelle zu konkretem Aus-

1) Dernburg, Bürgerl. Recht, I, § 8.

2) Herold, S. 485.

3) Ramdohr, Gruchots Beiträge, 44, S. 327. Vgl. ferner S. 123, 129, 135, 148 unten.

4) Simon, Einigung, S. 50, 51.

5) Motive zum Sachenrecht, S. 217 d, 219 b, 220 c. (Mugdan III, S. 120, 121, 122.)

druck, woselbst es heißt: die Wirkung einer Verfügungsbeschränkung sei verschieden, je nachdem sie auf einem Veräußerungsverbote beruhe oder durch eine Bedingung begründet sei. Im ersten Fall sei die Veräußerung relativ unwirksam, im zweiten absolut. — Danach ist also wohl klar, daß mit den „in besonderen Verhältnissen liegenden" Verfügungsbeschränkungen die singulären gemeint sind. Nur auf sie trifft § 135 zu.

§ 16.
Der generelle Charakter der Veräußerungsverbote.

Das Singuläre des Veräußerungsverbots hat man von jeher betont. Aber liegt nicht in seinem Wesen auch das Generelle? Ist nicht Veräußerungsverbot das Verbot der Veräußerung schlechthin, im Gegensatz zum Verbot einer Veräußerung spezieller Art? Wir sahen schon [1]), daß die Verfügungsbeschränkung generellen Charakter hat. Sollte ihn das Veräußerungsverbot nicht auch haben?

Das Verbot speziell einer Veräußerung kann ergehen mit Rücksicht auf die persönlichen Verhältnisse des Gegners, es sei nur an die heute noch in den Ausführungsgesetzen fortlebenden Erwerbsbeschränkungen erinnert. Oder die eine Veräußerung ist wegen der besonderen Umstände verboten, unter denen sie erfolgt. Beispiele liefern das „Verbot" der Schenkung unter Ehegatten, die Gläubigeranfechtung und zahlreiche Verordnungen polizeilichen Charakters im Strafgesetzbuch und dessen Nebengesetzen, insbesondere im Nahrungsmittelgesetz. In allen diesen Fällen hat das Gesetz gegen die Veräußerung an und für sich nichts, nur speziell die eine Veräußerung mißfällt ihm!

Von vornherein muß man zwei Fragen scharf scheiden: 1. Ist auch bei den speziellen Verboten § 135 anzuwenden? Denn daß § 134 zutrifft, ist selbstverständlich, da er ganz allgemein von verbotenen Rechtsgeschäften redet.

2. Soll man auch diese speziellen Verbote Veräußerungsverbote nennen? Das ist eine rein terminologische Frage, die mit der Bejahung der ersten Frage keineswegs entschieden ist [2]), da sich sehr gut argumentieren läßt: Veräußerungsverbot ist zwar ein generelles Verbot, aber § 135 haben wir analog auch da anzuwenden, wo nur ein Spezialverbot vorliegt.

---

1) Oben S. 29.

2) Hölder, § 135 trennt die beiden Fragen nicht.

Die erste Frage möchte ich bejahen. Denn es ist nicht einzusehen weshalb unser Gesetz mit der Idee der relativen Unwirksamkeit nur da operieren sollte, wo es die Veräußerung generell verbietet. So statuiert denn auch das Anfechtungsgesetz eine relative Unwirksamkeit.

Die zweite Frage hat einige praktische Bedeutung. Sie würde da etwa zu verspüren sein, wo ein Gesetz von Veräußerungsverboten spricht und auf die Auslegung dieses Wortes etwas ankommt. Art. 119 EG. freilich spricht nicht von „Veräußerungsverboten", es heißt dort vielmehr: „Unberührt bleiben die Vorschriften, die die Veräußerung eines Grundstücks beschränken"[1]). Das ist so wenig formelhaft, daß darunter sicher auch Spezialverbote fallen. — Vor allem aber besteht Gefahr, daß man infolge des gleichen Namens Eigentümlichkeiten des generellen Verbots auf das spezielle überträgt und so zu einer falschen Beurteilung verleitet wird. Dem generellen Verbot ist die Sperrtendenz eigentümlich. Die Sache soll im Vermögen des Betroffenen bleiben oder — dieser Zusatz ist mit Rücksicht auf das relative Veräußerungsverbot nötig — so gut wie darin bleiben. Beim speziellen Verbot ist natürlich von solcher Sperrtendenz keine Rede. Deren Vorhandensein oder Fehlen ist nun aber nicht ohne Einfluß auf die rechtliche Behandlung. Denn da, wo sie vorhanden ist, wird man eher geneigt sein, die verbotswidrige Veräußerung für nichtig zu halten als da, wo sie fehlt. Ich greife zur Erläuterung § 12 des Nahrungsmittelgesetzes heraus. Wer wissentlich Gegenstände, deren Genuß die menschliche Gesundheit zu beschädigen geeignet ist, als Nahrungsmittel verkauft, ist strafbar. Der Verkauf ist also nicht schlechthin, sondern nur unter gewissen Voraussetzungen verboten; es liegt daher ein Spezialverbot vor. Die praktische Frage ist, ob die unter den Voraussetzungen des Verbots geschehende Veräußerung nichtig ist. Meines Erachtens ist sie es nicht. Die Eigentumsfrage ist dem Gesetz ganz gleichgültig. Wofern sie aber nichtig sein sollte, wird man dennoch dem Veräußerer das Rückforderungsrecht analog § 817 verweigern. Welchen Einfluß umgekehrt die in dem Beispiel fehlende Tendenz der Sperre hat, zeigt am besten die Fideikommißlehre[2]).

1) Auch aus persönlichen Gründen? Z. B. weil der Erwerber Pole ist? Darüber vgl. Jellineck, DJZ. 1907, Nr. 19.

2) Unten S. 161 Note.

Ist demnach unsere terminologische Frage nicht müßig, so ist sie doch der Literatur kaum zum Bewußtsein gekommen. Schröder widerspricht sich. Selbstverständlich ist ihm[1]), daß das SC Hosidianum ein Veräußerungsverbot ist. Bei seiner Definition[2]) dagegen leitete ihn ein richtiges Gefühl: Gesetzliches Veräußerungsverbot ist diejenige Anordnung der Gesetze, welche einer Person jede juristische Handlung untersagt, die sich als willentliche Herbeiführung eines Verlustes in Ansehung eines bestimmten Vermögensstückes darstellt usw. Das trifft doch auf das SC Hosidianum nicht zu. Es wendet sich nur gegen den auf Abbruch zielenden Verkauf eines Palastes.

Crome[3]) zählt die vielen Spezialverbote des Nahrungsmittelgesetzes usw. unter den „Veräußerungsverboten" auf.

Am ehesten mußte begreiflicherweise die Betrachtung der Erwerbsbeschränkungen den Blick auf unsere Frage lenken. So macht z. B. Schröder[4]), allerdings nur gelegentlich, einen Gegensatz zwischen dieser und dem Veräußerungsverbot.

In voller Klarheit hat sich wohl allein Böcking[5]) die Frage gestellt. Das Verbot der Schenkung unter Ehegatten, bemerkt er, wie erinnerlich, gegen Göschen, ist kein Veräußerungsverbot, denn es ist doch „keine die Ausübung des Eigentums betreffende Singularbestimmung". Die letzten Worte weisen meines Erachtens auf das Generelle hin.

Auch ich möchte das Spezialverbot nicht Veräußerungsverbot nennen. Dagegen spricht schon das Gefühl. Am lautesten im Fall der Erwerbsbeschränkung. Aber auch sonst. Steht der vom Konkurs Bedrohte deshalb unter einem „Veräußerungsverbot", weil ihm gewisse Veräußerungen, nämlich solche zum Nachteil seiner Gläubiger, verboten sind? § 106 KO. liefert geradezu ein arg. a contr. gegen solche Weise der Auffassung und Rede.

Dem Gefühl geben Erwägungen recht. Welcher Anlaß bestand, den Sonderbegriff des Veräußerungsverbots zu bilden? Was trennt ihn von dem Verbot der Rechtsgeschäfte im allgemeinen? So viel ich sehe, ist es der Umstand, daß hier die Sanktionsentziehung

1) Schröder. S. 65.
2) Schröder, S. 20.
3) Crome, I, § 85, Z. 3.
4) Schröder, S. 182.
5) Oben S. 4.

einen eigenartigen Charakter hat. Sie bewirkt eine Verfügungsbeschränkung, ist Schmälerung eines subjektiven Rechts. Diese Besonderheit trifft aber nur beim generellen Verbot zu; das Verbot der Schenkung unter Ehegatten oder der Veräußerung an einen Ausländer zieht keine Verfügungsbeschränkung nach sich.

Auf diese Besonderheit weist schon der Name „Veräußerungsverbot" hin. „Veräußerungsverbot" ist das Verbot, eine Sache aus dem Vermögen herauszustoßen, ist also generell. Die Sache soll aus dem Vermögen nicht herausgelangen, soll, wie schon gesagt, darin bleiben oder so gut wie darin bleiben. Kurz: Veräußerungsverbot ist Verbot der Veräußerung, nicht Verbot einer Veräußerung.

Liegt alles das im Namen, so hat es tiefere Bedeutung, daß das Bürgerliche Gesetzbuch ihn beibehielt, statt auf das Wort Verfügungsverbot hereinzufallen. Nomen est omen!

Unsere Ansicht, daß das Veräußerungsverbot generellen Charakter hat, kommt in der vorgeschlagenen Definition zum Ausdruck: Veräußerungsverbot ist singuläre Lähmung der Veräußerung und sonstigen Verfügung; erst recht in der anderen: Veräußerungsverbot ist singuläre Verfügungsbeschränkung, denn die letztere ist ja ihrem Wesen nach generell.

§ 17.

Abgrenzung des gesetzlichen Veräußerungsverbots von den behördlichen und rechtsgeschäftlichen.

I. Das Gesetz spricht von gesetzlichen und behördlichen Veräußerungsverboten. Im Gemeinen Recht wollten manche Schriftsteller wie Lauk, Böcking, Brinz die richterlichen Veräußerungsverbote als eine besondere Art nicht anerkennen[1]. Das Gesetz hat in dem Streit darüber sein Machtwort gesprochen.

Den Ausdruck „rechtsgeschäftliches Veräußerungsverbot" braucht das Gesetz zwar nicht, allein es enthält eine Reihe von Verfügungsbeschränkungen, die an den Tatbestand eines Rechtsgeschäfts geknüpft sind, z. B. die des Vorerben, des durch einen Testamentsvollstrecker beengten Erben usw., und es kommt in Betracht, ob man diese nicht als rechtsgeschäftliche Veräußerungsverbot auffassen soll, die eine stillschweigende Ausnahme von § 137 darstellen.

---

1) Vgl. die Zitate bei Windscheid, I, § 172a, Note 4.

II. Die Frage der Abgrenzung der rechtsgeschäftlichen von den gesetzlichen Veräußerungsverboten hat meines Ermessens keine praktische Bedeutung; denn auf die rechtliche Behandlung der Fälle, in denen die Grenze zweifelhaft ist, ist sie ohne Einfluß.

Ob die Abgrenzung der gesetzlichen und behördlichen Veräußerungsverbote praktische Bedeutung hat, ist dagegen bestritten. Ein Teil der Literatur nimmt nämlich an, daß die letzteren allemal relative Unwirksamkeit zur Folge hätten; nur bei den ersteren sei die bekannte Unterscheidung nach dem Schutzzweck zu machen.

Dieser Ansicht sind z. B. Kirschbaum[1]) und Wendt[2]), wohl auch Kipp[3]), und es ist zuzugeben, daß der Wortlaut des § 136 sie begünstigt. Gegen sie spricht aber die Entstehungsgeschichte. „Die Wirksamkeit eines Veräußerungsverbots — sagen die Motive[4]) — gestaltet sich verschieden je nach dem Zweck, dem es dient. Der Zweck ist entweder der Schutz der Interessen Aller oder Schutz der Interessen Einzelner. Es gilt dies sowohl für das gesetzliche wie für das richterliche Verbot. Die letztere Unterscheidung ist überhaupt mehr äußerer Natur; mittelbar beruht auch das richterliche Verbot auf Gesetz." Dieser Auffassung entsprach § 107 des ersten Entwurfs, demzufolge eine Verfügung, durch welche gegen ein nur zum Schutze des Interesses bestimmter Personen dienendes gesetzliches oder richterliches Veräußerungsverbot verstoßen würde, diesen Personen gegenüber unwirksam sein sollte. Dazu kam noch Art. 7 des Einführungsgesetzes: „die Vorschriften des Bürgerlichen Gesetzbuches über die Wirkungen eines gerichtlichen Veräußerungsverbotes finden auf ein Veräußerungsverbot, welches von einer andern Behörde erlassen ist, entsprechende Anwendung". In der zweiten Kommission erachtete man es für zweckmäßig, unter Übernahme des Art. 7 EG. die Vorschriften über das Veräußerungsverbot des Gerichts und anderer Behörden zusammenzufassen und in einem besonderen Paragraphen dem § 107 anzuschließen. Man be=

1) Alfred Kirschbaum, Das richterliche Veräußerungsverbot, Marburger Dissertation, Wiesbaden, 1902, S. 43.

2) Wendt, ArchZivPrax. 89, S. 46 u.

3) Windscheid-Kipp, I, § 172a, Zusatz 1a. Es folgt arg. a contr. aus dem zu § 334 StPO. Gesagten.

4) Motive zum Allgemeinen Teil, S. 222 (Mugdan, I, S. 469).

zeichnete die Abweichung ausdrücklich als eine lediglich formelle[1]). Der neugebildete § 102 des zweiten Entwurfs lautete: „Dem gesetzlichen Veräußerungsverbot im Sinn des § 101 (gleich § 107 des ersten Entwurfs) steht gleich ein von einem Gerichte oder einer andern Behörde innerhalb ihrer Zuständigkeit erlassenes Veräußerungsverbot". Die Bundesratsvorlage § 132, der das Gesetz folgt, drückt sich etwas anders aus: Ein gerichtliches Veräußerungsverbot „steht einem gesetzlichen Veräußerungsverbot der in § 131 bezeichneten Art gleich".

Hiernach ist klar, daß, wenn wirklich die Paragraphen 102 des zweiten Entwurfs und § 132 der Bundesratsvorlage die behördlichen Veräußerungsverbote schlechthin mit den relativen gesetzlichen Veräußerungsverboten auf eine Linie stellen, die Absicht der Verfasser keinesfalls dahin gegangen ist. Es liegt dann eben ein eklatanter Redaktionsfehler vor. Kirschbaum[2]) bestreitet das ohne Gründe. Man muß diesen Redaktionsfehler auszumerzen suchen, am einfachsten so, daß man sagt, daß die Gleichstellung der beiden Arten selbstverständlich nur unter gleichen Bedingungen gemeint ist. Eine solche Bedingung ist der Umstand, daß das Verbot den Schutz einer bestimmten Person bezweckt.

Die Mehrzahl der Schriftsteller, z. B. Crome[3]), Dernburg[4]), Kormann[5]), Planck[6]), Staudinger[7]) teilen denn auch die behördlichen Veräußerungsverbote genau wie die gesetzlichen in absolute und relative, je nach dem von ihnen bezweckten Schutz.

In der Tat ist nicht zu verstehen, weshalb der rein äußerliche Umstand, ob ein Verbot unmittelbar vom Gesetz oder mittelbar durch den Mund einer Behörde verhängt wird, für eine ganz verschiedene Behandlung maßgebend sein soll. Es handelt sich dabei nicht nur um absolute oder relative Unwirksamkeit, sondern auch um die Konvaleszenz, den Schutz des guten Glaubens, die Grundbuchsperre usw. Man schaue nur auf § 332 StPO. Offenbar ist das Gesetz bestrebt, den Angeschuldigten an der Verwertung seines Vermögens ganz und

1) Protokoll zum Allgemeinen Teil, S. 260 (Mugdan, I, S. 726).
2) Kirschbaum a. a. O.
3) Crome, I, S. 378.
4) Dernburg, Bürgerliches Recht, § 124 I.
5) Kormann, S. 98, Note 1.
6) Planck, § 135 Z. 1.
7) Staudinger, § 135 Z. 2.

gar, in jeder Beziehung zu hindern. Dem entspricht allein die absolute Nichtigkeit des § 134.

III. Mein Standpunkt rechtfertigt, daß ich mich über die Abgrenzung der verschiedenen Arten von Veräußerungsverboten kurz fasse.

Mit der negativen Formel, daß ein gesetzliches Veräußerungsverbot da vorliege, wo das Gesetz als Tatbestandsmoment weder ein Rechtsgeschäft noch einen behördlichen Akt anführt, ist nichts anzufangen. Sicher liegt in solchem Fall immer ein gesetzliches Veräußerungsverbot vor, aber ebenso gewiß kann es auch da vorliegen, wo diese Negation nicht zutrifft. Die Verfügungsbeschränkung der Frau wird vom Gesetz an die Ehe geknüpft, und doch ist sie unstreitig eine gesetzliche.

In das andere Extrem fällt Simon[6]). Er zählt nicht nur die aus der Anordnung einer Nacherbschaft, der Einsetzung eines Testamentsvollstreckers, sondern sogar die aus der bedingten Verfügung, ja die aus der bewilligten Vormerkung erwachsenden Verfügungsbeschränkungen zu den rechtsgeschäftlichen. Sein Grund ist anscheinend der, daß das Gesetz mit der Festsetzung der betreffenden Beschränkungen den Wünschen verständiger Parteien entgegenkommt. Allein dann kann man schließlich auch die Haftung des Verkäufers usw. als rechtsgeschäftliche Wirkung betrachten.

Entscheidend ist doch wohl, daß die Verfügungsbeschränkungen in allen den Fällen nur Mittel zur Sicherung eines von den Parteien angestrebten Rechtseffekts sind. Den Rechtseffekt nehmen die Parteien notwendig in ihren Willen auf, aber ob sie sich über das Mittel klar sind, ist mehr oder minder Zufall. Wer bedingt verfügt, ahnt kaum, daß er sich in der Verfügung beschränkt. Wer eine Vormerkung bewilligt, desgleichen; er geht von der natürlichen Auffassung aus, daß die Vormerkung den Anspruch seines Gegners zur allgemeinen Kenntnis bringen soll. Mit der Einsetzung eines Testamentsvollstreckers braucht eine Verfügungsbeschränkung des Erben keineswegs Hand in Hand zu gehen. Am ehesten umfaßt der Wille zur Nacherbschaft den Willen einer Beschränkung des Vorerben.

Unter § 137 fallen nur solche Verfügungsbeschränkungen, die die Partei notwendig in ihren Willen aufnimmt. Das trifft in den §§ 161, 883, 2211, 2113 nicht zu. Die erste Kommission rechnete § 2211 zu den rechtsge-

6) Simon, S. 34 ff.

schäftlichen, die zweite zu den gesetzlichen Verfügungsbeschränkungen. Nicht minder schwankt die Literatur [1]).

Ebenso ist ein Veräußerungsverbot nur dann als behördliches anzusehen, wenn die Behörde sich bei ihrem Erlaß das Verbot notwendig vorstellt, wenn also der Erlaß seiner Natur nach auf das Verbot gerichtet ist, nicht aber schon dann, wenn das Gesetz an den auf etwas anderes gerichteten Erlaß die Verbotsfolge anknüpft.

Ein richterliches Veräußerungsverbot ist daher die gemäß § 332 StPO. geschehende Beschlagnahme, denn Beschlagnahme heißt doch nichts anderes als Entziehung der Verfügungsbefugnis. Der Richter, der die erstere anordnet, stellt sich notwendig auch die letztere vor; ein Fall, in dem das nicht zuträfe, läßt sich gar nicht denken. Es ist verfehlt, mit Kipp [2]) „ein gesetzliches, wenn auch auf der Tatsache der Beschlagnahme ruhendes Verbot" anzunehmen.

Dagegen ist der Beschluß, der die Zwangsversteigeruug anordnet, nicht gleichbedeutend mit der Beschlagnahme des Grundstücks. Die letztere geschieht, um die Durchführung der ersteren zu ermöglichen, sie ist Mittel zum Zweck. Der Beschluß leitet das Verfahren ein, das Gesetz sichert es durch die Beschlagnahme. Erwähnt die Beschlußurkunde die Beschlagnahme, so hat das nur deklaratorische Bedeutung; tut sie es nicht, so tritt sie gleichwohl ein.

Dasselbe gilt von §§ 6, 7 KO. Der Eröffnungsbeschluß ordnet das Konkursverfahren. An diese Tatsache knüpft das Gesetz die Verfügungsbeschränkung zum Schutze jenes Verfahrens. Umgekehrt ist das Veräußerungsverbot des § 106 KO. ein behördliches, denn der richterliche Akt erschöpft sich darin, gerade dieses Verbot auszusprechen.

§ 18.

Abgrenzung des absoluten und relativen Veräußerungsverbots.

I. Wann bezweckt ein Veräußerungsverbot den Schutz einer bestimmten Person? Was ist der Gegensatz dazu?

Die Motive [3]) bemerken: „Der Zweck ist entweder Schutz der Interessen aller oder Schutz der Interessen einzelner." „Das

1) Protokolle zum Allgemeinen Teil, S. 260 (Mugdan, I, S. 726). Planck, III, S. 78a.

2) Windscheid-Kipp a. a. O.

3) Motive zum Allgemeinen Teil, S. 212, (Mugdan, I, S. 469).

im Interesse aller, im öffentlichen Interesse ergehende Verbot wirkt seiner Natur nach unbeschränkt."

Im Anschluß an die Motive redet denn die Literatur vom Verbot im öffentlichen Interesse und von dem nur den Schutz bestimmter Personen bezweckenden Verbot. Dabei hebt man richtig hervor, z. B. Fuchs[1]), daß alle Normen dem öffentlichen Interesse dienen, auch die von § 135 gemeinte Schutznorm. Nur tut die letztere es auf einem Umweg; sie schützt zunächst die einzelnen, um dadurch mittelbar das Ganze zu fördern.

Besondere Mühe um die Grenzziehung hat sich Kormann[2]) gegeben.

Hier sei folgendes hervorgehoben:

1. Schutz „bestimmter" Personen ist nicht gleichbedeutend mit Schutz von personae certae.

Wenn jemand seinem Erben die Auflage macht, die holländische Galerie dem zu schenken, der den Meister eines zu ihr gehörigen Bildes nachweise, und wenn dann ein nach § 2194 Berechtigter gegen den Erben ein Veräußerungsverbot zur Sicherung der Erfüllung der Auflage nach § 938 CPO. erwirkt, so ergeht dieses, allerdings richterliche, Verbot sicher zugunsten einer bestimmten Person. Die Motive sprechen übrigens, wie gezeigt, nicht von bestimmten, sondern von einzelnen Personen.

2. Das relative Veräußerungsverbot bezweckt den Schutz einer bestimmten Person. Darin liegt, daß die Person auf ihren Schutz verzichten kann. Das Verbot wirkt nicht mehr, wenn sie vorher oder nachher dem Geschäft zustimmt. Die Folge ist: Ein relatives Veräußerungsverbot kann nicht in Frage kommen, wenn es an einem Zustimmungsberechtigten fehlt. Daher ist das Verbot der Abtretung des Dienstlohnes, wenn überhaupt ein wahres Veräußerungsverbot, so doch ein absolutes. Crome[3]) drückt sich so aus, daß hier der einzelne im öffentlichen, aber nicht in seinem individuellen Interesse geschützt werde.

Falsch wäre aber der Schluß, daß da, wo ein Zustimmungsberechtigter vorhanden ist, notwendig kein absolutes Veräußerungsverbot vorliege. Das wird z. B. durch § 332 StPO., durch §§ 1, 9 des Sprengstoffgesetzes usw. widerlegt.

1) Fuchs, I, S. 162 u.
2) Kormann, S. 110 ff.
3) Crome, I, § 85, Note 21.

3. Die bestimmte Schutzperson kann auch eine Person des öffentlichen Rechts sein, wie Gemeinde, Kirche, Staat. Der Staat hat z. B. einen Kauf abgeschlossen und erwirbt ein Veräußerungsverbot nach § 938 ZPO. In solchem Fall handelt es sich eben um rein privatrechtliche Interessen. Aber auch im Fall des § 326 StPO. nimmt man allgemein an, daß das dort erlassene Veräußerungsverbot ein relatives sei. Gewiß mit Recht. Zweck des Verbots ist, wie § 326 II ergibt, „Deckung der Staatskasse". Immerhin erwächst das Verbot nicht aus einer rein privatrechtlichen Situation des Staates heraus, sondern aus der Ausübung eines Hoheitsrechts. Diese Besonderheit mag Kormann[1]) zu der Formel veranlaßt haben: „Relative Beschränkungen der Verfügungsmacht sind diejenigen, die entweder den Schutz privater Interessen bezwecken oder den Schutz solcher öffentlichen Interessen, die nur finanzielle Interessen öffentlicher Körper sind".

Ebenso wie die öffentlichrechtliche Person die durch das Veräußerungsverbot geschützte, so kann sie auch die davon betroffene Person sein. Wenn der Staat z. B. Erbe ist, kann über ihm ein Privatmann als Testamentsvollstrecker stehen (§ 2211).

Hauptsächlich oder gar ausschließlich in diesen Fällen, wo eine Person des öffentlichen Rechts in der einen oder andern Rolle beteiligt ist, walten Zweifel hinsichtlich der zur Erörterung stehenden Grenzfrage. Der Grund ist klar. Diese Personen haben zwei Seelen in ihrer Brust: Sie sind Privatrechtssubjekte, haben aber auch, und zwar überwiegend, Aufgaben im öffentlichen Interesse zu erfüllen. Sie leben und arbeiten teils für sich, teils für die Allgemeinheit. Ihre Beschränkung wie ihr Schutz wirkt daher stets nach beiden Seiten, nach der öffentlichrechtlichen wie nach der privatrechtlichen.

Ein gutes Beispiel enthält § 89 b GewO. Die Innung bedarf der Genehmigung der Aufsichtsbehörde bei

1) dem Erwerb, der Veräußerung und der dinglichen Belastung von Grundstücken,

2) bei Anleihen,

3) bei der Veräußerung von Gegenständen, welche einen geschichtlichen, wissenschaftlichen oder Kunstwert haben.

Im letzten Fall liegt sicher ein absolutes Verbot vor. Die Innung soll die Sachen gewissermaßen für die Allgemeinheit ver-

1) Kormann, S. 112.

wahren. Ihre Eigenschaften machen sie, desgleichen alle andern juristischen Personen des öffentlichen Rechts (Diözesen, Landgemeinden, Städte), dazu geeigneter als die der natürlichen Personen. Der Innung wäre der Verkauf der alten Becher zur Auffrischung ihrer Finanzen vielleicht sehr heilsam. Aber sie darf es nicht — im allgemeinen kunsthistorischen, geschichtlichen usw. Interesse.

Die Beschränkung des Erwerbs von Grundstücken interessiert hier wenigstens insofern als sie Schutz gegen die tote Hand, also Wahrung des öffentlichen Interesses bedeutet und dadurch zu der Annahme verlockt, daß es sich bei der in derselben Zeile erwähnten Beschränkung der Grundstücksveräußerung gleichfalls um ein öffentliches Interesse handle. Es würde in der Erhaltung vermögenskräftiger Innungen bestehen. Wie die Innungen zur Hebung des Handwerks neu geschaffen worden sind, so ist dem Handwerk auch nur mit solchen Innungen gedient, für deren Kapitalkraft gesorgt ist.

Entsprechendes würde über die Erschwerung der Grundstücksveräußerung seitens der kirchlichen Anstalten und Gemeinden und seitens der staatlichen Selbstverwaltungskörper zu sagen sein.

Mir scheint indes dieser Gedankengang irrig.

Man vergleiche nur: Wenn die Aufsichtsbehörde um Zustimmung zum Verkauf eines alten Innungsbechers ersucht wird, so steht im Mittelpunkt ihrer Erwägungen jedenfalls nicht die Frage: Was liegt im Interesse der Innung? Wohl aber, wenn sie über den Verkauf eines Grundstücks zu entscheiden hat. Zweifellos bezweckt also das Verbot im letzten Fall zunächst den Schutz der Innung. Das halte ich für entscheidend. Daß das Verbot mittelbar auch der Allgemeinheit zugute kommt, ist lediglich ein Reflex der öffentlich-rechtlichen Funktion der Innung.

Mithin gibt es Veräußerungsverbote, die den Schutz des Betroffenen selbst bezwecken, Veräußerungsverbote, bei denen Geschützter und Beschränkter identisch sind.

Sind diese Veräußerungsverbote solche im Sinne des § 135? Wenn ja, so müssen wir die Konstruktion der relativen Unwirksamkeit als ausgeglichener Wirksamkeit, wie gezeigt [1]), hier durch eine andere ersetzen, nämlich durch die als modifizierter Anfechtbarkeit. Meines Erachtens jedoch ist die Frage zu verneinen. Was das Gesetz in den erwähnten Fällen mit Relativität bezwecken sollte, ist

1) Oben S. 55.

nicht recht einzusehen. Denn wie ist der Sachverhalt? Die Stadt soll durch die Veräußerung des Grundstücks nicht zu Schaden kommen, sie soll genau so stehen wie vorher, das Grundstück soll schlechterdings aus ihrem Vermögen nicht heraustreten, die Stadt soll mit anderen Worten Eigentümerin bleiben: Das heißt doch absolute Unwirksamkeit!

Die praktische Folge ist namentlich Grundbuchsperre, und wenn die Übertragung der Liegenschaft trotzdem gelingt, so kann sich jeder auf die Unwirksamkeit der Verfügung berufen. Das erste Ergebnis ist unzweifelhaft richtig, aber auch das zweite wird allen denen sachgemäß erscheinen, die sich von der nicht zu leugnenden übertriebenen Liebe, die heute für relative Rechtsgestaltungen herrscht, den Blick nicht haben trüben lassen.

Daß das Gesetz im Einzelfall eine andere Regelung, etwa im Sinne von Anfechtbarkeit, treffen kann, soll natürlich nicht geleugnet werden; wir werden sogar auf einen solchen Fall stoßen. Hier handelt es sich nur um das Prinzip.

4. Dieses Prinzip lautet somit — das ist das Ergebnis —: Zugunsten einer bestimmten Person bedeutet zugunsten einer dritten vom Beschränkten verschiedenen Person. Schon Kipp[1]) hat das herausgefühlt, als er schrieb: „Fälle, in denen ein Veräußerungsverbot im Sinne der §§ 135, 136 zugunsten des Veräußerers selbst bestände, gibt es meines Erachtens nicht", wobei freilich zu bemerken ist, daß es wohl Veräußerungsverbote zugunsten des Veräußerers selbst gibt, nur nicht solche im Sinne der §§ 135, 136.

Wir werden demnach zu definieren haben: Veräußerungsverbote im Sinne des § 135 sind Veräußerungsverbote, welche die privatrechtlichen, insbesondere die vermögensrechtlichen Interessen dritter (vom Beschränkten verschiedener) Personen schützen sollen. Veräußerungsverbote im Sinne des § 134 sind alle andern, insbesondere, aber nicht ausschließlich, solche zum Schutz öffentlicher Interessen.

II. Zum Schluß müssen wir uns noch über eine wiewohl rein terminologische Frage klar werden. Wie soll man die Veräußerungsverbote nennen, die zwar zugunsten einer bestimmten dritten Person ergehen, aber ausnahmsweise absolut wirken? Derer gibt es viele.

1) Windscheid-Kipp, I, § 172a Zusatz 2a gegen Ende.

Kormann[1]) will vom absoluten Verbot nur da geredet wissen, wo eine absolute Schutztendenz vorhanden ist. Anders Kohler. Er nennt z. B. die Verfügungsbeschränkung der Ehefrau, die doch nur zum Schutz des Mannes ergeht (§ 1395), ein absolutes Veräußerungsverbot, sieht also nicht ausschließlich auf die Schutztendenz, sondern auch auf die Wirkung des Verbots[2]).

Das entspricht meines Erachtens einem unvermeidlichen praktischen Bedürfnis. Kormann müßte in § 1395 usw. von einem relativen Veräußerungsverbot mit absoluter Wirkung reden. Wie schwerfällig!

Ich nehme daher mit Kohler die absolute Wirkung als Kriterium des absoluten Veräußerungsverbots. Absolut wirken ausnahmsweise auch Verbote mit relativer Schutztendenz.

---

1) Kormann a. a. O., S. 111.

2) Kohler, Lehrbuch I, S. 158: „Hier (sc. in § 1395) kann nicht von einem relativen Veräußerungsverbot gesprochen werden, denn wenn die Zustimmung des Mannes fehlt, dann ist die Verfügung völlig unwirksam“.

II. Besonderer Teil.

1. Positiver Teil: Veräußerungsverbote.

a) zugunsten bestimmter Personen:

§ 19.

Veräußerungsverbote mit gleichzeitiger Entziehung der Verwaltung.

I. § 1395: „Die Frau bedarf zur Verfügung über eingebrachtes Gut der Einwilligung des Mannes.“ Darin liegt ein Veräußerungsverbot zugunsten des letzteren. Grundsätzlich müßte § 135 BGB. zur Anwendung kommen, das Gesetz bestimmt aber ausdrücklich etwas anderes (§§ 1396—1398). Die Motive[1]) geben für die abweichende Behandlung mancherlei Gründe an. Der bemerkenswerteste kommt in den Worten zum Vorschein, daß die Relativität mit dem Grundgedanken des Entwurfs, daß das Recht des Mannes niemals weitergehen könne als das der Frau, nicht in Einklang stehe und daher möglichst vermieden werden müsse.

In der Tat, das heißt den Finger auf die Wunde legen. Man denke sich die relative Gestaltung nur einmal näher aus: Die Frau veräußert, der Dritte wird Eigentümer, auch im Verhältnis zu den Eheleuten, aber vorbehaltlich der Rechte des Mannes. Der Mann behält den Besitz, die Verwaltung, kann, Zustimmung der Frau vorausgesetzt, verfügen usw. Daß ein solcher Rechtszustand nicht wünschenswert erschien, ist begreiflich.

II. § 2211: „Über einen der Verwaltung des Testamentsvollstreckers unterliegenden Nachlaßgegenstand kann der Erbe nicht verfügen.“

Auch hier liegt ein Veräußerungsverbot zugunsten einer bestimmten Person vor, das ausnahmsweise absolute Unwirksam-

1) Motive zum Familienrecht, S. 224 (Mugdan, IV, S. 124).

keit der Verfügung nach sich zieht. Die Verfügung kann konvaleszieren, der gute Glaube Dritter wird nach Absatz 2 geschützt. Verfehlt ist es also, von Nichtigkeit der verbotenen Verfügung zu reden.

Wie erinnerlich [1]), war die Kommission über die Frage der Relativität uneinig. Gegen die Relativität sprechen hier dieselben Gründe wie in § 1395. Auch hier kann es nicht als wünschenswert erscheinen, daß der eine, kraft der Verfügung des Erben, Eigentum erhält, der andere aber, nämlich der Testamentsvollstrecker, an der Sache soviel Recht behält, daß von dem Eigentum des ersteren nichts übrig bleibt. Dabei würde der Zustand womöglich ein Menschenleben dauern! Angemessen ist hier allein die absolute Unwirksamkeit der widerstreitenden Verfügung. Die Grundbuchsperre, die sich daraus natürlich für den Erben ergibt, vermeidet Kollisionen zwischen ihm und dem Testamentsvollstrecker. Vor allem aber bewirkt die absolute Verfügungsbeschränkung des Erben nicht etwa eine Brachlegung des Vermögens, da ja für dieses ein anderer sorgt; der Grund, weshalb sie dem Gesetz im allgemeinen mißliebig ist, trifft mithin hier nicht zu.

Sollte man sich trotzdem für ein relatives Veräußerungsverbot entscheiden, so wird man wenigstens annehmen müssen, daß der Erbe sich jeglicher Verfügung zu enthalten hat, mit anderen Worten, daß ihm jegliche Verfügung verboten ist. Wenn er zwar relativ wirksam verfügen kann, so soll er es doch nicht. Dafür sprechen dieselben Gründe, aus denen ich die Absolutheit herleite. Die praktische Folge ist Grundbuchsperre für den Erben. Die Gültigkeit seiner Obligationen wird offenbar durch das Verbot nicht berührt.

§ 13 KO. und § 772 CPO. gelten nicht. Sondervorschriften treten an ihre Stelle [2]).

Der Zwiespalt der Gesetzesverfasser setzt sich in der Literatur fort. Für Relativität sind z. B. Biermann [3]), Kretzschmar [4]), Düringer-Hachenburg [5]), Frommhold [6]), Hachen-

1) Oben S. 84.

2) § 2214 BGB. Vgl. ferner die Vormerkung zum 6. Titel des Erbrechts bei Neumann, II, S. 560 ff.

3) Biermann, Bürgerliches Recht, S. 177.

4) Kretzschmar, § 894 III, 4.

5) Düringer und Hachenburg, Bd. II, S. 460.

6) Frommhold, § 2211, Note 3.

burg[1]), Güthe[2]), Planck[3]), Staudinger[4]), Strohal[5]), Wendt[6]). Einige von ihnen befürworten aber wenigstens Grundbuchsperre —, so Kretzschmar[7]) und Güthe[2]); auch das Kammergericht[8]). Für absolute Unwirksamkeit treten z. B. Eccius[9]), Hellwig[10]), Herold[11]), Neumann[12]) ein[13]).

III. § 2129: „Wird dem Vorerben die Verwaltung nach den Vorschriften des § 1052 entzogen, so verliert er das Recht, über Erbschaftsgegenstände zu verfügen.“ Aus denselben Gründen wie vorhin nehme ich an, daß das Veräußerungsverbot, wiewohl zugunsten einer bestimmten Person, dennoch die Verfügungen des Vorerben absolut unwirksam macht. Die Verfügungen können konvaleszieren, der gute Glaube Dritter wird geschützt (Abs. 2).

Wer annimmt, daß der Vorerbe mit relativer Wirksamkeit verfügen könne, sollte wenigstens hinzufügen, daß er es nicht dürfe, das Grundbuch für ihn daher gesperrt sei.

Die Materialien ergeben nichts. Die Literatur ist wieder gespalten. Für Absolutheit sind z. B. Hellwig[14]), Herold[11]), auch Planck[15]), ohne die Abweichung von dem in § 2211 vertretenen Standpunkt zu motivieren. Für Relativität sind z. B. Kretzschmar[16])

---

1) Hachenburg, Vorträge, S. 151.

2) Güthe, I, S 219, Note 47.

3) Planck, § 2211, Note 2.

4) Staudinger, § 2211.

5) Strohal, Erbrecht I, S. 268.

6) Wendt, ArchZivPrax. 89, S. 46.

7) Kretzschmar a. a. O., Note 5.

8) Kammergericht OLG. 1, 410. Daß das Kammergericht auch für Relativität ist, wie Güthe a. a. O. behauptet, läßt die Entscheidung nicht ersehen.

9) Eccius, Gruchots Beiträge, Bd. 50, S. 488.

10) Hellwig, Zivilprozeß, S. 309, Note 7.

11) Herold, S. 493.

12) Neumann, § 2211, Z. 2.

13) Die Mühe einer erschöpfenden Aufzählung lohnt sich nicht.

14) Hellwig, Zivilprozeß, S. 301, Z. 4 i. V. mit S. 309.

15) Planck, § 2129, Note 1.

16) Kretzschmar, § 894 III, 4.

Düringer-Hachenburg[1]), Hachenburg[2]), Wendt[3]); nur der erste[4]) tritt auch für Grundbuchsperre ein!

IV. Gemäß § 1052 kann die Ausübung des Nießbrauchs für Rechnung des Nießbrauchers einem von dem Gericht zu bestellenden Verwalter übertragen werden. In der Übertragung liegt gleichzeitig eine Entziehung des dem Nießbraucher nach § 1048 zustehenden Verfügungsrechts. Verfügt der Nießbraucher dennoch, so ist wieder absolute Unwirksamkeit anzunehmen, da hier der Sachverhalt nicht anders ist als in § 2129. Bedeutungslos ist der Umstand, daß § 1052 auf die sogleich zu erörternde Zwangsverwaltung verweist, denn er tut es nur in der einen Beziehung, daß der Verwalter unter der Aufsicht des Gerichts stehen soll, wie ein Zwangsverwalter.

V. § 148 ZVG. Man fühlt sich versucht, aus den bisher besprochenen Paragraphen den allgemeinen Satz herzuleiten, daß, wenn dem Eigentümer oder sonstigen Berechtigten die Verwaltung entzogen werde, seine Verfügungen allemal absolut unwirksam seien. Das lehrt in der Tat Hellwig[5]).

Allein er wird durch § 148 ZVG. widerlegt. § 148 beweist, daß Verwaltungsentziehung und relative Unwirksamkeit miteinander wohl verträglich sind. Er bestimmt für den Fall der Zwangsverwaltung, daß durch die Beschlagnahme dem Schuldner die Verwaltung und die Benutzung des Grundstücks entzogen werden. Verfügt der Schuldner gleichwohl, z. B. über Zubehör, so ist es gemäß § 23 a. a. O. relativ wirksam, das Eigentum geht folglich auf den Dritten über, aber unbeschadet des Rechts des betreibenden Gläubigers. Die Zwangsverwaltung wirkt nur insofern schärfer gegen den Schuldner als die Zwangsversteigerung, als sie ihm das freie Verfügungsrecht nimmt, das die letztere ihm hinsichtlich gewisser Stücke beließ (§ 23 a. a. O.); keineswegs aber fühlt sich das Gesetz veranlaßt, die widersprechenden Verfügungen des Schuldners bei der Zwangsverwaltung im Gegensatz zur Zwangsversteigerung für absolut unwirksam zu erkären.

---

1) Düringer und Hachenburg, II, S. 460.
2) Hachenburg, Vorträge, S. 147.
3) Wendt, ArchCivPrax., S. 45.
4) Kretzschmar a. a. O., Note 5.
5) Hellwig, Zivilprozeß, S. 309, 322.

VI. §§ 6, 7 KO. Auch der Gemeinschuldner kann trotz des Verwalters mit relativer Wirksamkeit verfügen. Dafür sprechen die Entstehungsgeschichte [1]) und der Wortlaut, Tatsachen, über die nicht hinwegzukommen ist.

Dieser Ansicht ist denn auch die Rechtsprechung und der überwiegende Teil der Literatur.

Absolute Unwirksamkeit lehren, um einige Gegner zu nennen, Eccius [2]), Hellwig [3]), Herold [4]). Die Ausführungen des ersten Schriftstellers interessieren hier am meisten. Er operiert im wesentlichen so, daß er an zwei Beispielen nachweist, daß es sich bei den Verfügungen des Gemeinschuldners nicht um Akte handle, die dem einen gegenüber nichtig, dem andern gegenüber rechtsbeständig seien, und schließt daran die Folgerung, daß die Verfügungen als schlechthin nichtige, aber möglicherweise erstarkende aufzufassen seien.

Diese Beweisführung [5]) befriedigt nicht. Durch die Beispiele tut Eccius nur dar, daß mit der landläufigen Auffassung der relativen Unwirksamkeit oder Nichtigkeit in unserm Falle nicht weiterzukommen ist. Indes mit ihr kommt man nirgends weiter. Daraus folgt also nichts zugunsten der absoluten Unwirksamkeit, sondern, daß man nach einer brauchbaren Konstruktion der relativen suchen muß. Will Eccius die relative Unwirksamkeit überall streichen? Wenn nicht, so wäre zu beweisen, daß speziell im Konkurs mit ihr nichts anzufangen wäre.

Die hier vertretene Konstruktion der relativen Unwirksamkeit als ausgeglichener Wirksamkeit ist nun sehr wohl durchführbar. Der Gemeinschuldner behält sein Verfügungsrecht, aber seine Verfügungen sind nur beschränkt wirksam, indem die Rechte des Verwalters durch den Eigentumswechsel nicht berührt werden [6]). Dem Verwalter steht

---

1) Motive zum Allgemeinen Teil, S. 212, zum Sachenrecht, S. 217. (Mugdan, I, 470, III, 120.)

2) Eccius, Gruchots Beiträge 50, S. 485.

3) Hellwig, Zivilprozeß, S. 295, 309.

4) Herold, S. 494.

5) Die freilich auf Mitteis, Römisches Privatrecht, S. 242, Note 22, Eindruck gemacht hat.

6) Der beliebte Einwand, daß § 6 KO. von der Entziehung der Verfügungsbefugnis spreche und doch eine Befugnis des Gemeinschuldners zu Verfügungen mit beschränkter Wirksamkeit angenommen werde, wird bereits durch eine Bemerkung im Allgemeinen Teil (oben S. 84) widerlegt.

insbesondere das Recht auf den Besitz und zur Verfügung nach wie vor zu. Zedierte der Gemeinschuldner z. B. eine Forderung an einen Dritten, so geht sie auf diesen über, aber der Verwalter kann sie einem vierten abtreten. Durch die Verfügung des Verwalters erwirbt der Vierte die Forderung des Dritten. Die vom Gemeinschuldner verkaufte Mobilie kann der Verwalter kraft seines ius possidendi dem Käufer entwehren; erlangt er so den Besitz wieder, so gestaltet sich die Ausübung seines Verfügungsrechts sehr einfach. Schwierigkeiten entstehen nur bei der Veräußerung eines Grundstücks durch den Kridar, da dann der Verwalter, der seinerseits veräußern will, auf die Mitwirkung des kollidierenden Dritten angewiesen ist. Der uns bekannte § 888 II hilft hier nicht. Er gibt dem Erwerber ein Recht auf Zustimmung, hier dagegen beansprucht der Verfügende die formellrechtliche Zustimmung zu seiner Verfügung. Man kann sich daher nicht auf § 888 berufen, sondern muß so argumentieren: Das Verfügungsrecht des Verwalters hat keinen Wert, wenn der kollidierende Dritte es mit Hilfe der formalen Vorschriften der Grundbuchordnung vereiteln kann. Formelles Recht darf materielles nicht entwerten. Aus dem Verfügungsrecht des Verwalters folgt die Zustimmungspflicht des Dritten [1]).

Der vom Gemeinschuldner Erwerbende wird Eigentümer im Verhältnis zur Allgemeinheit sowohl wie zur Masse. Wenn z. B. ein Grundeigentümer vom Kridar ein benachbartes Grundstück kauft und ein anderer Nachbar lagert seine Ernte darauf und hindert ihn an der bequemen Zufuhr zu seinem alten Grundstück über das gekaufte, so kann der Käufer gegen den Störer nach § 1004 auf Beseitigung und nach § 823 I auf Schadensersatz klagen — es sei denn, daß der letztere mit Zustimmung des Konkursverwalters handelte.

Ferner kann, da die Masse nicht mehr Eigentümerin ist, höchstens Rückauflassung an sie bezw. den Kridar in Frage kommen. Die herrschende Meinung freilich wird sagen, daß für den Verwalter der Gemeinschuldner trotz der Veräußerung Eigentümer geblieben, Rückauflassung demnach nicht einmal denkbar sei, kurz, daß es sich nicht um Revokation, sondern nur um Reszission handeln könne. Die Meinung gründet sich auf den falschen Begriff der relativen Unwirksamkeit und ist für uns unannehmbar. Kommt, wie gesagt, von

1) Vgl. auch Eccius a. a. O., S. 484.

meinem Standpunkt aus nur Rückauflassung in Betracht, so fragt sich, ob der Verwalter sie schlechthin von dem widerstreitenden Erwerber verlangen kann. Bejaht man das, so ist die Folgerung unvermeidlich, daß der Verwalter das Recht hat, die Veräußerung des Grundstücks dem Kridar von vornherein zu verbieten. Diese Folgerung ist aber falsch. Es wird sich sogleich zeigen, daß der Kridar nicht nur mit beschränkter Wirksamkeit verfügen kann, sondern auch darf. Das Grundbuch ist ihm nicht gesperrt! Der Verwalter kann daher die Veräußerung des Grundstücks weder im Voraus verbieten noch hat er nachträglich ein Recht auf Rückauflassung [1]). Was er verlangen kann, ist Eintragung des Konkursvermerks. Damit ist ihm vollkommen gedient. Der Vermerk wirkt nicht nur gegen den unmittelbaren Rechtsnachfolger des Kridars, sondern auch gegen den mittelbaren. Die Verfügungsbeschränkung ist jedem Erwerber ersichtlich und jeder Erwerb geschieht vorbehaltlich der Rechte des Verwalters. Was Eccius dagegen einwendet, ist nicht überzeugend. Es sei nur an den ähnlich gelegenen Fall der Nacherbschaft erinnert. Der Vermerk, daß das Grundstück in eine Nacherbschaft verfangen ist, wirkt gegen jeden Erwerber, mag er sein Recht dem Vorerben unmittelbar oder mittelbar verdanken.

Die letzte Probe aufs Exempel mögen die oben angedeuteten Beispiele von Eccius [2]) machen. Erstens: Der Gemeinschuldner zediert; der Zessionar klagt gegen den Schuldner. Der Schuldner würde durch Zahlung an diesen so wenig frei werden wie durch Zahlung an jenen; er kann also die Zahlung verweigern [3]). Zweitens: Der Gemeinschuldner übereignet eine Sache einem Dritten, der Verwalter nimmt sie zurück und gibt sie jenem zur Verwahrung. Dringt der Dritte mit der rei vindicatio gegen den Kridar durch? Nein. Für alle ist zwar der Dritte Eigentümer, auch für den Kridar und den Verwalter; alle haben aber auch das Besitz- und Verfügungsrecht des Verwalters zu achten, auch der Kridar und der Dritte. So wenig der Dritte die Sache vom Verwalter selbst herausverlangen kann, dem er sie im Gegenteil zurückgeben mußte —, so wenig von dem Vertrauensmann des Verwalters. — Was Eccius

1) Ähnliche Erwägungen, freilich in dem andern Fall der Konkursanfechtung, stellt Kohler, Leitfaden des deutschen Konkursrechts, 2. Aufl., S. 141, an.

2) Eccius a. a. O., S. 485.

3) Oben S. 63.

in seiner Erörterung der beiden Fälle ad absurdum führt, ist lediglich die falschverstandene Relativität der herrschenden Meinung, nicht die Relativität überhaupt. —

Der Gemeinschuldner kann nicht nur mit relativer Wirksamkeit verfügen, er darf es auch, wie gesagt und wie auch die herrschende Meinung mit Recht annimmt [1]); es ist ihm nicht etwa verboten. Tritt aus dem ersten Gesichtspunkt keine Grundbuchsperre für ihn ein, so auch nicht aus dem zweiten. Ausdrücklich sagen die Motive [2]): „Würde . . dem Eigentümer nach der Konkurseröffnung die Veräußerung oder Belastung des Grundstücks verschränkt, so würde ihm damit nicht selten auch die letzte Möglichkeit genommen sein, sich die Mittel zur Befriedigung der Gläubiger zu verschaffen."

Wenn Kretzschmar [3]) trotzdem lehrt, daß die Verfügung ausschließlich Sache des Konkursverwalters sei, so verkennt er meines Erachtens, daß die Verwaltung hier einen andern Charakter hat als z. B. in § 2211 und § 2129. Dort ist sie sozusagen Selbstzweck, hier ist sie das nicht. Dort ist sie nicht provisorisch, hier ist sie es. Dort kann der Eigentümer sie nicht abschütteln, hier kann er es, wofern er nur das nötige Geld aufbringt. Dort werden die Zwecke des Verwalters und des Eigentümers oft genug auseinandergehen, hier stimmen sie überein, indem Kridar und Verwalter um vorteilhafte Verwertung des Objekts wetteifern. Dort soll das Vermögensstück zwar nicht völlig, aber doch für den Eigentümer brach gelegt werden; hier soll auch die Brachlegung des Eigentümers vermieden werden. Kurz: das Gesetz erleichtert es dem Gemeinschuldner absichtlich und mit allen Kräften, sich aus den Stricken des Konkurses und des Konkursverwalters zu befreien. Daher gesteht es seinen Verfügungen relative Wirksamkeit zu, daher erlaubt es ihm auch zu verfügen. Eins hängt mit dem andern aufs engste zusammen. Dieselben Gründe, die für die Relativität sprechen, sprechen zugleich gegen die Annahme eines Verfügungsverbots.

Wird hierdurch Kretzschmar widerlegt, so wird gleichzeitig dem Vorwurf eines Widerspruchs mit den zu § 2211 und § 2129 gemachten Ausführungen die Spitze abgebrochen.

---

1) KGJahrb. 22, A 129; Planck, III, Vorbemerkung zum II. Abschnitt, VI, 3a (S. 78); Güthe, Kommentar, I, S. 214. Die Gegner, z. B. Schöller, Kretzschmar usw. sind dort angeführt.

2) Motive zum Sachenrecht a. a. O.

3) Kretzschmar a. a. O.

Übrigens spielt das Verfügungsrecht des Gemeinschuldners nur bei Grundstücksrechten eine Rolle, nicht auch bei Mobilien. Da stellt sich ihm das ius possidendi des Konkursverwalters hindernd in den Weg. Im praktischen Ergebnis besteht mithin bezüglich der Mobilien eine Sperre, die durch die Rücksicht auf die Gläubiger durchaus gerechtfertigt wird.

VII. § 1984 BGB., § 106 KO. Das über §§ 6, 7 KO. Gesagte gilt entsprechend auch für § 1984 BGB. Erst recht gilt es für § 106 KO., wo dem Eigentümer ja nicht einmal die Verwaltung entzogen wird. Deshalb nehmen auch manche Schriftsteller, die in §§ 6, 7 KO. Grundbuchsperre behaupten, sie in § 106 nicht an, z. B. Kretzschmar[1]) und Schöller[2]).

§ 20.
Die Vormerkung.

I. Auf die Vormerkung fiel bisher nur dann und wann ein Streiflicht; aber es ließ doch schon ihre große Ähnlichkeit mit dem relativen Veräußerungsverbot deutlich erkennen. Sie ist nunmehr direkt ins Auge zu fassen. Da zeigt sich denn, daß sie in derselben Weise wie jenes relative Unwirksamkeit der widerstreitenden Verfügung nach sich zieht. Der Eigentümer kann trotz der Auflassungsvormerkung das Grundstück weiter veräußern, er kann es und darf es, der Erwerber erlangt volles Eigentum, auch im Verhältnis zum Vorgemerkten. Allein der Nachteil, den der letztere dadurch an und für sich erleidet, wird ausgeglichen. In der Hauptsache geschieht der Ausgleich so, daß der Veräußerer die zur Erfüllung des vorgemerkten Anspruchs nötige Verfügungsbefugnis nach wie vor behält. Dazu tritt die Pflicht des Erwerbers, der Umschreibung des Grundbuchs zuzustimmen. Der Vorgemerkte wird sein Rechtsnachfolger!

Alles das ist uns bekannt und bedarf keiner Erläuterung mehr. Daran erinnert sei nur (oben S. 50), daß auch die herrschende Meinung, die gleich mir in § 883 Relativität annimmt, hier am ehesten geneigt ist, diese zu konstruieren wie es hier geschah. Man braucht daher kein Prophet zu sein, um vorauszusagen, daß § 883

1) Kretzschmar, ZBlFG. 2, 815 ff.; ferner Sachenrecht, S. 112 ff.
2) Schöller, DJZ., 7. Jahrg., S. 167.

der Durchbruchspunkt für die richtige Auffassung der Relativität werden wird.

Nur ein Schriftsteller, allerdings eine Autorität des Sachenrechts, Fuchs, bestreitet die Relativität in § 883. „Die Rechte aus vermerkungswidrigem Erwerbe — schreibt er[1]) — sind bedingt nichtig, wie die Rechte dessen (§ 161), der vom bedingt Berechtigten erworben hat, sie gehen ipso iure unter, insoweit sie die Verwirklichung des vorgemerkten Rechtes stören." — „Darin unterscheiden sich Vormerkung und Veräußerungsverbot: die verbotswidrige Verfügung ist nur relativ, d. h. nur demjenigen gegenüber nichtig, zu dessen Schutz das Verbot besteht, nur er, kein anderer kann sich auf die Nichtigkeit berufen. Die Vormerkung dagegen macht nicht bloß dem Vormerkungsberechtigten, sondern Jedem gegenüber die vormerkungswidrige Verfügung objektiv insoweit unwirksam, als sie den vorgemerkten Anspruch vereiteln oder beeinträchtigen würde."

Die Parallele mit der Bedingung spricht dafür, daß Fuchs durch den Wortlaut des § 883, der sich freilich in geradezu irreführender Weise an § 161 anlehnt, beeinflußt worden ist. Indes § 888 ergänzt § 883. Das darf man nicht übersehen. Sodann treffen die praktischen Erwägungen, die den Gesetzgeber beim Veräußerungsverbote zur relativen Unwirksamkeit führten, doch auch hier zu. Es wäre geradezu unverständlich, wollte das Gesetz seine Erfindung hier preisgeben — hier, in dem wichtigsten und häufigsten Fall. Man setze nur das Beispiel, daß der Käufer eines Grundstücks sich einmal durch Erwirkung eines Veräußerungsverbots, ein andermal durch eine Vormerkung sichert und der Verpflichtete vor der Eintragung des Käufers einem Dritten eine Hypothek bestellt. Nach Fuchs kann sich der nachstehende Hypothekengläubiger im ersten Fall nicht auf die „Nichtigkeit" der kollidierenden Hypothek berufen, wohl im zweiten Fall. Das ist nun und nimmer richtig, denn wie das den Schutz einer bestimmten Person bezweckende Veräußerungsverbot, so ist auch die Vormerkung ein relatives Schutzmittel. Beide sollen zweifellos nur dem nützen, zu dessen Schutz sie ergingen. Die richtige Konstruktion ist daher in beiden Fällen die gleiche: Die kollidierende Hypothek besteht zurecht, aber sie wird zu Gunsten des Geschützten unschädlich ge-

1) Fuchs, I, S. 31.

macht. Wie diese Unschädlichmachung, dieser Ausgleich geschieht, sahen wir früher[1]).

II. So ist also die Ähnlichkeit der durch ein relatives Veräußerungsverbot und eine Vormerkung geschaffenen Rechtslagen sehr groß. Freilich bestehen auch zahlreiche Unterschiede, wie die ziemlich erschöpfende Aufzählung Neumanns[2]) beweist; aber sie betreffen nur Einzelheiten, und darum behält die, man kann wohl sagen, herrschende Meinung Recht, die die Vormerkung für ein qualifiziertes Veräußerungsverbot ansieht[3]).

Der Grundgedanke ist bei beiden Dingen der gleiche: Ein Anspruch, z. B. ein Auflassungsanspruch, wird in der Hauptsache negativ geschützt, indem der Verpflichtete trotz der kollidierenden Übertragung die zur Erfüllung jenes Anspruchs nötige Verfügungsbefugnis zurückbehält, zum andern Teil positiv, indem er „mit Drittwirkung ausgestattet" wird. Die Obligation hört infolge der Vormerkung auf, streng relativ zu sein; sie reagiert auch gegen gewisse Störungen von dritter Seite.

Wiederum besteht meines Erachtens kein Grund für die Annahme, daß der Geschützte ein dingliches Recht an dem gekauften Gegenstand erlange[4]). Er hat wie vorher nur einen obligatorischen Anspruch auf Übertragung des Grundstücks; nicht von jedermann ist dieser Anspruch zu respektieren, sondern nur von gewissen Personen. Ein allgemeines Ausschlußrecht besteht folglich nicht und — von dem andern Standpunkt aus gesehen — eine unmittelbare Beziehung zur Sache auch nicht. Lehrreich ist folgendes Beispiel: Der Verkäufer hat Zubehör seiner Vertragspflicht zuwider (§ 314) entfernt; dann wird es gestohlen. Der durch eine Vormerkung geschützte Käufer erwirbt keinen direkten Anspruch auf Herausgabe gegen den Dieb, sondern kann höchstens den Anspruch des Verkäufers gegen den Dieb pfänden.

§ 24 KO. allein rechtfertigt die Annahme eines dinglichen Rechts nicht. Das Absonderungsrecht des Vorgemerkten macht den obligatorischen Anspruch zu einem „bevorzugten", und zwar nicht zu einem allgemein, sondern nur hinsichtlich eines bestimmten Gegen-

---

1) Oben S. 61.
2) Joh. Neumann, J. W. 31, S. 454.
3) Vgl. Planck III, § 883, Note 2.
4) Oben S. 75.

standes bevorzugten; aber weshalb es ihn in ein dingliches Recht umwandle oder ihm ein solches hinzufüge, ist nicht einzusehen. Vor dem Konkurs fehlen die Merkmale der Dinglichkeit, nachher fehlen sie auch wieder, dann ist wohl auch während des Konkurses ein dingliches Recht nicht da. — Die praktische Bedeutung des § 24 ist natürlich nicht zu leugnen. Während das Veräußerungsverbot nur gegen kollidierende Verfügungen und kollidierende Einzelvollstreckung schützt, schützt die Vormerkung auch gegen den Konkurs und die Nachlaßschwäche (§ 884 BGB.). Die Vormerkung ist daher ein ganz gefährlicher Konkurrent des Veräußerungsverbots, wenigstens wenn es sich um den Schutz obligatorischer, das Grundbuch betreffender Ansprüche handelt. In solchem Falle ist allein der Konkurrent zu empfehlen.

Übrigens tragen ja auch die Anhänger der Dinglichkeitstheorie Bedenken, alle Vorschriften über Rechte an Grundstücken auf die Vormerkung anzuwenden. Damit sinkt die praktische Bedeutung des Streits. Bemerkbar macht er sich in der Frage der Rechtskrafterstreckung. Die Prozesse des kollidierenden Erwerbers wirken nicht gegen den Vorgemerkten, denn er erlangte das Prozeßführungsrecht durch eine Verfügung, die jenem gegenüber unwirksam ist[1]). Wie aber steht es um die Prozesse des Verpflichteten selbst? Berühren sie den Vorgemerkten? Hellwig[2]) und Strohal[3]) verneinen es mit der Begründung, daß der Vorgemerkte bereits ein festes Anwartschaftsrecht erlangt habe. Hellwig[4]) spricht geradezu von einem dinglichen Recht. Ich bejahe die Frage. Der Berechtigte steht nicht anders als wenn ihn ein Veräußerungsverbot schützte.

Die Hauptfrage, ob der rechtsgeschäftliche Erwerb einer Vormerkung unter dem Schutz des guten Glaubens steht, ist zu bejahen, gleichgültig, wie man sich zur Dinglichkeitstheorie stellt; denn die Bewilligung einer Vormerkung enthält schon um ihrer negativen Wirkung willen eine Verfügung. Das ist von Strohal[5])

1) Oben S. 70.

2) Hellwig, Rechtskraft, S. 257.

3) Strohal, Grenzen der Urteilsrechtskraft, S. 26, 27.

4) Hellwig a. a. O., S. 254.

5) Strohal, Kommt dem Vorgemerkten der öffentliche Glaube des Grundbuchs zu statten? insbesondere S. 22 ff. Vgl. noch Gierke, Privatrecht II, § 119, Note 152 und 157.

nachgewiesen worden und wird durch folgende Vergleiche vollends klar. Nach allgemeinem Landrecht [1]) konnte der Eigentümer auf die Verfügungsbefugnis verzichten. Der Verzicht wirkte gegen alle Menschen, sofern er eingetragen war; sonst gegen die, die ihn kannten. Der Eigentümer entäußerte sich mithin teilweise seines Rechts, anders gesprochen, er verfügte darüber zum Teil. Ein Beispiel aus dem noch geltenden Recht liefert das Fideikommiß. Zum mindesten bewirkt die Stiftung eines solchen den Verlust der im Eigentum enthaltenen Verfügungsbefugnis für den jetzigen Inhaber des Rechts und alle seine Nachfolger. Der Stifter ändert also unmittelbar sein Recht, er verfügt darüber. Noch weiter reicht die Wirkung des pactum de non cedendo [2]) (§ 399 BGB.). Es macht die Forderung zu einer unveräußerlichen, bedeutet daher gleichfalls eine unmittelbare Änderung des Rechts, eine Verfügung. Die Ehefrau kann sich wohl verpflichten, ihre Forderung nicht zu veräußern, insbesondere dem Mann die Zustimmung zur Zession zu verweigern [3]); aber die unmittelbare Wirkung des pactum de non cedendo kann sie nur mit Zustimmung ihres Mannes hervorrufen (§ 1395 ff.).

Wenn man bei der Erörterung des Verfügungsbegriffs die Fälle der erwähnten Art früher fast allgemein übersah, so lag das an ihrer Seltenheit. Der wichtigste — und keineswegs seltene — Fall ist heute die Bewilligung einer Vormerkung. Wer eine Vormerkung bewilligt, verzichtet teilweise auf seine Verfügungsbefugnis insofern er bei einer kollidierenden Veräußerung notwendigerweise das zur Erfüllung des vorgemerkten Anspruchs nötige Verfügungsrecht zurückbehält. Er kann sich dieses Verfügungsrecht nicht mehr entäußern, es bleibt bei ihm wie sein Schatten! Damit ist bewiesen, was zu beweisen war: Die Vormerkung wirkt rechtsändernd. Wer eine Vormerkung bewilligt, verfügt. Und zwar verfügt er im Sinne von § 893 II, den Gegner schützt folglich sein guter Glaube.

---

1) Allgemeines Landrecht I, 4, § 15: „Nicht nur durch Natur oder Gesetz, sondern auch durch rechtliche Privatverfügungen können Sachen dem Verkehr entzogen werden." Mit der Verkehrsentziehung ist nur die Einschränkung oder der Verlust der Verfügungsbefugnis gemeint. Vgl. Förster-Eccius, Preußisches Privatrecht, 5. Aufl., Bd. I, § 21, Note 22a.

2) Hierbei sei nur an den Fall des nachträglichen pactum gedacht. Näheres unten § 29 a. E.

3) Doch kann die letzte Verpflichtung gegen die guten Sitten verstoßen.

Der Unterschied, daß sich jemand wohl durch Bewilligung einer Vormerkung seiner Verfügungsfreiheit teilweise berauben kann, nicht aber, indem er sich dem Veräußerungsverbot eines andern unterwirft (§ 137), scheint mir bei der bekannten Streitfrage beachtenswert, ob die dem Recht des betreibenden Gläubigers im Rang vorgehende Auflassungsvermerkung die Zwangsversteigerung hindere. Vgl. darüber Neumann[1]). Die herrschende Meinung verneint die Frage mit Recht. Von den Gegnern ist hier Kretzschmar[2]) hervorzuheben, denn er sagt, die Auflassungsvormerkung bewirke eine Verfügungsbeschränkung von derselben Art, wie das Veräußerungsverbot des § 135. Also sei § 772 ZPO. anzuwenden. Das Veräußerungsverbot, von dem dieser Paragraph spreche, sei der Typus aller Verfügungsbeschränkungen.

Allein mag auch das Veräußerungsverbot der Typus aller singulären — was ich hinzufügen möchte — Verfügungsbeschränkungen sein, so ist doch § 772 das Ergebnis sehr sorgfältiger Überlegung. Die Art, wie die Motive[3]) Gründe und Gegengründe abwägen, fällt selbst bei der Gewissenhaftigkeit auf, die man sonst bei ihnen gewohnt ist. Nur ein Bedenken tun sie kurz ab. Wenn das Veräußerungsverbot die Zwangsvollstreckung hindert, so liegt die Möglichkeit der arglistigen Herbeiführung eines Veräußerungsverbots gegenüber einer drohenden Zwangsvollstreckung vor. Die Motive sagen nur, daß diese Möglichkeit kein besonderes Bedenken schaffe; die gleiche Gefahr bestehe bei jeder zum Nachteil der Gläubiger vorgenommenen Scheinveräußerung. Ich bezweifle, daß die Motive das Bedenken so gering geschätzt hätten in dem Fall, daß schon jedes rechtsgeschäftliche Veräußerungsverbot dingliche Wirkung gehabt, also ein Hindernis der Zwangsvollstreckung gebildet hätte. So verhält es sich aber bei der Vormerkung. Mochte man das nur schwer zu erlangende Veräußerungsverbot für ein Hindernis der Zwangsvollstreckung erklären: Bei der so leicht zu erlangenden Vormerkung hätte man es schwerlich getan — und hat es auch nicht getan. Daher erkläre ich mich gegen Kretzschmar. Schlüsse vom Veräußerungsverbot auf die Vormerkung und umgekehrt hinsichtlich der Details darf man nur ziehen unter Berücksichtigung aller ihrer Unterschiede trotz ihrer Wesensverwandtschaft.

---

1) Joh. Neumann a. a. O., S. 458 ff.; vgl. auch Planck III, § 883, Note 3 a.

2) Kretzschmar, § 883.

3) Motive zum Allgemeinen Teil, S. 215, 216 (Mugdan, I, S. 471).

§ 21.

Die bindende Einigung.

Erzeugt die bindende Einigung eine Verfügungsbeschränkung? Statt Verfügungsbeschränkung könnte man auch Veräußerungsverbot sagen.

Diese Frage bejahen Koffka[1]) und Fuchs[2]). Eine ausführliche Begründung hat Simon[3]) versucht.

Der herrschenden Meinung, die die Frage mit Recht verneint, tut Simon schwerlich Abbruch. Die Bindung an die Einigung — sagt er — bedeutet Unwiderruflichkeit, Unwirksamkeit jedes Widerrufs. Auch der konkludente Widerruf ist unwirksam (S. 17). Ein solcher liegt in jeder weiteren Verfügung, die mit der in dem bindenden dinglichen Vertrag enthaltenen in Widerspruch steht. Überträgt jemand ein Grundstück, trotzdem er es bereits vorher einem anderen aufgelassen hatte, so ist die Übertragung ein Widerruf der ersten Auflassung und daher unwirksam. Der Eigentümer wurde durch die erste Auflassung in der Verfügung beschränkt (S. 23 ff.). Und zwar erlitt er eine Verfügungsbeschränkung relativer Art, im Sinne des § 135 BGB. (S. 45 ff.). Die praktischen Folgen (S. 17 ff.) sind: Der Geschützte kann nach § 22 I GBO. die Berichtigung des Grundbuchs durch Eintragung der Einigung als Verfügungsbeschränkung bewirken, er kann sie auch auf Grund des § 894 BGB. erreichen. Auch ohne Eintragung ist er gegen den nicht rechtsgeschäftlichen Erwerb Dritter und gegen den rechtsgeschäftlichen Erwerb solcher Dritter gesichert, welche die Verfügungsbeschränkung kennen.

Wie man sieht, sind die praktischen Folgen der Simonschen Ansicht nicht gering. Die Auflassung schützt den Käufer des Grundstücks gegen die Zwangsvollstreckung seitens der Gläubiger des Verkäufers (§ 772 CPO.) usw.!

Entsprechendes soll bei Mobilien gelten. Zum mindesten im Grundstücksverkehr würde das Anwendungsgebiet des § 135 — und das interessiert hier ja in erster Linie — sehr erweitert werden, wenn Simon recht hätte.

Allein er hat nicht Recht. Der Fehler seiner Theorie liegt in der Annahme, daß die widerstreitende Verfügung einen Widerruf ent-

1) Koffka, Festgabe für Wilke, S. 167 ff.

2) Fuchs, I, § 925, Note 14 und § 873, Note 28 β.

3) Simon, Einigung.

halte. Ist es wirklich wahr, daß die Auflassung an den Käufer unwirksam wird — man denke dabei an die rheinische Art der Auflassung, Art. 26 Pr. AG. zum Bürgerlichen Gesetzbuch — wenn der Eigentümer das Grundstück hinterher an einen Dritten überträgt? Die Übertragung an den Dritten macht nicht die Auflassung unwirksam, sondern steht nur ihrer Eintragung im Wege. Der Käufer erwirbt trotz der bindenden Auflassung nicht, weil das zweite Erfordernis, die Eintragung, nicht verwirklicht werden kann. Wenn der Veräußerer das Grundstück zurückerwirbt, etwa durch Erbgang, steht der Verwirklichung kein Hindernis mehr entgegen. Nötigenfalls klagt der Käufer gegen den Veräußerer auf Abgabe einer neuen Eintragungsbewilligung. Unter keinen Umständen aber bedarf es einer neuen Auflassung. Sie ist nach wie vor ein geeignetes Moment für den Erwerb des Käufers geblieben.

Durch diese kurze Erörterung wird meines Erachtens der Simonschen Ansicht der Boden entzogen, und es wird wohl bei den von ihm bekämpften Worten Biermanns[1]) bleiben müssen, daß die Bindung die Einigung lediglich den übrigen rechtsgeschäftlichen Erklärungen gleichwertig macht. Zwei Erfordernisse zur Übereignung eines Grundstücks bestehen: Die Auflassung und die Eintragung. Die in § 873 II angeordnete Bindung schützt den Erwerber nur gegen den Wegfall des einmal erfüllten ersten Erfordernisses. Die Erfüllung des zweiten zu sichern ist nicht seine Aufgabe. Dazu bedarf es anderer Mittel. Solche sind die Vormerkung und das gerichtliche Veräußerungsverbot. Sodann liegt, sobald der Eintragungsantrag beim Grundbuchamt eingegangen ist, in der Ordnungsvorschrift des § 17 GBO. ein wirksamer Schutz.

Zuzugeben ist nur, daß das Gesetz an die bindende Einigung eine Verfügungsbeschränkung in der Weise Simons hätte knüpfen können. Aber angesichts der soeben aufgezählten Schutzmittel ist erklärlich, daß es ein Bedürfnis dafür nicht empfand.

§ 22.

b) Nicht zugunsten bestimmter Personen.

I. Der Staat beaufsichtigt bekanntlich den vermögensrechtlichen Verkehr der juristischen Personen, insbesondere auch des öffentlichen Rechts, nach den verschiedensten Richtungen. Namentlich hindert er

1) Simon a. a. O., S. 20.

sie häufig an der Veräußerung bedeutsamer Gegenstände, z. B. solcher von geschichtlichem, wissenschaftlichem oder Kunstwert.

Die Stadt bedarf zu ihrer Veräußerung der Genehmigung des Regierungspräsidenten, die Landgemeinde desgleichen, der Bischof der Genehmigung des Oberpräsidenten, die Innung der Genehmigung der „Aufsichtsbehörde" [1]).

1. In allen diesen Fällen liegen Veräußerungsverbote vor, und zwar ergehen sie, wie wir sahen, im öffentlichen Interesse [2]).

Das Verbot ist allemal bedingt. Die Gültigkeit des Aktes hängt von der Genehmigung der Aufsichtsbehörde ab; wird sie verweigert, so ist der Akt nichtig und schon deshalb der Schutz des guten Glaubens ausgeschlossen (oben S. 37).

Die Genehmigung ist auch zu dem obligatorischen Akt erforderlich. Der Wortlaut der Gesetzesstellen läßt für diese Ansicht Raum. Dazu kommt die ratio legis. Es sind also die §§ 309/307 anzuwenden. Der Erwerber kann demgemäß unter Umständen Ersatz des negativen Vertragsinteresses verlangen. An dem Recht des Verkäufers, den verbotswidrig weggegebenen kostbaren Gegenstand zurückzufordern, besteht kein Zweifel. Es folgt schon daraus, daß die Obligation nichtig ist, eine exceptio rei venditae et traditae des Gegners mithin überhaupt nicht in Frage kommt.

Es sei nochmals daran erinnert [3]), daß das Gesagte nur im Verhältnis der juristischen Person zu ihrem Vertragsgegner gilt. Veräußert der letztere die Wertsache, z. B. den alten Innungsbecher, an einen Dritten, so sind sowohl der obligatorische wie der dingliche Vertrag grundsätzlich gültig, das mangelnde Eigentum des Veräußerers aber kann durch den guten Glauben des Dritten ersetzt werden [4]).

---

1) Städteordnung für die Rheinprovinz vom 15. Mai 1856, § 46, Z. 2; Städteordnung für die 6 östlichen Provinzen der Preußischen Monarchie vom 30. Mai 1853, § 50, Z. 2; Landgemeindeordnung für die 7 östlichen Provinzen der Monarchie vom 3. Juli 1891, § 114, Abs. 1; preußisches Diözesanaufsichtsgesetz vom 7. Juni 1876, § 2, Z. 2; Gewerbeordnung § 89 b, Z. 3 usw.

2) Oben S. 96.

3) Oben S. 35.

4) Das die Innung betreffende Veräußerungsverbot ist in einem noch nicht erledigten Fall praktisch geworden, über den die Zeitungen mehrere

2. Die Auffassung, daß in den Fällen der in Rede stehenden Art Veräußerungsverbote vorliegen, ist nicht ganz unbestritten. Randa[1]) z. B. nimmt in ihnen nur eine Beschränkung der Vertretungsbefugnis der Organe an. Der Widerlegung dieser Ansicht hat sich bereits, allerdings ohne von Randa zu wissen, Kormann[2]) gewidmet, veranlaßt durch Bemerkungen von Seckel und Stutz. Ihm stimme ich bei.

Daß der Oberpräsident Organ des Bistums sei, ist ohne weiteres ausgeschlossen. Aber auch den Gedanken, daß der Stadt, der Gemeinde, der Innung für ihren künstlerisch usw. wertvollen Besitz ein zweites Organ in Gestalt des Regierungspräsidenten oder der Aufsichtsbehörde gegeben werde, daß folglich das normale Organ über solchen Besitz nur mit diesem außergewöhnlichen Organ zusammen verfügen könne, wird man ohne nähere Erörterung als verfehlt bezeichnen dürfen. Er widerspricht unserm geltenden Verwaltungsrecht. Die Organe unserer Städte und sonstigen Kommunen sind in den Gesetzen genau aufgezählt. Der Regierungspräsident gehört nicht dazu. Im Gegenteil: er steht ihnen gegenüber. Er ist Aufsichtsbehörde, und das ist das Gegenteil von Organ.

Demnach bedarf die Kommune usw. fremder Mitwirkung zu den fraglichen Veräußerungen, ähnlich wie die Ehefrau oder der Eigentümer von Dynamit, und wie in den letztgenannten Fällen, so haben wir es folglich auch hier mit einem Veräußerungsverbot, mit einer singulären Verfügungsbeschränkung zu tun.

Nimmt das Organ der Kommune oder Diözese die verbotene Verfügung vor, so verhält es sich grundsätzlich nicht anders, als wenn z. B. der Prokurist eines Mannes, dessen Vermögen nach § 332 StPO. beschlagnahmt worden ist, wider das Verbot verfügt. Es ist der Eigentümer selbst, der durch sein Organ, durch seinen Vertreter das Verbot übertritt.

Zu erwägen bleibt freilich, wie das Kormann (S. 114ff.) wieder eingehend getan hat, ob nicht das Veräußerungsverbot zugleich

---

Meldungen brachten. Die Breslauer Metzgerinnung verkaufte seinerzeit eigenmächtig den Innungsbecher der Vereinigten Fleischerinnung zu Breslau, den sogenannten goldenen Ochsen, an einen Münchener Kunsthändler. Später klagte sie gegen ihn erfolgreich auf Wiederherausgabe bezw. Wiederverschaffung des Bechers gegen Rückzahlung von 15 000 Mk. Der Becher soll freilich bereits in dritter Hand sein, nach einem Bericht in der des Königs von England, nach einem andern in der eines Berliner Kommerzienrats.

1) Randa, Eigentumsrecht, S. 190.

2) Kormann, S. 88, 97, 112ff.

auch die Vertretungsmacht beeinflussen kann. Eiu solcher Einfluß wird in der Tat sehr oft festzustellen sein. Die Rechtslage ist dann so, wie wenn ein Vollmachtloser eine Verfügung vornimmt, die dem dominus verboten ist. Der letztere macht sich der Übertretung des Verbots nicht schuldig, es sei denn, daß er die Verfügung genehmigt. Der Dritte kann sich daher höchstens an den Vertreter halten.

Beispiel: Der eingetragene Verein entzieht dem Vorstand die Vertretungsmacht hinsichtlich der Grundstücke. Gegen den Verein ergeht später ein absolutes Veräußerungsverbot. Wenn jetzt der Vorstand ein Grundstück im Namen des Vereins verkauft, so kann der Dritte nach § 179 gegen den Vorstand vorgehen, nicht aber nach § 309 gegen den Verein.

II. Stadt, Landgemeinde, Innung, Bischof, kirchliche Anstalt oder Gemeinde bedürfen zur Veräußerung von Grundstücken der Genehmigung der Aufsichtsbehörde [1]).

Darin liegt gleichfalls eine singuläre Verfügungsbeschränkung, ein Veräußerungsverbot. Dieses bezweckt zwar den Schutz des Eigentümers selbst, wie wir sahen, aber es bezweckt darum doch nicht den Schutz einer bestimmten Person im Sinne des § 135. § 135 versteht unter der Schutzperson immer eine dritte, vom Beschränkten verschiedene Person. Hier liegt daher ein absolutes Veräußerungsverbot vor [2]).

Verweigert die Aufsichtsbehörde die Genehmigung, so ist die Veräußerung nichtig. Dritte werden folglich in ihrem guten Glauben nicht geschützt. Auch der obligatorische Vertrag ist genehmigungsbedürftig, da sonst der beabsichtigte Schutz nicht durchgreifend sein würde. Das Problem der beschränkten Vertretungsmacht der Organe endlich taucht auch hier auf und ist ebenso zu behandeln wie in I.

III. Die kanonischen Veräußerungsverbote.

Nicht nur staatliche Gesetze knüpfen bisweilen die Veräußerung einer res ecclesiastica an die Genehmigung einer staat-

---

1) Vgl. die oben S. 115 angeführten Gesetze; dazu etwa noch das preußische Gesetz über die Vermögensverwaltung in den katholischen Kirchengemeinden vom 20. Juni 1875, § 50.

2) Oben S. 96. Fuchs, I, S. 164, Note, nimmt in § 89 b GewO. ein relatives Veräußerungsverbot an. Die Ansicht ist, was Ziffer 3 (geschichtlich usw. wertvolle Gegenstände), angeht, kaum diskutabel, aber auch im übrigen nach dem früher Gesagten zu verwerfen.

lichen Behörde; oft verlangt auch das Kirchenrecht Zustimmung einer kirchlichen Behörde zu der Veräußerung. Von Fällen jener Art war in I und II die Rede; nunmehr wenden wir uns zu Fällen der zweiten Art. So bedarf z. B. die Pfarre zur Veräußerung der meisten Sachen der Einwilligung des Bischofs. Dieser stellt, wie bekannt, nach Anhörung der Beteiligten in einem decretum de alienando das Vorhandensein der Umstände fest, die die Verfügung rechtfertigen. Die Einwilligung ist nicht etwa eine bloße Sollvorschrift des Kirchenrechts [1]).

Die Frage ist, ob diese kanonischen Veräußerungsverbote auch für das bürgerliche Recht Bedeutung haben. Sind sie etwa Veräußerungsverbote im Sinne des § 134 oder § 135? Diese Frage bildet den eigentlichen Gegenstand der öfters erwähnten gründlichen Schrift Kormanns, der die maßgebenden Gesichtspunkte sämtlich hervorgehoben hat.

1. Mit Rücksicht auf Art. 55 EG. erscheint zunächst zweifelhaft, ob die kanonischen Veräußerungsbeschränkungen sich überhaupt noch bürgerlich-rechtlicher Geltung erfreuen. Sind sie nicht Landesprivatrecht, das mangels eines Vorbehalts außer Kraft getreten ist? So Klein [2]), der, soviel ich sehe, als erster der Frage nachging.

Ihn bekämpft Kormann [3]). „Ganz anders", führt er (S. 14) aus, „verhält es sich mit der Frage, unter welchen Voraussetzungen ein kirchliches Institut überhaupt in jenen vermögensrechtlichen Verkehr einzutreten, ein bestimmtes privatrechtliches Rechtsgeschäft abzuschließen hat, durch welche Organe es hierbei vertreten wird, ob diese hierbei an die Genehmigung anderer, insbesondere übergeordneter Instanzen gebunden sind usw. Die Rechtsnormen, die hierüber entscheiden, also die Grundsätze der kirchlichen Finanzgebarung sind nicht Privatrecht, sie sind (kirchliches) Verwaltungsrecht, sind öffentliches Recht, sind Landesrecht, unterliegen nicht dem Art. 55."

Dem kann man sich nur anschließen. Die kirchenrechtlichen Personen sind solche des öffentlichen Rechts. Die Normen über ihre Organisation sind es also auch. Nun ist zwar der Bischof kein Organ der Pfarre im Sinne der privatrechtlichen Organtheorie, sicher aber ist der Rechtssatz, daß die Pfarre, genauer das Organ, durch

1) Stutz, Kirchenrecht in Kohlers Encyklopädie, II, S. 955.
2) Klein, ArchKathKR. 85, S. 242 ff.
3) Kormann, S. 12, Note 1.

welches sie handelt, der Zustimmung des Bischofs bedarf, eine Organisationsnorm im Sinne des Verwaltungsrechts. Sie wird folglich durch die Kodifikation unseres Reichs privatrechts in keiner Weise berührt. Zu welchem Ergebnis käme man auch sonst? Der ganze Mechanismus der juristischen Personen des Kirchenrechts würde ja unter Umständen bis in seine Fundamente erschüttert. Ja nicht nur der Mechanismus der kirchenrechtlichen juristischen Personen, sondern auch der der staatsrechtlichen! Die Gemeinde hat zur Veräußerung wertvoller Kunstgegenstände die Genehmigung des Regierungspräsidenten nötig. Wer wollte behaupten, daß daran durch Art. 55 EG. etwas geändert würde? Mit wie viel mehr Recht aber will man behaupten, daß Art. 55 das kanonische Zustimmungserfordernis berühre?

In diesem Zusammenhang interessiert RG. 64 Nr. 100. Nach § 88, IV, Z. 7 der preuß. Landgemeindeordnung vom 3. Juli 1891 bedürfen Urkunden der Gemeindevorsteher einer gewissen zweiten Unterschrift und der Siegelung. Darin liegt nicht eine bloße Formvorschrift, die durch das Bürgerliche Gesetzbuch beseitigt ist, sondern § 88 behandelt die Frage der Organisation der Gemeinden. Der Gemeindevorsteher kann, wiewohl er im allgemeinen der Vertreter der Gemeinden ist, diese nicht durch mündliche Erklärungen verpflichten, auch nicht durch seine alleinige Unterschrift. So gut man im Privatrecht eine Vollmacht in der Weise geben kann, daß man nur durch die übereinstimmende Erklärung zweier Bevollmächtigter verpflichtet wird und nur dann, wenn die Erklärung eine schriftliche ist, so gut kann das Gesetz die Macht des Gemeindeorgans in ähnlicher Weise beschränken.

Alles das gilt auch für die fragliche Beschränkung der kirchlichen Organe — mutatis mutandis. Insbesondere bedarf es hier nicht der Mitwirkung eines zweiten „Organs" im technischen Sinn, sondern der Zustimmung einer Aufsichtsperson, des Bischofs usw. Nicht das Pfarrorgan wird beschränkt, sondern die Pfarre selbst. Sie unterliegt einer singulären Verfügungsbeschränkung, einem Veräußerungsverbot [1]).

2. Natürlich kann das Staatskirchenrecht in die Organisationsnormen der Kirche eingreifen. Inwieweit die Einzelstaaten an dem

1) Die Frage, ob nicht außerdem noch eine Beschränkung des Organs der Pfarre usw. vorliegt, ist selbstverständlich auch zu berücksichtigen (Kormann, S. 118), aber an dieser Stelle nicht weiter zu verfolgen.

kirchlichen Erfordernis der bischöflichen Zustimmung zu den Veräußerungsakten der Pfarre usw. gerüttelt haben, hat Kormann eingehend geprüft. Er kommt zu dem Ergebnis, daß die Einzelstaaten die kanonischen Veräußerungsverbote vielfach in Kraft gelassen haben, die letzteren daher „auch im heutigen bürgerlichen Recht noch vielfach Geltung besitzen" (S. 17, 87).

3. Demgemäß erhebt sich die Frage nach der Tragweite dieser kanonischen Verbote? Wer befindet über die Rechtsfolgen ihrer Übertretung? Das kirchliche oder das staatliche Gesetz? Die Frage ist deshalb von praktischer Bedeutung, weil sie, wie sich noch zeigen wird, eine verschiedene Antwort geben.

Auch hier geht Kormann (S. 15) wieder richtig vor. Sicher ist die Frage, welche Wirkung ein Verbot auf eine Veräußerung hat, eine privatrechtliche. Ist die Pfarrgemeinde Eigentümerin geblieben oder nicht? Kann sie das Grundstück vindizieren? Haftet sie für negatives oder positives Interesse usw.? Alles das sind rein privatrechtliche Dinge.

Auf sie trifft mithin Art. 55 EG. zu. Das Einführungsgesetz selbst hat keinen Vorbehalt gemacht, aber liegt ein solcher nicht in § 134 BGB.: „wenn sich nicht aus dem Gesetz ein anderes ergibt"? Meines Erachtens ist hier unter Gesetz das verbietende Gesetz zu verstehen, also unter Umständen ein Landesgesetz. Das sagt auch Kormann, wenngleich mit einem leisen Schwanken. Allein man lese die Einwände, die Endemann gegen die Theodosische Konstitution vorbringt, die jedes Verbotsgesetz im Zweifel für ein perfektes erklärt; und § 134 BGB. ist ja nur eine Wiederholung der Konstitution. Endemann[1]) betont die Gefahr der schematischen Regelung, wie sie doch § 134 zweifellos enthält. Diese Gefahr würde unendlich vergrößert werden, wenn nicht das Bürgerliche Gesetzbuch die Bestimmung, die das einzelne Verbotsgesetz über seine zivilrechtliche Wirkung gibt, achten wollte, mag nun dieses Verbotsgesetz ein privatrechtliches oder ein öffentlichrechtliches sein, ein reichsrechtliches oder ein landesrechtliches. Insofern haben alle Verbotsgesetze, mögen sie einem Rechtsgebiet angehören welchem sie wollen, eine privatrechtliche Bedeutung.

Wer wollte auch bezweifeln, daß, wenn das kanonische Recht die ohne das vorgeschriebene Alienationsdekret vorgenommene Ver-

1) **Endemann, Verbotsgesetz, S. 122.**

äußerung für gültig erklärte, diese Gültigkeit auch vom Standpunkt des bürgerlichen Rechts aus anzunehmen wäre?

Also das Kirchenrecht hat zu entscheiden, ob sein Verbot das Geschäft ungültig macht oder nicht. So auch Kormann (S. 16).

Folgerecht stellt er die weitere Frage: Kann das Kirchenrecht — und ebenso jedes andere Landesrecht — die Ungültigkeit, welche die Folge der Verbotsübertretung ist, normieren, wie es will. Hat es etwa völlig freie Hand? Kormann verneint das, da eine so weitgehende Freiheit des Landesrechts eine wahre Buntscheckigkeit hinsichtlich der Rechtsfolgen von Verbotsübertretungen ermöglichen würde, und kommt so zu dem Ergebnis: Das Verbotsgesetz kann nur die privatrechtliche Bedeutungslosigkeit anordnen. Tut es das nicht, so hat nunmehr das Bürgerliche Gesetzbuch zu sprechen und seine Unterscheidungen (§ 134, § 135) treten in Geltung (S. 16).

Kormann äußert selbst seine Bedenken gegen diese Ansicht, und ich finde, daß er wirklich nicht gut tat, ihnen das Gehör zu verweigern. Die innere Stimme täuscht selten. In gewissen Grenzen, scheint mir, darf das landesgesetzliche Verbotsgesetz wohl Normen über die Rechtsfolgen seiner Verletzung aufstellen. Weshalb soll z. B. das Kirchenrecht nicht bestimmen dürfen: Die gegen das Verbot des Bischofs geschehende Veräußerung ist anfechtbar? Hat doch das Verbot gemäß §§ 134, 135 die Nichtigkeit oder relative Unwirksamkeit nur zur Folge, sofern sich nicht etwas anderes ergibt! So ergibt sich aus dem Bürgerlichen Gesetzbuch selbst oft etwas anderes: Gewisse Eheverbote ziehen nur Anfechtbarkeit nach sich, gewisse Verfügungsverbote zwar absolute, aber doch heilbare (konvaleszenzfähige) Unwirksamkeit usw. Es ist nun gar kein Grund dafür vorhanden, weshalb das Bürgerliche Gesetzbuch bei den landesrechtlichen Verbotsgesetzen nur die Alternative der Nichtigkeit und der relativen Unwirksamkeit zulassen sollte.

Nur der eine Vorbehalt ist zu machen — und da treffe ich mit Kormann zusammen — die Sanktionsentziehung des Landesrechts muß von der Art sein, wie sie unser Bürgerliches Gesetzbuch kennt, da sonst eben jene unleidliche Buntscheckigkeit eintreten würde. —

Wenden wir das Gesagte praktisch an, so ergibt sich, daß das kanonische Recht die Folge des Veräußerungsverbots zwar anders bestimmt als das Bürgerliche Gesetzbuch, aber in einer Weise, die Berücksichtigung zuläßt.

Im Sinne der Bürgerlichen Gesetzbuches liegt nach dem früher Ausgeführten ein absolutes Veräußerungsverbot vor. Allerdings ergeht es nicht im öffentlichen Interesse, sondern im Interesse des Beschränkten selbst, z. B. der veräußerungslustigen Pfarre, aber ein relatives Verbot ist es darum doch nicht, da dieses eine dritte, vom Veräußerer verschiedene Schutzperson voraussetzt. Nach dem Bürgerlichen Gesetzbuch würde demnach die Folge unseres Verbots Nichtigkeit sein.

Das kanonische Recht geht soweit nicht. Wenigstens bezeichnet Kormann (S. 9) unter Anführung v. Schultes die verbotene Veräußerung als ein negotium claudicans. Es liege — sagt er — nicht Nichtigkeit vor, sondern eine relative Unwirksamkeit zugunsten des veräußernden Eigentümers; die Unwirksamkeit könne vom Veräußerer geltend gemacht werden, von seinen Rechtsnachfolgern, dem Domkapitel, jedem anderen Geistlichen der Kirche, dem Patron, jedem Katholiken. Es ist das eine Rechtsgestaltung, die zwar mit der relativen Unwirksamkeit im Sinne des § 135 BGB., nämlich im Sinne von ausgeglichener Wirksamkeit, nichts gemein hat, wohl aber als Anfechtbarkeit im Sinne des Bürgerlichen Gesetzbuchs, wenn auch von besonders erleichterter Art, konstruiert werden kann[1]). Für diese wird man sich mithin zu entscheiden haben.

Es fragt sich nur, ob man den Kreis der Anfechtungsberechtigten so weit lassen soll. Daß jeder Katholik Einspruch erheben kann, führt doch zu allzu unsicheren Rechtsverhältnissen. Der Kreis ist daher zu verengen und die Anfechtbarkeit des kanonischen Rechts der des Bürgerlichen Gesetzbuchs mindestens insoweit anzupassen, daß man die katholischen Laien von dem Anfechtungsrecht ausschließt.

Kormann[2]) hält das Veräußerungsverbot für ein relatives im Sinne des § 135. Wie er sich die Relativität denkt, sagt er nicht. Im praktischen Ergebnis dürfte er wohl mit mir zusammentreffen!

---

1) Oben S. 55, 96. Übrigens gebraucht Stutz in Kohlers Encyklopädie, II, S. 955, sogar bezüglich des kanonischen Rechts den Ausdruck „Anfechtung".

2) Kormann, S. 149. Ebenso neigt Seckel in Birkmeyers Encyklopädie, S. 1465 zu § 135. Kormann, S. 151, gesteht unumwunden zu, daß seine „Entscheidung: ‚relative Beschränkungen' eine völlig sichere nicht ist."

2. Negativer Teil: Keine Veräußerungsverbote.

Keine Veräußerungsverbote.

§ 23.

a) Scheinbare Verfügungsbeschränkungen.

I. Es gibt eine Reihe von Fällen, in denen jemand das Recht der Verfügung über fremde Sachen in beschränktem Umfang erlangt und in denen man deshalb von einer Verfügungsbeschränkung zu sprechen geneigt ist. Dieses Wort verleitet dann wieder zur Anwendung des § 135. In Wahrheit liegt eine Verfügungsbeschränkung, wie wir früher sahen, gar nicht vor, sondern nur der Schein einer solchen, und noch weniger liegt eine singuläre Verfügungsbeschränkung vor. Die §§ 134, 135 haben also mit solchen Fällen nichts zu schaffen [1]).

Beispiele sind § 1048 (der Nießbraucher kann über die Inventarstücke innerhalb der Grenzen einer ordnungsmäßigen Wirtschaft verfügen), § 588, § 1074 (der Nießbraucher kann die Forderung kündigen und einziehen, nicht aber abtreten), § 2205 (der Testamentsvollstrecker hat kein unbeschränktes Verfügungsrecht). Über § 2113 ist später zu sprechen [2]).

Hervorzuheben sind gewisse Fälle des Familienrechts. § 1376: Der Ehemann kann beim gesetzlichen Güterstand wohl über das Geld der Frau verfügen, nicht aber z. B. über ihren Wäscheschrank.

§ 1443 verleiht scheinbar dem Mann das Recht der unbeschränkten Verfügung über die Gegenstände des Gesamtguts, und durch den falschen Schein kam Lothar Seuffert [3]) dazu, in § 1445 eine Beschränkung dieses Rechts, eine Verfügungsbeschränkung, ein Veräußerungsverbot, und zwar ein relatives im Sinne des § 135, zu erblicken. Er folgerte daraus, daß dieses Veräußerungsverbot im Konkurs (§ 13 KO.) wegfalle, der Verwalter daher ohne Zustimmung der Ehefrau über das gemeinschaftliche Grundstück verfügen könne. Jäger [4]) und

---

1) Oben S. 24, 28. Vergl. auch S. 85.

2) Unten § 27.

3) L. Seuffert, Konkursprozeßrecht, S. 178.

4) Jäger, Kommentar der Konkursordnung, 1. Aufl., § 13, Note 3. Er nennt Seufferts Beispiel „treffend".

Wurzel[1]) spendeten dieser Argumentation Beifall, während Fuchs[2]) ihr mit Recht widersprach. Später haben Seuffert[3]) und Jäger[4]) sie denn auch preisgegeben. Der Fall zeigt schlagend, zu welchen Irrtümern der Mißbrauch des Wortes Verfügungsbeschränkung und weiterhin die Identifizierung von Verfügungsbeschränkung und Veräußerungsverbot führen können[5]). Der richtige Ausgangspunkt ist der, daß ein Miteigentümer nicht über das ganze Recht verfügen kann, denn dann würde er doch zum Teil über fremdes Recht verfügen. Von dieser Regel macht § 1443 eine beschränkte Ausnahme. Die §§ 1444—1446 stellen fest, daß es im übrigen bei ihr sein Bewenden hat. Die Ausnahme steckt also nicht darin, daß beispielsweise der Mann zur Veräußerung des gemeinsamen Grundstücks der Zustimmung seiner Frau bedarf, sondern umgekehrt darin, daß er allein über den gemeinsamen Schrank verfügen kann. Nach Beendigung der Gütergemeinschaft kommt die Regel wieder zur vollen Geltung (§ 1472). — Das freie Verfügungsrecht des Konkursverwalters läßt sich ganz einfach erklären. Der Konkurs dient den Zwecken der Zwangsvollstreckung. Muß die Frau den Zugriff des Einzelgläubigers in das gemeinsame Grundstück dulden, dann auch den des Konkursverwalters.

Endlich gehören hierhin die Fälle, in denen der Vater und der Vormund im eigenen Namen über Mündelvermögen verfügen. Das Recht dazu steht ihnen nur in gewissen Grenzen zu. Verfügungsbeschränkung im echten Sinne ist das nicht, noch weniger singuläre Verfügungsbeschränkung, Veräußerungsverbot.

Die rechtliche Beurteilung bei Übertretung der Schranken ist nicht allemal gleich. Grundsätzlich kommen die §§ 184, 185 zur

---

1) Wurzel, Die Rechtswirkungen der Zuwiderhandlung gegen ... Veräußerungsverbote, Erlanger Dissertation, Berlin 1901, S. 92.

2) Fuchs, I, S. 164, Note. Die Begründung seines Widerspruchs: „Indessen handelt es sich im Falle des § 1445 nicht um ein bloßes Veräußerungsverbot, sondern um einen Mangel im Recht" lahmt allerdings bedenklich. Das Merkmal der Singularität ist Fuchs bei diesen Worten kaum zum klaren Bewußtsein gekommen.

3) Seuffert, Kommentar zur Zivilprozeßordnung, 8. Aufl., § 772, Note 2 a: „Das Bürgerliche Gesetzbuch enthält kein gesetzliches Veräußerungsverbot der in § 772 bezeichneten Art".

4) Jäger, Kommentar der Konkursordnung, 2. Aufl., § 13, Note 3 b unter Berufung auf Fuchs.

5) Wendt, Archiv für Zivilpraxis 89, S. 47, redet geradezu in den vorliegenden Fällen von Veräußerungsverboten.

Anwendung. Insoweit der Nießbraucher z. B. über die Grenzen der ordnungsmäßigen Wirtschaft hinaus verfügt, steht er genau so da wie der Veräußerer einer völlig fremden Sache. Die Vergeblichkeit seiner Verfügung erklären wir aus dem Mangel des Verfügungsrechts, aus dem Fehlen einer allgemeinen Wirksamkeitsvoraussetzung.

So urteilen wir ferner, wenn der Ehemann beim gesetzlichen Güterstand die Verfügungsschranke durchbricht oder wenn die Frau bei der allgemeinen Gütergemeinschaft eigenmächtig verfügt.

Anders aber, wenn der Ehemann in dem letzten Güterstand oder wenn der Vater oder der Vormund über die ihnen gesetzte Grenze gehen. Hier kommen Sonderregeln zur Anwendung (§§ 1448, 1643, 1829—1832 BGB.).

Zum Schluß sei nochmals darauf hingewiesen, daß die Grenzüberschreitung in den betrachteten Fällen oft *verboten* ist. Vater, Vormund, Ehemann, Nießbraucher usw. machen sich jenachdem schadensersatzpflichtig. Von einem Veräußerungsverbot im technischen Sinne dürfen wir darum doch nicht reden. Hat doch das Verbot hier nichts anomales, nichts singuläres an sich; handelt doch unter Umständen auch, wer eine völlig fremde Sache veräußert, verbotswidrig, und wer hat je in solchem Falle von Veräußerungsverboten gesprochen?[1])

II. In einer Reihe anderer Fälle ist es üblich, von einer *Beschränkung der Vertretungsmacht* zu reden. Aus ihr erklärt man dann das Ausbleiben der Wirkung. Irrtümliche Heranziehung der §§ 134, 135 ist infolgedessen nicht zu befürchten. Beispiel: Der Prokurist veräußert ein Grundstück.

Bisweilen freilich treibt auch in diesen Fällen das Allerweltswort Verfügungsbeschränkung sein Unwesen und gaukelt uns ein nach § 135 zu beurteilendes Veräußerungsverbot vor.

So nennt man wohl die Beschränkungen der Organe juristischer Personen Verfügungsbeschränkungen. Genau dagegen drückt sich § 26 BGB. aus: „Der Umfang seiner *Vertretungsmacht* (nämlich des Vereinsvorstandes) kann durch die Satzung mit Wirkung gegen Dritte beschränkt werden".

Hier sind besonders Vater und Vormund noch einmal zu erwähnen. Meist schließen sie ja die Rechtsgeschäfte *im Namen* ihrer Schützlinge. Wenn der Vormund eine Forderung ohne Ge-

---

1) Oben S. 26.

nehmigung des Gegenvormundes abtritt, so bleibt der Erfolg aus, weil die Vertretungsmacht hierzu fehlt. Und ebenso ist der Fall, daß der Vater oder Vormund ein Grundstück ohne Genehmigung des Vormundschaftsgerichts veräußert, grundsätzlich nicht anders zu beurteilen, als wenn der Prokurist die „Immobilienklausel" mißachtet. Beide Male wird die Sanktion verweigert, und diese Verweigerung liegt in der Rechtskonsequenz. Von einem Veräußerungsverbot, von § 135 sind wir weit entfernt.

Man wird mir die Oratio Severi einwenden. Allein der römische Vormund war ganz anders gestellt als der moderne. Er war vice domini, darum haftete er auch nur für diligentia quam suis, darum war auch sein Diebstahl kein furtum [1]). Da mußte in der Tat die Oratio als singuläre Beschränkung seines Verfügungsrechts erscheinen. Sie ist mit dem Veräußerungsverbot gegen den heutigen Nießbraucher zu vergleichen. Wenn dem letzteren das in § 1048 gewährleistete Verfügungsrecht vom Gesetz aus besondern Gründen genommen wird, so ist das singulär und wir nehmen notgedrungen ein Veräußerungsverbot an. Genau so erklärte sich der Römer die durch die Oratio Severi angeordnete Beschränkung des Vormundes; hatte der letztere doch wie der heutige Nießbraucher ein festes Verfügungsrecht.

Heute ist diese ganze Auffassungsweise nicht mehr berechtigt; die Stellung des Vormundes hat sich von Grund aus geändert, er ist bloß noch ein Generalvertreter. Nur keine falsche historische Pietät! Was praktisch dabei herauskommt, wenn man die Beschränkungen des Vormundes als Veräußerungsverbot auffaßt, zeigt Wendt [2]). Er will an und für sich den guten Glauben des mit dem Vormund kontrahierenden nach § 135 II schützen und entgeht dieser offenbar unrichtigen Folgerung nur mit dem vagen Grunde: Die Normen des Vormundschaftsrechts seien ius publicum, die Beschränkung der vormundschaftlichen Gewalt sei stärker als die Rücksicht auf den guten Glauben. Das Privileg der Minderjährigen sei von jeher das stärkste Schutzgesetz gewesen. — Allein, wo steht etwas von diesem Privileg in unserm Gesetz? Der Grund scheint mir geradezu unrichtig, denn wenn z. B. der Vormund im eigenen Namen ein Grundstück des Mündels, das versehentlich auf seinen

1) Karlowa, Römische Rechtsgeschichte, II, S. 278.
2) Wendt, Archiv für Zivilpraxis 89, S. 79, 80.

Namen eingetragen ist, einem Dritten veräußert, so wird dieser Eigentümer. Sein guter Glaube schützt ihn selbst auf Kosten des Minderjährigen. Man sieht also, daß Wendt den Fehler der Verwechslung von Veräußerungsverbot und Beschränkung der Vertretungsmacht nur dadurch gut macht, daß er einen zweiten begeht [1]).

1) Es wurde der Mangel der Verfügungsmacht von der Beschränkung der Vertretungsmacht unterschieden. Veräußert der Vormund ein Wertpapier des Mündels im eigenen Namen, so erklären wir das Ausbleiben der Wirkung aus jenem, veräußert er es im Namen des Mündels, so aus diesem.

Die Unterscheidung ist nicht ganz unbedenklich, denn man ist vielleicht geneigt, dem zu einer Verfügung Bevollmächtigten Verfügungsbefugnis zuzusprechen. Dann wäre Mangel der Vollmacht Mangel der Verfügungsbefugnis.

Eccius (Deutsche Juristenzeitung 1902, S. 61; dazu Planck, § 177 Note 2) will bekanntlich die Verfügung des Bevollmächtigten wie die Verfügung dessen behandeln, der Einwilligung zur Verfügung erhielt. Er wird also sicher in den zuletzt erörterten Fällen vom Mangel der Verfügungsbefugnis reden.

Die meisten Schriftsteller (Planck a. a. O.) sind mit Recht anderer Ansicht. Aber auch von ihrem Standpunkt aus könnte man dem zur Verfügung Bevollmächtigten Verfügungsbefugnis zusprechen. Nur wäre dann zu unterscheiden: Die Befugnis, im eigenen Namen, und die Befugnis, im fremden Namen zu verfügen. Es gäbe demnach zwei Arten von Verfügungsbefugnis. Wenn z. B. jemand im Namen eines andern eine Sache verkauft, von der er glaubt, daß sie dem andern gehöre, während sie in Wahrheit ihm selbst gehört, so geht kein Eigentum über, denn der Veräußerer hat zwar die Befuguis, im eignen Namen zu verfügen, nicht aber, worauf es hier ankommt, die Befugnis, im fremden Namen zu verfügen.

Indes ich sehe den Nutzen davon, daß man dem zur Verfügung Bevollmächtigten Verfügungsbefugnis zuspricht, nicht ein. Im Gegenteil, es kann nur verwirren. Entscheidend ist, daß für die Vollmacht zur Verfügung alle Vorschriften gelten, die für die Vollmacht zum Rechtsgeschäft überhaupt, speziell zu Obligationen, gelten. Sondervorschriften existieren nicht, also weshalb den Fall der Vollmacht zur Verfügung besonders hervorheben? Vor allem besteht kein Bedürfnis, die Vollmacht zur Verfügung Verfügungsbefugnis zu nennen und mit der Befugnis, im eigenen Namen zu verfügen, auf eine Linie zu stellen. Verfügungsbefugnis ist ausschließlich die Befugnis, im eignen Namen zu verfügen. Der Prokurist hat als solcher keine Verfügungsbefugnis. Wenn er ein Grundstück im Namen seines Herrn veräußert, bleibt die Wirkung aus, weil und nur weil die Vertretungsmacht fehlt. Unsere Scheidung der Fälle, in denen man fälschlich ein Veräußerungsverbot heranzieht, je nach dem Fehlen der Verfügungsmacht und der Beschränkung der Vertretungsmacht ist somit richtig. Natürlich darf man darum nicht die Augen vor etwaigen Ungenauigkeiten

III. Die Aufgabe, den Mangel der Verfügungsbefugnis und die Beschränkung der Vertretungsmacht von dem Veräußerungsverbot zu sondern, ist damit erfüllt. Es bleibt noch eine kontrastierende Bemerkung übrig.

Liegt darin kein Veräußerungsverbot, daß jemand das Recht der Verfügung über fremde Sachen nur in beschränktem Umfang erhielt, so liegt es anderseits wohl vor, wenn dieses in beschränktem Umfang zugestandene Verfügungsrecht ihm vom Gesetz singulärer Weise wieder genommen wird. So nehmen wir keinen Anstand, in der Verwaltungsentziehung des § 1052 ein Veräußerungsverbot zu erblicken. Auch § 2129 kann man hierher stellen. Nicht aber §§ 1444—1446, denn dem Mann wird das Recht, über die Sachen des Gesamtguts zu verfügen, von vornherein nur in gewissen Grenzen verliehen. Unsere frühere Auffassung des § 1445 bleibt also richtig.

Dagegen läßt sich § 1392 als singuläre Verfügungsbeschränkung, als Veräußerungsverbot auffassen. Danach hat die Ehefrau das Recht, unter bestimmten Voraussetzungen die Hinterlegung der ein=

---

in den Gesetzestexten verschließen. § 366 HGB. z. B. versteht unter der „Befugnis des Veräußerers oder Verpfänders, über die Sache für den Eigentümer zu verfügen", gewiß auch die Vollmacht. Dem Käufer nützt es, daß er an die Vollmacht des Agenten glaubte. Daran ist nach der Entstehungsgeschichte des § 366 nicht zu zweifeln. So die herrschende Meinung. A. A. Cosack, Lehrbuch des Handelsrechts, § 28.

Noch ein paar Worte zu der gemachten Unterscheidung speziell hinsichtlich des Vaters und des Vormunds. Ist für sie bei diesen Personen überhaupt Raum? Können diese Personen nicht lediglich im Namen ihrer Schützlinge Verfügungen treffen? Doch nicht!

Daß der Vater über das Kindesvermögen auch im eignen Namen verfügen kann, ist wohl sicher. Hinsichtlich gewisser Sachen ist es geradezu in § 1653 gesagt. Dazu kommt noch ein Indiz aus § 1646. Vor allem aber folgt es aus der Erwägung, daß der Vater Dritten die Einwilligung zur Verfügung über Sachen des Kindes geben kann, dann also wohl auch sich selbst.

Diese Erwägung führt auch beim Vormund zur Bejahung der Frage. Der Umstand, daß im Vormundschaftsrecht eine dem § 1646 entsprechende, gegen Geschäfte des Vertreters im eignen Namen Schutz gewährende Surrogationsvorschrift fehlt, und daß umgekehrt § 1805 dem Vormund verbietet, Vermögen des Mündels für sich zu verwenden, reicht zur Annahme des Gegenteils nicht aus. Sollte — so kann man endlich fragen — der historische Sieg der direkten Stellvertretung ein Sieg bis zur Vernichtung der indirekten gewesen sein? Sicherlich nicht! Vgl. auch Planck, IV, 3. Aufl., § 1793, Z. 8; ferner Biermann, Bürgerliches Recht, § 78.

gebrachten Papiere zu verlangen. „Über die hinterlegten Papiere kann der Mann auch eine Verfügung, zu der er nach § 1376 berechtigt ist, nur mit Zustimmung der Frau treffen." Das in § 1376 gewährte Verfügungsrecht wird somit dem Mann singulärerweise genommen. Der Fall hat weiter kein Interesse, da seine rechtliche Behandlung klar ist. Die eigenmächtige Verfügung des Mannes ist weder nichtig (§ 134) noch relativ unwirksam (§ 135), kann vielmehr konvaleszieren, ist aber bis dahin absolut unwirksam.

An § 1392 klingt § 1819 an, wonach der Vormund über die hinterlegten Kostbarkeiten usw. nur mit Genehmigung des Gerichts verfügen kann. Dennoch stimmt er mit jenem nicht ganz überein, da die Beschränkung des Verfügungsrechts in ihm keine singuläre ist, und zwar deshalb, weil der Vormund das Verfügungsrecht von vornherein nur in schwankenden Grenzen erhielt. Die nach den Umständen (§ 1818) mehr oder minder enge Grenzziehung hat nichts Singuläres an sich. Ein Veräußerungsverbot liegt also in § 1819 nicht vor. — Die rechtliche Behandlung ist übrigens wieder klar. Wenn der Vormund z. B. den hinterlegten Schmuck an die Hinterlegungsstelle veräußert, so ist die Verfügung weder nichtig noch relativ unwirksam, sondern gemäß § 1829 in der Schwebe.

§ 24.

b) Verfügungsbeschränkungen infolge von Rechtskollisionen.

I. Beispiele liefern § 1071: Ein dem Nießbrauch unterliegendes Recht kann durch Rechtsgeschäft nur mit Zustimmung des Nießbrauchers aufgehoben werden . . . Das Gleiche gilt im Falle einer Änderung des Rechts, sofern sie den Nießbrauch beeinträchtigt; § 1276, der für das verpfändete Recht entsprechendes bestimmt; §§ 876, 877: Ist ein Recht an einem Grundstück mit dem Rechte eines Dritten belastet, so ist zur Aufhebung des belasteten Rechts oder zur Änderung seines Inhalts die Zustimmung des Dritten erforderlich.

Wir sahen schon früher, daß in diesen Fällen zwar Verfügungsbeschränkungen vorliegen, aber keine singulären [1]). Die §§ 134, 135 bleiben daher völlig aus dem Spiel und die beliebte Identifizierung von Veräußerungsverbot und Verfügungsbeschränkung zeigt sich, was

1) Oben S. 23, 24.

noch des öfteren geschehen wird, als verkehrt. Nebenbei bemerkt paßt der Ausdruck Veräußerungsverbot hier schon deshalb nicht, weil keine Veräußerungs-, sondern nur eine Aufhebungsbeschränkung vorhanden ist, und gegen die Anwendbarkeit des § 135 spricht ohne weiteres der Umstand, daß es sich hier nicht um den Schutz einer bestimmten Person, sondern eines kollidierenden Rechts handelt.

Unterstehen so die fraglichen Verfügungsbeschränkungen nicht den §§ 134, 135, sondern einer selbständigen Regel, so fragt sich, wie sie lautet. Die Antwort heißt: die widerstreitende Verfügung ist absolut unwirksam, kann jedoch konvaleszieren. Den Beweis dafür liefert allein schon der Wortlaut, da jeder Hinweis auf die Relativität fehlt. Relativität ist nach dem Stande unseres Gesetzes etwas ausnahmsweises und folglich prinzipiell nur da anzunehmen, wo das Gesetz sie eigens ausspricht, sei es unmittelbar an Ort und Stelle, sei es mittelbar durch die Verweisung des § 135. Beides trifft hier nicht zu. Der Wortlaut wird durch die Entstehungsgeschichte unterstützt. Allerdings hat eine Minderheit der Gesetzesverfasser bei Erörterung der §§ 1071, 1276 relative Unwirksamkeit der eigenmächtigen Aufhebung des belasteten Rechts beantragt. Indes, die Mehrheit erwog: Stelle man sich auf den Standpunkt, daß im Falle der Tilgung der Schuld die Forderung nur im Verhältnis zwischen Nießbraucher und Schuldner bestehen bleibe, so werde man zu einer künstlichen Konstruktion eines relativen Rechtsverhältnisses gelangen, welches zu mannigfachen Zweifeln und Verwickelungen Anlaß biete. Richtig sei die Auffassung, daß die den Nießbraucher beeinträchtigenden Verfügungen ipso iure unwirksam seien, weil, soweit das Recht des Nießbrauchers reiche, das Recht des Gläubigers zessiere [1]). Was sodann den § 876 betrifft, so verwarf man ausdrücklich die Zulässigkeit der rechtsgeschäftlichen Aufhebung des belasteten mit Vorbehalt des belastenden Rechts. Sonst würde man, heißt es in den Motiven, zu einem in gewissem Sinne relativen Fortbestand des aufgehobenen Rechts kommen, welcher so weit reiche, wie der Inhalt des vorbehaltenen belastenden Rechts es verlange. Die Verwickelung und Ungewißheit, welche mit einer solchen Relativität verbunden seien, erschienen im praktischen Interesse nicht wünschenswert [2]). Auch die Minderheit stimmte hier zu, freilich nur

---

1) Protokolle zum Sachenrecht, S. 4112—4114 (Mugdan, III, S. 766).

2) Motive zum Sachenrecht, S. 463, Protokolle, S. 3422 ff. (Mugdan. III, S. 258, 259, 534 ff.).

aus dem formalen Grund, weil die Grundbucheinrichtung dem Bestand dinglicher Rechte mit nur relativer Wirkung widerstrebe [1]).

II. Hat so die Absolutheit den Sieg davon getragen, so scheint mir doch, daß den praktischen Rücksichten, von denen sich die Befürworter der Relativität in der Kommission haben leiten lassen, bis zu einem gewissen Grade Rechnung getragen werden kann.

Wenn der Gläubiger z. B. die Forderung ungeachtet des auf ihr lastenden Nießbrauchs erläßt, so ist dieser Erlaß zu einem pactum de non petendo umdeutungsfähig. Der Schuldner kann sich gegen den Gläubiger sowohl wie gegen Dritte, denen dieser die Forderung später abtritt oder die sie später pfänden, auf den so umgedeuteten Erlaß berufen; nur nicht gegen den Nießbraucher. Im Ergebnis wirkt also der Erlaß trotz § 1071 relativ.

Zahlt der Schuldner an den Gläubiger, so wird er freilich nicht frei, ist aber sowohl gegen diesen wie gegen dessen spätere Rechtsnachfolger zur Aufrechnung befugt, natürlich nicht gegen den Nießbraucher.

Noch anders ist es wenn es einem Erbbauberechtigten ausnahmsweise gelingt, sein Recht trotz des darauf lastenden Nießbrauchs zur Löschung zu bringen. Das Erbbaurecht bleibt alsdann voll und ganz bestehen, und jeder Beteiligte kann sich das zunutze machen, ein Gläubiger des Erbbauberechtigten z. B., indem er die Berichtigung des Grundbuchs durchsetzt. Ob aber auch der Erbbauberechtigte selbst den Berichtigungsanspruch gegen den Eigentümer mit Erfolg geltend machen kann? Meines Erachtens hat dieser gegen ihn eine Einrede.

III. Eine Verfügungsbeschränkung der in Rede stehenden Art kommt auch durch die Pfändung einer Forderung zustande.

Es fragt sich indes, ob nicht dieser Verfügungsbeschränkung in Gestalt des sogenannten Inhibitorium ein — allerdings richterliches — Veräußerungsverbot vorausgeht. Dann würden folglich zwei Verfügungsbeschränkungen verschiedener Art miteinander konkurrieren. Das „Gebot an den Schuldner, sich jeder Verfügung über die Forderung zu enthalten“ [2]), kurz, das Inhibitorium wird diesem z. B. heute zugestellt; das „Verbot der Zahlung an den Schuldner“ dagegen, das

1) Vgl. die S. 130 Note 1 angegebene Stelle.

2) Gemeint ist jede, dem Pfändungsgläubiger schädliche Verfügung. Das Gesetz drückt sich mithin ungenau aus. Weshalb soll der Schuldner seine Forderung z. B. nicht zedieren dürfen? Vgl. Freudenthal, Handausgabe der Zivilprozeßordnung, § 829, Note 5.

Arrestatorium, wird dem Drittschuldner erst übermorgen zugestellt. Wenn nun der letztere in der Zwischenzeit, also bevor die Pfändung als bewirkt anzusehen ist (§ 829, Abs. 2), an den Schuldner in Kenntnis des Sachverhalts zahlt, kann sich der Gläubiger dann auf das Inhibitorium berufen?

Ich weiß nicht, ob Turnau-Förster[1]) dieser Frage voll ins Gesicht sahen, als sie schrieben: „Wird der Arrest . . . z. B. in eine Forderung durch Pfändung . . . vollzogen, so wird dadurch ein Pfandrecht . . . begründet, ein Weiteres nicht . . . Soll mit dem Arrestbefehl eine Verfügungsbeschränkung (Veräußerungsverbot) verbunden werden, so kann dies nur durch besondere Anordnung mittels einer einstweiligen Verfügung geschehen." Denselben Zweifel lassen andere Schriftsteller übrig, die sich in gleichem Sinne ausdrücken, z. B. Baron[2]), Bekker[3]), Predari[4]).

Faßt man das Inhibitorium als regelrechtes Veräußerungsverbot auf, so ergeben sich daraus nicht geringe praktische Folgen. Pfändet ein anderer in der Zwischenzeit die Forderung, so ist sein Pfandrecht dem ersten Gläubiger gegenüber unwirksam (§ 135 BGB.). Dem zweiten Gläubiger soll der Forderung nicht überwiesen werden (§ 772 CPO.); die Pfändung selbst verbietet § 772 nicht. Vor allem aber muß dann die Frage, von der wir ausgingen, bejaht werden.

An und für sich wären diese Konsequenzen zu ertragen. Aber wie lange soll das Veräußerungsverbot bestehen? Eine Grenze ist nicht gesetzt, was um so mehr auffallen muß als § 845 CPO. im Fall der sog. Vorpfändung eine Frist von drei Wochen bestimmt. Aus diesem Mangel folgt doch wohl, daß das Inhibitorium nach der Ansicht des Gesetzes keine selbständige Bedeutung haben soll. Es ist nur als Reflex des Pfandrechts gedacht. Dementsprechend lehrt Petersen[5]) sogar, daß, wenn die Zustellung des Pfändungsbeschlusses an den Drittschuldner später geschieht als die an den Schuldner, die letztere wiederholt werden muß.

IV. Erzeugen die Rechtskollisionen grundsätzlich absolute Verfügungsbeschränkungen, so doch ausnahmsweise auch relative.

---

1) Turnau-Förster, I, S. 260.
2) Baron, Pandekten, 8. Aufl., S. 241.
3) Bekker, Pandekten, I, S. 353.
4) Predari, Grundbuchordnung, S. 192.
5) Petersen, Kommentar, § 829, Note 8.

1. § 1124. Die Hypothek erstreckt sich auf die Mietzinsforderung. Zieht der Eigentümer die letztere ein, so ist die Verfügung dem Hypothekengläubiger gegenüber unwirksam, soweit sie sich auf den Mietzins für eine spätere Zeit als das zur Zeit der Beschlagnahme laufende und das folgende Kalendervierteljahr bezieht. Das praktische Ergebnis ist demnach, daß der Mieter nur vom Hypothekengläubiger, genauer, vom Zwangsverwalter zur wiederholten Zahlung angehalten werden kann. Dritte dagegen können von der Unwirksamkeit keinen Vorteil schöpfen, z. B. nicht durch Ausbringung einer Pfändung.

Wie man sich das theoretisch zurechtlegen soll, ist nicht ganz einfach. Ich verweise auf S. 63. Doch besteht insofern ein Unterschied, als hier der Geschützte bereits Gläubiger des Schuldners ist. Die Frage dürfte mit dem Grundproblem des Rechts am Recht zusammenhängen.

Die Vorarbeiten heben die Relativität nicht besonders hervor, geben auch keine Gründe für die Abweichung von dem in § 1071 usw. gewählten fast programmatischen Standpunkt an. Gleichwohl läßt sich angesichts der ständigen Wiederholung der typischen Worte „dem Gläubiger gegenüber wirksam, unwirksam" an der Annahme der Relativität nicht vorbeikommen.

2. § 1128 lautet etwas anders: Ist ein Gebäude versichert, so kann der Versicherer die Versicherungssumme mit Wirkung gegen den Hypothekengläubiger erst zahlen, wenn usw. Doch soll wohl auch damit die Relativität der Verfügungsbeschränkung ausgedrückt sein. Die Relativität ist um so bemerkenswerter als im übrigen hier die für eine verpfändete Forderung geltenden Vorschriften Anwendung finden, nach diesen aber die kollidierende Verfügung absolut unwirksam ist. Mit Rücksicht auf das zu II. Gesagte scheint mir freilich ein praktischer Unterschied zwischen absoluter und relativer Unwirksamkeit hier kaum zu bestehen.

3. Um Dinge von praktischer Tragweite dagegen handelts sich in einem andern, von der Praxis sozusagen entdeckten Fall, wo wieder eine Rechtskollision bloß relative Unwirksamkeit nach sich zieht.

Bekanntlich kann der Miterbe über seinen Anteil im ganzen wohl verfügen, nicht aber über seinen Anteil an den einzelnen Gegenständen. Ein Pfandrecht am Erbteil kann daher vorkommen, nicht aber ein Pfandrecht an den Einzelanteilen, und ferner ist jenes Pfandrecht nicht auf die Nachlaßgrundstücke eintragbar. Alles das ist sicher.

Wie nun, wenn die Erben gemeinsam ein Nachlaßgrundstück verkaufen? Dadurch würde der Erbteil beeinflußt, und gegen diesen Einfluß muß das Pfand geschützt werden, sonst verfehlt es seinen Zweck. Aber worin soll der Schutz bestehen? Ist etwa die Veräußerung unwirksam? Bleiben die Miterben Eigentümer — im Interesse des einen Pfandgläubigers? Dafür spricht § 1276 II. Liegt doch in der Veräußerung des Grundstücks eine Änderung des Erbteils, und solche Verfügungen sind nach § 1276 II absolut unwirksam.

Allein § 1276 behandelt nur das Pfand an Einzelrechten, nicht auch an Vermögensinbegriffen. Das Gesetz hat Fälle unserer Art gar nicht berücksichtigt. Mit Recht nimmt deshalb die Rechtsprechung [1]) an, daß das Pfandrecht am Erbteil die Veräußerung eines Nachlaßgrundstücks nicht hindere; nur muß sich der Erwerber gefallen lassen, daß der Geschützte in dem Auseinandersetzungsverfahren die Verwertung des Grundstücks so betreibt, wie wenn die Veräußerung überhaupt nicht geschehen wäre [2]). Im praktischen Ergebnis ist es mithin für den Pfandgläubiger, und zwar speziell für ihn, so, als ob das Grundstück noch zum Nachlaß gehörte. Das mag man als relative Unwirksamkeit der schädlichen Veräußerung bezeichnen. Der Miterbe wird durch die Verpfändung des Erbteils in der Verfügung auch über die Anteile an den Einzelsachen beschränkt, und zwar relativ. Die Praxis [3]) läßt die Eintragung dieser Verfügungsbeschränkung mit gutem Grund zu.

1) KG. Jahrbuch 25 A, S. 119 (1903). „Der Pfandschuldner darf über seinen Erbteil nicht mehr verfügen. Darin liegt zugleich das Verbot, in Gemeinschaft mit den Miterben über die einzelnen Nachlaßgegenstände zu verfügen. Nun ist allerdings das Verfügungsverbot kein absolutes, es verhindert nicht jede Disposition, sondern nur eine Verfügung zum Nachteil des Pfandgläubigers. Mit diesem Vorbehalt kann also der Pfandschuldner an der Veräußerung von Nachlaßgegenständen teilnehmen" . . . Anders freilich KG. in OLG. 12, S. 367 (1906), wo es im Anschluß an § 1276 BGB. heißt, „daß der Erbe infolge der Pfändung nicht befugt ist, in Gemeinschaft mit den Miterben ohne Zustimmung des Gläubigers über das Nachlaßgrundstück zu verfügen." Also Brachlegung des Grundstücks wegen des Pfandrechts! Diese Meinung, die auch von Kretzschmar, Recht XII, S. 268, Note 10, vertreten wird, widerspricht der sonstigen Tendenz des Gesetzes, Mittel und Zweck nach Möglichkeit in Harmonie zu bringen. Ich folge daher der erstangeführten Entscheidung.

2) So auch Kretzschmar a. a. O., Text zu Note 9, für den von seinem Standpunkt aus ordnungswidrigen Fall, daß den Erben eine Verfügung ohne Zustimmung des Pfandgläubigers gelang.

3) Vgl. die soeben angeführten Entscheidungen des Kammergerichts dazu noch die in OLG. 7, S. 345.

§ 25.

c) Verfügungsbeschränkungen infolge von revokabeln Rechten.

α) Bedingung, Befristung.

I. Gesetzt, daß jemand eine Sache unter einer aufschiebenden Befristung, etwa mittels constitutum possessorium, verkauft und übereignet, so ist jede weitere Verfügung, die er in der Schwebezeit trifft, bei Eintritt des Termins insoweit unwirksam, als sie die von dem Termin abhängige Wirkung vereiteln oder beeinträchtigen würde. So stehts in §§ 161, 163.

Der Verkäufer erleidet also in Fällen dieser Art eine Verfügungsbeschränkung, aber, wie bereits hervorgehoben wurde[1]), keineswegs eine singuläre. Sie ist daher nicht nach den §§ 134, 135 zu beurteilen, sondern steht unter selbständigen Grundsätzen. Wieder stellt sich heraus, daß die Begriffe Verfügungsbeschränkung und Veräußerungsverbot sich nicht decken.

Die weitaus herrschende Meinung[2]) nimmt denn auch an, daß die kollidierende Verfügung nicht etwa relativ, sondern absolut unwirksam sei, wenngleich bei manchem Schriftsteller der verkehrte Gedanke durchschimmert, als ob die Absolutheit eine Ausnahme von § 135 sei[3]). Nur Düringer-Hachenburg[4]) treten unter Berufung auf eben diesen Paragraphen für relative Unwirksamkeit ein. Unbestreitbar ist selbstverständlich die Konvaleszenz.

Zweifellos hat die herrschende Meinung Recht. Für sie spricht zunächst der Wortlaut des § 161. Es heißt einfach, daß die Verfügung unwirksam sei, und wir erinnern uns wieder daran, daß relative Unwirksamkeit nur an den Stellen anzunehmen ist, an denen sie vom Gesetz geradezu ausgesprochen wird oder die von der Verweisung des § 135 getroffen werden. Beides ist hier nicht der Fall. Daß sodann der Wortlaut mit Vorbedacht gewählt worden ist, beweist die Entstehungsgeschichte. Die Motive[5]) führen in aller Breite aus, daß in § 161 (§ 135 des ersten Entwurfs) kein Veräußerungs-

---

1) Oben S. 25.

2) Biermann, Bürgerl. Recht, S. 298; Fuchs, I, S. 164; Güthe, I, S. 221; Hellwig, Rechtskraft, S. 110; Planck, § 161, Z. 1; Wendt, ArchCivPrax. 89, S. 51 usw.

3) Vgl. z. B. Biermann a. a. O.

4) Düringer-Hachenburg, S. 460.

5) Motive zum Allgemeinen Teil, S. 259, 260 (Mugdan, I, S. 496).

verbot vorliege, sondern das, was sie eine „sachliche Gebundenheit" nennen. Diese Gebundenheit sei eine absolute, bleibe auch im Konkurs des bedingt Verfügenden bestehen, hindere anderseits nicht die Zwangsvollstreckung in den von der Verfügung betroffenen Gegenstand. Die nur für Veräußerungsverbote geltenden § 13 KO. und § 772 ZPO. seien mithin hier nicht anwendbar. Den Ausschlag gibt endlich meines Erachtens die sachliche Erwägung, daß der bedingte Erwerb existente condicione dem unbedingten völlig gleichgestellt sein soll. Die Tendenz des Gesetzes ist, jenen diesem soweit als möglich zu nähern. Bedeutet die Zulassung der Bedingung und des Termins im Recht, also die Idee der sukzessiven Rechtswirkung, der Trennung von Ursache und Wirkung einen ungeheuren Fortschritt, so bedeutet jede Entscheidung, die die Parallele von bedingtem und unbedingtem Erwerb nicht innehält, einen Rückschritt.

Diese Erwägung hat ihren Wert, wie man sich auch die Relativität vorstellen mag. Daß übrigens hier eine Relativität im Sinne des § 135, nämlich im Sinne von ausgeglichener Wirksamkeit nicht denkbar ist, sondern nur eine solche im Sinne von Anfechtbarkeit, wurde schon früher (S. 55) bemerkt.

II. Die Behauptung, daß die in § 161 angeordnete Verfügungsbeschränkung nicht singulär sei, bedarf noch der Erläuterung. Sie wird uns auch erst recht deutlich zeigen (III), wie es um die „absolute Unwirksamkeit" hier bestellt ist!

Ein Beispiel bringt uns am schnellsten vorwärts. Jemand bestellt ein Erbbaurecht für 10 Jahre. Dafür, daß dies zulässig ist, sind das Reichsgericht [1]) und die Mehrheit der Schriftsteller [2]). Wir haben es also mit einem zeitlich beschränkten Recht zu tun. Da nun kein Quell mehr Wasser gibt als er hat, so ist es selbstverständlich, daß der Erbbauberechtigte nur auf 10 Jahre über sein Recht verfügen kann. Wenn man das Verfügungsbeschränkung nennen will, so ist sie doch nur das Spiegelbild der Rechtsbeschränkung.

Etwas anders liegt das Beispiel, daß jemand einem Dritten auf ein Jahr Eigentum überträgt, z. B. an einem Wanderpreis. Man [3]) unterscheidet bekanntlich Bestand eines Rechts und Zuständigkeit desselben. Dies hier angewandt, ist das Recht als solches ein ewiges, die Zuständigkeit des Erwerbers dagegen eine zeitliche. Der

1) RG. 61, 1.
2) Vgl. **Planck**, III, Bemerkung 5 vor § 1012.
3) E. J. **Bekker**, ZVerglR. 2, 27 ff.

Unterschied gegenüber dem vorigen Fall ist der, daß dort auch der Bestand des Rechts als solcher ein zeitlicher ist. Nun ist klar, daß ein vorübergehender Rechtsträger auch nur für die Dauer seiner Herrschaft verfügen kann. Nemo plus iuris transferre potest quam ipse habet. Die Verfügungsbeschränkung ist auch hier die Konsequenz der Rechtsbeschränkung. Nur bezieht sich die Beschränkung hier nicht auf den Bestand des Rechts, sondern auf die Zuständigkeit des Verfügenden zu dem ewigen Recht.

Was so die Beispiele klar zeigen, wird durch eine einfache Überlegung bestätigt. Man hat über die als Folge einer bedingten Veräußerung beobachtete Gebundenheit viel meditiert und spekuliert [1]). Falsch ist es offenbar, den „Anfall" aus der Gebundenheit oder aus einem Veräußerungsverbot herzuleiten. Das liefe darauf hinaus, daß jemand eine Sache deshalb erwerbe, weil der Eigentümer sie nicht veräußern könne. Die Negation kann die positive Wirkung nun und nimmer erklären.

Aber worauf beruht denn die positive Wirkung? Mir scheint: Daß jemand, der sich heute zum 1. Januar 1910 Eigentum an einer Sache übertragen läßt, existente die Eigentum erwirbt, — das läßt sich nicht weiter erklären. Das ist positives Recht. Man muß es eben hinnehmen und freudig hinnehmen, daß das Gesetz über das Prinzip der Simultaneität hinausgeschritten ist. Es ist nicht mehr notwendig so, daß die Wirkung dem Rechtsgeschäft folge wie der Blitz dem Donner. Der elektrische Strom kann meilenweit geleitet werden und kommt zur Erscheinung und Wirksamkeit an einer Stelle, fern von dem Ort seiner Erzeugung. So können auch das Rechtsgeschäft und der Rechtseffekt durch eine lange Zeitspanne getrennt sein. Heute übertrage ich jemand das Recht: er erlangt es kraft einer Klausel erst bei meinem Tode, nach zehn Jahren usw.

Nehmen wir so dieses nicht weiter erklärbare Rechtsphänomen als etwas Gegebenes hin, mit dem nunmehr zu rechnen ist, so ist nichts selbstverständlicher, als daß der Veräußerer durch seine befristete Übertragung gebunden wird, daß er eine Verfügungsbeschränkung erleidet. Ihm steht das Recht nur bis zu seinem Tode, nur noch auf zehn Jahre zu; nur für diese Zeit kann er folglich noch verfügen. Einen Teil seines Rechts gab er hin, zu seinem Belieben steht nur noch der Rest.

---

1) Windscheid-Kipp, I, § 89, Noten 3, 4.

Es ist eine Art Mitherrschaft zwischen ihm und dem Anfallsberechtigten da. Jedoch ist es nicht eine solche im Raum, das Miteigentum im gewöhnlichen Sinne, sondern eine in der Zeit. Die Parteien haben das Recht nicht gleichzeitig und deshalb zum Teil, sondern der eine hat die Sache heute, der andere morgen. Ihr Miteigentum verhält sich zu dem gewöhnlichen Miteigentum wie die fideikommissarische Substitution zur Institution der coheredes

Durch das Gesagte berühre ich mich mit Bekker. „Bei bedingter Übertragung — heißt es bei ihm[1]) — entsteht meist ein eigentümliches, an das Miteigentum erinnerndes Gemeinschaftsverhältnis unter den Beteiligten . . . Keiner von beiden ist zur Zeit Alleinherr des bedingt übertragenen Rechts, jeder wird durch die dem anderen zustehenden Befugnisse beschränkt, aber beide zusammen vermögen gerade soviel wie sonst ein Alleinherr . . .!" Diese Bemerkung gehört zum Feinsten von dem, was über die fragliche Erscheinung gesagt worden ist, leider hat man sie nicht gebührend beachtet.

In der Tat: die Verfügungsbeschränkung ist in § 161 lediglich die Folge der beschränkten Rechtszuständigkeit. Wenn man das nicht erkannt hat, so liegt es daran, daß die zeitlich beschränkten Rechte — beschränkt sei es in ihrem objektiven Bestand, sei es hinsichtlich ihrer subjektiven Zuständigkeit — überhaupt von der Theorie vernachlässigt worden sind. Am ehesten kam das Problem noch beim deutschen Fideikommiß zum Bewußtsein. Wie sagen doch die Germanisten? ex pacto et providentia maiorum! Der Stifter verteilt das Eigentum sozusagen in Stücken nacheinander. Sodann ist man von dem Satz hypnotisiert, daß in aller Regel der Eigner eines Rechts darüber beliebig verfügen könne. In Wahrheit ist der Satz bereits die spezielle, und zwar nicht ganz korrekte, Anwendung des allgemeineren Satzes, daß jemand, dem ein Recht zusteht, eben deshalb auch darüber verfügen kann. Nun kommt es darauf an, wie lange ihm das Recht zusteht: Der vorübergehende Rechtsträger kann auch nur vorübergehend übertragen.

III. Ist das alles richtig, dann kommt der kollidierenden Verfügung des bereits durch eine bedingte Veräußerung Gebundenen notwendigerweise eine gewisse Wirkung zu. Daß sie absolut unwirksam sei, ist nur insofern richtig, als sie nicht relativ unwirksam ist, aber

1) Bekker, Pandekten, II, S. 140.

im übrigen mit einem starken Korn Salz zu verstehen. Soweit die Verfügungsbefugnis des Veräußerers reicht, tritt die Wirkung ein und bleibt sie in alle Ewigkeit bestehen; soweit sie nicht reicht, tritt sie nicht ein. Das bedeutet also, daß der Zwischenmann Eigentum erlangt, aber nur bis zum Eintritt der Bedingung oder des Termins, und daß es dann auf den Anfallsberechtigten übergeht. Die Reihenfolge der Eigentümer ist mithin: Veräußerer, Zwischenmann, Anfallsberechtigter. Die Zwischenverfügung ist nur in dem Sinne absolut unwirksam, daß sie für die Zeit nach Eintritt der Bedingung oder des Termins keine Wirkung hat. Bis dahin aber hat sie Wirkung.

Diese Wirkung wird nicht etwa existente condicione ungeschehen gemacht. Das hieße der Bedingung in gewissen Sinne rückwirkende Kraft zusprechen. Man kann Rückwirkung in doppeltem Sinne auffassen. Erstens so, daß der Anfalls- (oder Rückfalls-)berechtigte existente condicione ex tunc Eigentümer werde. Diese Ansicht ist vom Bürgerlichen Gesetzbuch unzweideutig abgelehnt worden, und nur Landsberg[1]) vertritt sie anscheinend für den Fall der Resolutivbedingung noch. Sie schießt übers Ziel hinaus, denn sie führt zur Vernichtung nicht nur der dem Anfallsberechtigten ungünstigen, sondern auch der ihm günstigen vom Veräußerer in der Zwischenzeit getroffenen Verfügungen. Zweitens so, daß die kollidierenden Verfügungen des Veräußerers bei Eintritt der Bedingung ex tunc vernichtet werden, er folglich als ununterbrochener Eigentümer gilt und das Recht unmittelbar von ihm auf den Anfallsberechtigten überspringt. Gegen diese Rückwirkung, die von v. Schwerin[2]) und wohl auch von Biermann[3]) angenommen wird, sprechen genau dieselben Gründe wie gegen die vorige. Auch sie schießt übers Ziel hinaus; denn wenn der Zwischenmann ex tunc sein Eigentum ver-

1) Landsberg, Das Recht des Bürgerlichen Gesetzbuchs I, S. 236: Bei Eintritt der Resolutionsbedingung stellt sich heraus, daß der Veräußerer „nicht aufgehört hatte, Eigentümer zu sein". Bei der suspensiv bedingten Verfügung dagegen ist „zu einer Rückziehung . . . kein Platz", S. 235.

2) v. Schwerin, Beiträge zur Erläuterung des Begriffs der Rechtsnachfolge, Teil VI.

3) Biermann, Bürgerliches Recht, S. 298, 300, 302, insbesondere S. 298, Note 7. Landsberg a. a. O., S. 235, drückt sich so aus: Die zwischenzeitigen Verfügungen des Veräußerers „fallen mit Eintritt der Suspensivbedingung" hinweg. Das scheint, verglichen mit dem S. 236 bb Gesagten, gleichfalls als Rückwirkung in dem hier fraglichen Sinne verstanden werden zu müssen. Vergl. noch das in den Nachträgen gegen Hellwig Bemerkte.

liert, fallen zugleich die von ihm getroffenen günstigen Verfügungen weg, anstatt daß sie dem Anfallsberechtigten zugute kommen. Die ratio legis ist: Alle günstigen Verfügungen der Zwischenzeit sollen dem bedingten Erwerber zum Nutzen gereichen, mögen sie vom Veräußerer oder dessen Rechtsnachfolger, dem Zwischenmann, herrühren. Deshalb tritt keine Rückwirkung ein, weder in dem Sinne, daß der Veräußerer ex tunc das Eigentum an den Erwerber, noch in dem Sinne, daß der Zwischenmann es ex tunc an den Veräußerer verliert.

Dazu paßt der Wortlaut des § 161 vortrefflich. Die zwischenzeitlichen Verfügungen sind insoweit unwirksam als . . . Kann es nun dem Anfallsberechtigten nicht gleichgültig sein, ob der Veräußerer Eigentümer geblieben ist oder ob ein anderer in das Interregnum eintrat? Weshalb soll er dem letzteren die Früchte nicht gönnen, die dieser während seiner Ägide aus der Sache zog? Weshalb nicht die Hälfte des Schatzes, der während dieser Zeit in der Sache gefunden wurde? (§ 984).

Nach Mitteis [1]) soll es sich auch im Römischen Recht schon so verhalten haben. Es „werden — schreibt er — die in der Zwischenzeit vom Belasteten begründeten Drittrechte jetzt zwar beendet, soweit sie dem Recht des Erwerbers entgegenstehen; aber eben auch nur beendet — nirgends in den Quellen so betrachtet als ob sie nie zustande gekommen wären“ [2]).

IV. Wiewohl demnach die erörterte Verfügungsbeschränkung eine absolute ist, so erzeugt sie doch nicht etwa eine Sperre. Es entbehrt nicht der Pikanterie, daß sie in diesem wichtigen Punkt dem relativen Veräußerungsverbot näher steht als dem absoluten, und so begreift man auch, weshalb die Motive mit einer fast komischen Hartnäckigkeit dreimal versuchen, den Unterschied, der trotzdem zwischen ihr und dem letzteren besteht, herauszufinden. Meines Erachtens ist es jedesmal beim Anlauf geblieben. Mir scheint das punctum saliens dieses zu sein: Das relative Veräußerungsverbot sperrt zwar nicht, aber es widersetzt sich der Veräußerung in anderer Weise, indem es ihre Wirkung durch Gegenwirkung in gewissem Umfang paralysiert. Das Anfallsrecht dagegen widersetzt sich der Veräußerung in keiner Weise, weil es dadurch nicht berührt wird. Dort kommt der Ge-

1) Mitteis, Römisches Privatrecht, S. 174.

2) Motive zum Allgemeinen Teil, S. 260, zum Sachenrecht, S. 219, zum Erbrecht, S. 115. (Mugdan, I, S. 496, III, S. 121. V, S. 61.)

schützte nur dadurch zu dem ihm Gebührenden, daß die zwischenzeitliche Verfügung in gewissem Umfang ungeschehen gemacht wird; hier kommt er dazu, ohne daß solches nötig wäre.

§ 26.

Fortsetzung.

Wie beim relativen Veräußerungsverbot das Verhältnis des Geschützten [1]), so verdient hier das Verhältnis des Anfalls- bezw. Rückfallsberechtigten zum widerstreitenden Erwerber, — Zwischenmann nannten wir ihn kurz — eine nähere Betrachtung.

Der wesentliche Unterschied gegenüber dem früheren Fall ist natürlich der, daß Anfall und Rückfall ipso iure, ohne, ja wider den Willen des Zwischenmanns geschehen. Es bedarf nicht der Mitwirkung des letzteren, es bedarf keines rechtsbegründenden Parteiaktes mehr.

Die Frage aber bleibt die gleiche: Wird der neue Erwerber Rechtsnachfolger des Zwischenmanns?

Nun ist zur Zeit kein Begriff umstrittener als der der Rechtsnachfolge. So viel scheint mir sicher, daß er an und für sich in ganz verschiedener Weise gebildet werden kann. Gesetzgeber und Wissenschaft haben die Wahl zwischen verschiedenen Möglichkeiten. Die Frage ist nur, für welche Möglichkeit sich unser Gesetz entschieden hat, ja wahrscheinlich ist die Frage überhaupt nicht einheitlich zu beantworten. Von Schwerin ist dementsprechend in seiner zitierten Untersuchung [2]) vorgegangen. Die endgültige Arbeit dürfte trotz Hellwig noch nicht getan sein.

Bei diesem status causae ist es aussichtslos, sich einen bestimmten Begriff a priori zu bilden und mit ihm an die Fälle heranzutreten. Es wird sich vielmehr zeigen, daß die praktischen Fragen auch ohne das mit ziemlicher Sicherheit entschieden werden können. Die Entscheidungen liefern umgekehrt Material für die Bildung des Rechtsnachfolgebegriffs. Damit muß es hier sein Bewenden haben.

I. Sicher kann der Zwischenmann das Recht des Anfallsberechtigten — nur von diesem sei zunächst die Rede — günstig beeinflussen. Das sahen wir bereits. Er kann es ebensogut wie der Veräußerer selbst. Auf der Sache lastet z. B. ein Pfandrecht oder Nießbrauch. Der Pfandgläubiger oder Nießbraucher verzichtet dem

1) Oben S. 69.
2) Oben S. 139.

Zwischenmann gegenüber auf das Recht. Oder im Fall der bedingten Auflassung eines Erbbaurechts [1]) wird von dem Zwischenmann eine Wegegerechtigkeit zugunsten des Erbbaurechts bestellt. Oder der Zwischenmann kündigt die zinslose, auf Kündigung gestellte Forderung. Der Schuldner gibt ihm einen Schuldschein, er bestellt ein Pfand, er verspricht erhöhte Zinsen usw. Stets hat der Anfallsberechtigte den Vorteil davon [2]). Seine Rechtslage bestimmt sich nach der seines „Vormannes".

Anderseits leitet er seinen Rechtserwerb nicht vom Vormann ab. Hatte der Veräußerer ein anfechtbares Recht, so erwirbt vielleicht der Zwischenmann ein unanfechtbares, der Anfallsberechtigte ein anfechtbares, oder umgekehrt, je nachdem wer hinsichtlich des Mangels im guten Glauben war und wer nicht.

Hat der Veräußerer überhaupt kein Eigentum, so gilt Entsprechendes. Ist z. B. der Zwischenmann gutgläubig, der andere nicht, so erlangt jener Eigentum, dieser nicht, und umgekehrt.

Wie verhält es sich nun mit der Erstreckung der Rechtskraft? Nehmen wir einmal an, daß eine Zwischenverfügung nicht stattgefunden habe, so ist zwar sicher, daß der Anfallsberechtigte Rechtsnachfolger des Veräußerers wird; anderseits ist sicher, daß die zwischenzeitlichen Prozesse des Veräußerers den Erwerber **nicht** berühren. Das hat meines Erachtens **Strohal** [3]), dem sich **Rich. Schmidt** [4]) anschließt, nachgewiesen. Der entscheidende Grund ist der, daß die die Rechtsnachfolge **begründenden Tatsachen vor** der Rechtshängigkeit eintreten. Man braucht nicht einmal so weit zu gehen, daß man sagt: Das Anfallsrecht ist bereits ein subjektives Recht, deshalb ist auch die Rechtsnachfolge selbst bereits sogleich eingetreten.

Erst recht findet natürlich keine Rechtskrafterstreckung im Verhältnis des **Zwischenmannes** zum Anfallsberechtigten statt. Das folgt schon aus dem Satz a maiore ad minus.

II. Bei der **auflösenden** Bedingung (und Befristung) ist die Sache noch einfacher. Am besten läßt man den Zwischenmann zu-

---

1) Ihre Zulässigkeit ist, wie man weiß, bestritten. Dafür **Fuchs**, I, § 1015, Note 2a. E.; dagegen **Planck**, III, § 1017, Note 3a.

2) Der Schuldner kann freilich das Gegenteil ausmachen, z. B. daß die Erhöhung der Zinsen nur dem Zwischenmann zugute kommen soll.

3) **Strohal**, Grenzen der Urteilsrechtkraft, S. 25, VII.

4) **Rich. Schmidt**, Lehrbuch des deutschen Zivilprozeßrechts, 2. Aufl., S. 766, Note 1.

nächst beiseite und prüft nur das Verhältnis des „Erwerbers“ zum Rückfallberechtigten.

Sicher kann der erstere die Rechtslage des letzteren günstig beeinflussen. Das sahen wir gleichfalls schon. Vergebens beruft sich v. Schwerin [1]) dagegen auf § 158: „Der frühere Rechtszustand tritt wieder ein“. Die Worte haben einen andern Sinn, eine andere Richtung, wie sich alsbald zeigen wird. Wenn der Erwerber die zinslose Forderung kündigt, so ist schlechterdings nicht einzusehen, weshalb das dem Rückfallsberechtigten nicht zum Vorteil gereichen soll.

So hängt also die Rechtslage des Wiedererwerbers von der seines Vormannes ab. Das kann man als Rechtsnachfolge bezeichnen. Hellwig nimmt sie bekanntlich hier an [2]).

Anderseits ist zweifellos, daß der Rückfallsberechtigte seinen Erwerb sich selbst verdankt. Das beweist ohne weiteres das Strohalsche Beispiel [3]), daß er ein anfechtbares Recht unter einer Resolutivbedingung übertrug. Der Erwerber erlangt nämlich das Recht kraft seines guten Glaubens als unanfechtbares; bei ihm aber wird es demnächst wieder wie es war. Ein anderer Fall: Die Sache gehörte dem Veräußerer nicht, er selbst wußte das nicht, wohl aber der Käufer. Der letztere erwirbt folglich kein Eigentum, aber auch der Veräußerer erwirbt es demnächst nicht — trotz seines guten Glaubens [4]).

Die Richtigkeit dieser Entscheidungen bedarf keines Beweises, wird aber zum Überfluß noch durch § 158 bewiesen: Der frühere Rechtszustand tritt wieder ein!

Die Fälle zeigen auch die Unrichtigkeit der landläufigen Definition der Resolutivbedingung. Man vergleiche mit ihnen den Fall, daß jemand wissentlich eine fremde Sache an einen Gutgläubigen veräußert und sie kurz darauf sich in einem zweiten selbständigen Akt unter einer aufschiebenden Bedingung zurückübertragen läßt. Er wird in der Tat demnächst Eigentümer, er hat das richtige Mittel gewählt, sich schnell und sicher trotz seines schlechten Glaubens zum Eigentümer zu machen. Die Verfügung unter einer auflösenden Be-

1) v. Schwerin, Rechtsnachfolge, S. 85.

2) Hellwig, Rechtskraft, S. 111 ff.

3) Strohal, Erbrecht I, S. 11, Note 3. Vgl. auch Strohal, Grenzen der Urteilsrechtkraft, S. 30, 31.

4) Wenn der Erwerber gutgläubig ist, mithin Eigentümer wird, so nützt das dem andern wieder nicht, mag er selbst gut- oder schlechtgläubig sein.

dingung ist dagegen ein solches Mittel nicht. Das Gesetz sieht in der Verabredung des Rückfalls keinen selbständigen Akt, der dem Tradenten verschaffen könnte, was er nicht hat. Die Verabredung bedeutet nur, daß der frühere Rechtszustand wieder eintritt. Aus der Unselbständigkeit der Rückfallsklausel erklärt sich auch, weshalb keine Rückübertragung, keine Rückeintragung nötig ist. Die Anschauung des Gesetzes ist gewissermaßen die: Dem Eigentümer steht sein Recht für ewige Zeiten zu. Aus seiner — sagen wir — hundertjährigen Zuständigkeit überträgt er ein zeitlich begrenztes Stück einem andern. Den Rest *behält* er, er erhält ihn nicht etwa zurück.

Das Ergebnis ist, daß der Rückfallsberechtigte seinen Erwerb *von sich selbst* ableitet. Sein Erwerb ist recht eigentlich *deduktiv*. Er hat, *weil* er hatte und sich vorbehielt; er hat aber auch nur, *was* er hatte und sich darum vorbehalten konnte.

Um nun zur Frage der Rechtskrafterstreckung überzugehen, so ist für sie entscheidend, daß der Tradent seinen Wiedererwerb von dem prozessierenden Empfänger in keiner Weise ableitet. Darauf kommt es in § 325 ZPO. wohl an. Rechtsnachfolge ist dort als abgeleiteter Erwerb verstanden, als ein Erwerb, davon abhängig, daß vorher eine *gewisse* andere Person das Recht hatte. Der Umstand, daß der Erwerber die Rechtslage des Rückfallsberechtigten günstig zu beeinflussen vermag, rechtfertigt eine Erstreckung der Rechtskraft keineswegs. —

Der „Zwischenmann" macht uns nun nicht mehr viel Arbeit.

Gewiß kann auch er die Rechtslage des Rückfallsberechtigten in melius reformieren so gut wie es der Erwerber konnte, der ihm das Recht übertrug. Höchstens ließe sich fragen, wie es denn komme, daß ein vorübergehender Rechtsträger über die Zeit seiner Herrschaft hinaus verfügen könne — allerdings nur *zugunsten* des Nachmanns. In der Einschränkung liegt aber bereits der Schlüssel zur Antwort. Eine Beeinflussung zum Guten wird immer mit Einverständnis des späteren Rechtsträgers geschehen; also hat das Gesetz keinen Anlaß, ihr entgegenzutreten. Die Inkonsequenz wird hier praktisch zum Verdienst. Das Gesetz unterstellt einfach die Einwilligung des Nachmanns (§ 185).

Anderseits leitet der Rückfallsberechtigte seinen Erwerb nicht vom Zwischenmann ab; denn wenn nicht einmal von seinem Vertragsgegner, wieviel weniger von einem beliebigen Dritten. Er verdankt den Rückerwerb sich selbst. Der Erläuterung durch Beispiele bedarf es kaum.

Daraus folgt denn wieder, daß die Prozesse des Zwischenmanns den Rückfallsberechtigten nicht berühren. So gewiß zwischen den beiden Dinge vorkommen, die man als Rechtsnachfolge an und für sich bezeichnen kann, so fehlt es doch an der Rechtsnachfolge, wie sie in § 325 ZPO. gemeint ist, an der Rechtsableitung.

§ 27.

β. Nacherbschaft.

I. Man pflegt im Anschluß an die §§ 2112, 2113 zu sagen, daß der Vorerbe hinsichtlich der Grundstücke usw. einem Veräußerungsverbot unterliege, und daran die praktische Folgerung zu knüpfen, daß die in § 2113 angeordnete Unwirksamkeit eine relative sei. Im übrigen verkennt man nicht die Abweichungen von den sonst für das relative Veräußerungsverbot geltenden Regeln. Die Unwirksamkeit ist hier eine schwebende, sie tritt nicht sogleich ein. § 772 ZPO. wird durch die dem Sinne nach freilich gleiche Spezialvorschrift des § 773 daselbst ersetzt. Dazu kommt § 2115 BGB. Endlich gilt statt § 13 KO. § 128 daselbst. Während sonst das Veräußerungsverbot den Konkursverwalter nicht berührt, tut es das in unserem Falle wohl.

Relative Unwirksamkeit nehmen in § 2113 an: Biermann[1]), Frommhold[2]), Hellmann[3]), Salinger[4]), Wendt[5]) usw.

Doch fehlt es nicht an Gegnern des gekennzeichneten Standpunktes. Sie befürworten absolute, durch Konvaleszenz wegfallende Unwirksamkeit. So z. B. Fuchs[6]), Neumann[7]), Planck[8]),

1) Biermann, Bürgerliches Recht, S. 177.

2) Frommhold, Erbrecht, Kommentar, § 2113, Note 1.

3) Hellmann, Vorträge, S. 131.

4) Salinger, Die Nacherbfolge nach dem Bürgerlichen Gesetzbuch, ArchBürgerl. Recht 19, S. 162, dessen Standpunkt jedoch nicht ganz zweifelsfrei ist, da er unter gewissen Voraussetzungen und in gewisser, mir allerdings nicht verständlicher Weise auch Dritten die Geltendmachung der Unwirksamkeit gestattet. Um ein Veräußerungsverbot soll es sich nach ihm nicht handeln, sondern um „eine dingliche Beschränkung".

5) Wendt, ArchZivPrax. 89, S. 44: Als Beispiel relativer Veräußerungsverbote „kommt vor allem der Schutz des Nacherben gegenüber dem Vorerben in Betracht".

6) Fuchs, I, S. 169.

7) Neumann, Handausgabe, § 2113, Note II, 1.

8) Planck, § 2113, Note 1.

Staudinger[1]), Strohal[2]) usw., neuestens auch Hachenburg[3]). Planck bemerkt, daß nicht ein relatives Veräußerungsverbot vorliege, sondern sachliche Gebundenheit.

Mit dieser Bemerkung folgt er den Materialien. Die Motive erwägen, „ob es nicht den Vorzug verdiene, den Vorerben in der Verfügung über die erbschaftlichen Gegenstände nach Maßgabe des § 107 (gleich § 135 des Gesetzes) (relatives Veräußerungsverbot) zu beschränken, zumal im geltenden Recht überwiegend von einem Veräußerungsverbot die Rede sei". Der Entwurf ziehe es aber doch vor, sich an die §§ 135, 142 II (gleich §§ 161, 163 des Gesetzes) in Ansehung der Verfügungsbeschränkung des Vorerben anzulehnen; insbesondere sei Gewicht darauf gelegt, daß jedenfalls dem Recht des Nacherben im Konkurse des Vorerben die Wirksamkeit nicht entzogen werden dürfe[4]).

Man kann nicht behaupten, daß die Protokolle den Standpunkt der Motive verlassen haben. Auch sie führen die Unwirksamkeit der Veräußerung von Immobilien durch den Vorerben auf § 131 II (gleich § 161 des Gesetzes) zurück und sagen weiterhin, daß sich die die Exekutivverfügung des Vorerben betreffende Vorschrift des § 2115 BGB. (gleich § 1829 des ersten Entwurfs) auf die Vorschriften des Entwurfs über das bedingte Recht (§ 131 des zweiten Entwurfs) gründe[5]).

Diese letzte Äußerung der Protokolle, die nur eine Wiederholung aus den Motiven ist, stimmt freilich mit der Begründung der Novelle zur Zivilprozeßordnung vielleicht nicht ganz überein, denn dort ist gesagt[6]), daß die Unwirksamkeit der Verfügung in den Fällen des § 2115 des Bürgerlichen Gesetzbuchs die gleiche Bedeutung habe wie bei dem Veräußerungsverbote der §§ 135, 136. Ob die Begründung das nur in prozessualer Hinsicht verstanden wissen will?[7]) Jedenfalls heißt es in § 773 ZPO.: wenn „dem Nacherben gegenüber unwirksam" . . .; und ebenso lautet § 128 KO.: „dem Nacherben gegenüber unwirksam".

---

1) Staudinger, 2. Aufl., § 2113.
2) Strohal, Erbrecht, I, S. 181, Note 26.
3) Unten S. 152, Note 1.
4) Motive zum Erbrecht, S. 114 ff. (Mugdan, V, S. 61).
5) Protokolle zum Erbrecht, S. 6791 (Mugdan, V, S. 573 ff.).
6) Begründung zur Zivilprozeßnovelle, S. 117.
7) Vgl. Petersen, Kommentar, § 773 ZPO.

II. Meine eigene Meinung erhellt schon aus dem systematischen Zusammenhang, in dem die Frage hier erörtert wird.

Der Vorerbe ist auf Zeit berechtigt, ist nur vorübergehender Rechtsträger. Man vergleicht ihn meist mit dem unter einer Resolutivbedingung Erwerbenden. Besser scheint mir der Vergleich mit dem Eigentümer, der unter einer aufschiebenden Bedingung verfügte und dessen Recht daher existente condicione an einen andern weiterfällt. Nicht Rückfall, sondern Weiterfall!

Prinzipiell hat also der Vorerbe ein Veräußerungsrecht, aber nur ein interimistisches. Er kann verfügen, jedoch nur für die Dauer seiner Herrschaft, mag es sich um Mobilien oder Immobilien, um entgeltliche oder unentgeltliche Verfügungen handeln. So konsequent, aber unpraktisch, wie schon bemerkt, der erste Entwurf, der natürlich auch schon Ausnahmen enthielt [1]). Das Gesetz selbst hat die Ausnahmen so sehr vermehrt, daß sie fast als das Prinzip erscheinen. Es stellt die Verfügungsfreiheit in § 2112 als Regel hin, die Verfügungsbeschränkung als Ausnahme. Allein das darf uns nicht darüber hinwegtäuschen, daß § 2113 es ist, der, sachlich gesehen, die Regel darstellt, und daß § 2112 sie durchbricht. Nur formal gesehen, ist das Verhältnis umgekehrt. Ähnliches läßt sich über das Verhältnis des § 1443 einerseits zu den §§ 1444—1446 anderseits sagen.

Lediglich aus Gründen der Gesetzestechnik, weil nämlich der Kreis der Verfügungsfreiheit größer war als der Kreis der Verfügungsbeschränkung, zog man die Form: „Der Vorerbe kann verfügen, soweit sich nicht anderes ergibt", der Form vor: Der Vorerbe kann über seine Zeit hinaus nicht verfügen, soweit sich nicht anderes ergibt [2]).

Daß die Art, wie das Gesetz die Stellung des Vorerben konstruierte, die einzig mögliche gewesen, daß sie logischer Notwendigkeit entsprungen sei, soll selbstverständlich keineswegs behauptet werden. Die Stellung des römischen Fiduziars würde das ohne weiteres widerlegen. Der Fiduziar hatte kein revokables Recht, seinem Recht haftete keine Schranke an, er war nur zu einer Restitution an den Fideikommissar verpflichtet. Die Schranke, die Justinian seiner Veräußerung setzte, war Einengung des ihm an und für sich zustehenden Verfügungsrechts, war singulär, war Veräußerungsverbot.

1) § 1828 des ersten Entwurfs.

2) Protokolle zum Erbrecht, S. 6789 (Mugdan, V, S. 573).

Allein das Bürgerliche Gesetzbuch hat sich nun einmal auf den soeben gekennzeichneten Standpunkt gestellt, von dem aus der Vorerbe als ein auf Zeit Berechtigter und seine Rechte als revokabel erscheinen. Das wird durch die mitgeteilten Stellen der Motive und Protokolle klar bewiesen.

Kann so über die Grundauffassung kein Zweifel herrschen, so auch nicht mehr über die aus ihr erwachsenen Einzelvorschriften, § 2113 I, § 2113 II, § 2115.

III. 1) Um mit § 2113 I zu beginnen, so ist klar, daß die rechtliche Beurteilung der Übereignung eines Grundstücks durch den Vorerben dieselbe sein muß wie in dem Fall, daß der durch eine bedingte Verfügung gebundene Eigentümer eine widerstreitende Veräußerung vornimmt. Beidemal verfügt jemand, dem das Recht nur auf Zeit zusteht. Ziehen § 158 ff. die Konsequenzen der beschränkten Rechtszuständigkeit in dem einen Fall, so zieht sie § 2113 in dem andern. Die widerstreitende Verfügung ist zunächst wirksam, mit Eintritt des Nacherbfalls wird sie absolut unwirksam, aber nur ex nunc; auch ist Konvaleszenz möglich.

Gegen relative Unwirksamkeit sprechen in § 2113 I dieselben Gründe wie in § 161. Erstens der Wortlaut des Gesetzes. Zweitens die Entstehungsgeschichte. Drittens die Erwägung, daß der Nacherbe genau so wie ein gewöhnlicher Erbe gestellt sein soll, womit sich eine wie immer verstandene Relativität der kollidierenden Veräußerungen des Vorerben nicht verträgt.

Wenn trotzdem eine Reihe von Schriftstellern die absolute Unwirksamkeit in § 2113 bestreiten, so mag daran der etwaige Widerspruch zwischem den Materialien zum Bürgerlichen Gesetzbuch und zur Zivilprozeßordnung schuld sein, allein er berührt nicht eigentlich den § 2113, sondern den § 2115. Von ihm daher später!

Ein anderer Quell der gegnerischen Ansicht wird wieder der Irrtum sein, daß jede Verfügungsbeschränkung zugunsten einer bestimmten Person unter § 135 BGB. falle. Die Verwirrung steigt hier dadurch aufs höchste, daß man, ohne es zu wissen, von Verfügungsbeschränkung in ganz verschiedenem Sinne spricht. Einmal in dem Sinn, daß man die aus der bloß zeitlichen Berechtigung des Vorerben, aus der Revokabilität seiner Rechte folgende Beschränkung darunter versteht. Sodann in dem Sinn, daß der Vorerbe, der grundsätzlich über alle Sachen verfügen kann (§ 2112), zu gewissen

Verfügungen ausnahmsweise nicht berechtigt ist. Das erste Mal spricht man mit Recht von einer Verfügungsbeschränkung, das zweite Mal mit Unrecht, und zwar mit demselben Unrecht wie in allen den Fällen, in denen jemand das Recht über fremde[1]) Sachen zu verfügen, nur in beschränktem Umfang erhält. Es liegt da nur der Schein einer Verfügungsbeschränkung vor. Aber ob Verfügungsbeschränkung oder nicht — worauf es ankommt, ist, daß es beide Male an der Singularität der Veräußerungshinderung fehlt; denn wo keine Singularität, da kommt § 135 überhaupt nicht in Frage.

Endlich mögen praktische Erwägungen manchen Schriftsteller für die Relativität günstig gestimmt haben[2]). Warum — könnte man fragen — soll sich jeder darauf berufen können, daß der Vorerbe seine Rechte gegenüber dem Nacherben überschritt? Warum nicht die Entschließung des letzteren abwarten? Daß die so als praktisches Bedürfnis empfundene Relativität nur als eine, wenn auch besonders erleichterte Anfechtbarkeit konstruiert werden könnte, ist uns zur Genüge bekannt[3]). Wiewohl nun diese Anfechtbarkeit aus der Rechtskonsequenz herausfallen würde — denn inkonsequent ist es doch wohl, daß ein auf Zeit Berechtigter über seine Zeit hinaus, wenngleich nur in anfechtbarer Weise, verfügen kann —, so hätte sich doch das Gesetz für eine solche Regelung entscheiden können. Das soll nicht geleugnet werden, wohl aber, daß es sich dafür entschieden hat. So fern ihm diese Regelung im § 161 liegt, wo man für sie die gleichen Gründe ins Feld führen könnte — so fern liegt sie ihm in § 2113 I. Die Parallele zwischen beiden Paragraphen ist geradezu handgreiflich. Wer sich in § 161 nicht berechtigt glaubt, relative Unwirksamkeit anzunehmen, hat in § 2113 nicht mehr Recht dazu. Insofern machen sich nicht wenige Schriftsteller des Widerspruchs schuldig, z. B. Wendt[4]).

2) Wie der Vorerbe auf Zeit verfügen kann, so darf er es auch. Ein Verbot zu erlassen, fühlt sich das Gesetz nicht veranlaßt, denn mag das Eigentum am Grundstück auch in die fernste Hand wandern, in der Sekunde des Nacherbfalls entgleitet es ihr und geht auf den Nacherben über. Der letztere ist also hinlänglich geschützt, und man

---

1) Denn zwischen Vorerben und Nacherben besteht eine Art Mitherrschaft. Die Sache gehört dem Vorerben nicht völlig. Oben S. 138.

2) Vgl. z. B. Dernburg, V § 58.

3) Oben S. 55.

4) Wendt, a. a. O.

ersieht daraus, wie verfehlt es ist, in § 2113 I von einem Veräußerungsverbot zu reden. Der Ausdruck paßt hier wie die Faust aufs Auge. Er ist hier so wenig am Platz wie in § 161. Dort vermeidet man ihn denn auch durchweg, um so merkwürdiger berührt, daß man ihn in § 2113 so gern gebraucht.

Offenbar sind da wieder historische Einflüsse im Spiel [1]). Bei der condicio sprach man nicht von einem Veräußerungsverbot, wohl aber beim Universalfideikommiß. Man übersieht dabei, wie schon bemerkt, daß der heutige Vorerbe mit dem römischen Fiduziar im Prinzip nicht zu vergleichen ist.

3) § 2113 I gibt noch zu zwei Bemerkungen Anlaß.

Indem der Vorerbe das Grundstück veräußert, überträgt er im Grunde das Eigentum sub die vel condicione. Steht das nicht im Widerspruch zu § 925 II? Muß man nicht folglich annehmen, daß dem Vorerben jede Veräußerung des Grundstücks verwehrt ist? Dann wäre ein großer Teil der Schwierigkeiten, die der Vorerbe heute der freiwilligen Gerichtsbarkeit bereitet, mit einem Schlag erledigt. Indes mag auch die Vorschrift des § 925 II in der prinzipiellen Verwerfung des interimistischen Immobiliareigentums ihren Grund haben, so hat doch das Gesetz durch die Art, wie es die Vorerbschaft konstruierte, dieses Prinzip durchbrochen. Es kennt sehr wohl auflösend bedingtes und befristetes Liegenschaftseigentum, nämlich das des Vorerben [2]). Läßt aber das Gesetz ein solches Eigentum zu, dann gewiß auch die Verwertung dieses Eigentums durch Veräußerung. Das ist einfach die Konsequenz der einmal gemachten Ausnahme, das b-Sagen, nachdem man a gesagt hat. Ob nun der Vorerbe das Grundstück bis zum Nacherbfall zu Eigentum hat oder ein anderer, dem er es weiterübertrug — das kann dem Gesetz wohl

---

1) Deutlich sieht man das bei Wendt, ArchCivPrax. 89, S. 44, der in § 2113 ausdrücklich an das den römischen Fiduziar treffende Veräußerungsverbot erinnert. Der Widerspruch ist bei Wendt um so krasser, als er in § 161 sogar den Ausdruck Verfügungsbeschränkung meidet und nur von „revokablen Rechten" redet. In § 161 keine Verfügungsbeschränkung, sondern revokables Recht — in § 2113 Verfügungsbeschränkung, Veräußerungsverbot —, das heißt allerdings die Parallele gründlich verzeichnen. Im übrigen darf man nicht vergessen, daß Wendt bei seiner Untersuchung andere Ziele hat.

2) Dazu kommt noch der landesrechtliche Fall des Fideikommißbesitzers. — Übrigens war nach dem ersten Entwurf Auflassung unter auflösender Bedingung oder Befristung zulässig, nur nicht unter aufschiebender.

gleichgültig sein. Allerdings müssen Kautelen dafür geschaffen werden, daß die Rechte des Nacherben, wie sie theoretisch durch die Veräußerung nicht leiden, so auch praktisch unangetastet bleiben. Das Mittel ist bekanntlich der Vermerk der Nacherbschaft im Grundstück. Auf die sich daran knüpfenden ebenso interessanten wie aktuellen Fragen einzugehen, ist jedoch hier nicht der Ort.

Sodann zeigt gerade unser Fall, der doch nur ein Spezialfall des § 161 ist, mit besonderer Deutlichkeit das Verkehrte der schon früher bekämpften Rückwirkungstheorie jeglicher Spielart [1]). Die Reihenfolge der Eigentümer des Grundstücks ist: Vorerbe, Zwischenmann, Nacherbe. Von dem Zweiten fällt das Recht an den Dritten weiter. Jener behält die während seiner Periode gefundene Schatzhälfte, die von ihm für das Grundstück erworbenen Gerechtigkeiten (§ 96) bleiben bestehen; die Rangverbesserung einer Hypothek kommt dem Nacherben zugute usw.

Schwerlich wird jemand das alles bestreiten. Was aber in § 2113 richtig ist, ist es in § 161 auch.

Im übrigen tauchen hier wieder dieselben Fragen über Rechtsnachfolgerschaft und Rechtsableitung auf wie dort. Ich begnüge mich mit der Andeutung, daß zwar der Vorerbe und der Zwischenmann das Recht des Nacherben beeinflussen können, grundsätzlich nur in melius, ausnahmsweise auch in peius, daß aber der Nacherbe sein Recht nicht vom Vorerben ableitet und erst recht nicht vom Zwischenmann. Er leitet es so wenig vom Vorerben ab wie der unter einer Resolutivbedingung Veräußernde von seinem Gegner. Dieser leitet sein Recht von sich selbst ab, der Nacherbe vom Erblasser: ex pacto et providentia maiorum.

IV. § 2113 II. Enthält Abs. 1 eine Beschränkung hinsichtlich gewisser Objekte, so Abs. 2 hinsichtlich gewisser Verfügungsarten ohne Rücksicht auf das Objekt.

1) Die Überschreitung der Schranke ist nicht anders zu beurteilen als in Abs. 1.

Mit denen, die in Abs. 1 Relativität befürworten und deshalb auch in Abs. 2, habe ich nicht weiter zu rechten. Wohl aber mit denen, die in Abs. 1 absolute Unwirksamkeit annehmen und trotzdem

---

1) Oben S. 139.

in Abs. 2 relative. Das tat früher Hachenburg[1]), das tut jetzt noch Böhm[2]). Die Unterscheidung ist nicht so seltsam als sie auf den ersten Blick scheinen mag und interessiert hier um so mehr, als sie bewußt oder unbewußt von dem richtigen Gedanken der Singularität des Veräußerungsverbots ausgeht. Böhm schließt vermutlich so: Über die Immobilien erhielt der Vorerbe kein freies Verfügungsrecht, da ist also die Unwirksamkeit so zu verstehen wie in § 161; wohl aber über die Mobilien und Forderungen usw. Er kann über sie nach § 2112 frei verfügen. Daß er sie trotzdem nicht verschenken kann, ist singulär, also liegt ein Veräußerungsverbot vor und kommt § 135 zur Anwendung.

Wie man sieht, dreht sich der Streit um das Wort singulär -- ein Streit, dessen Zunahme mit dieser Abhandlung gleichen Schritt hält. Indes scheint mir hier doch kaum ein Zweifel möglich. Böhms Ausgangspunkt ist verfehlt. Es ist nicht richtig, daß der Vorerbe das Recht freier Verfügung über die Mobilien usw. erhielt, er erhielt vielmehr nur das Recht zu freier entgeltlicher Verfügung. Hinsichtlich der unentgeltlichen Verfügungen verbleibt es bei der Regel. Demnach hat sich die Auffassung des Abs. 2 nicht minder als die des Abs. 1 an § 161 anzuschließen: Absolute Unwirksamkeit! Böhms Behauptung, daß eine verschiedene Behandlung von Abs. 1 und Abs. 2 dadurch bedingt werde, daß „in jenem Falle die Unzulässigkeit jeder — auch der entgeltlichen —, hier nur der unentgeltlichen Verfügung ausgesprochen ist, daß dort die Beschränkung nur bezüglich bestimmter Gegenstände, hier bezüglich aller Nachlaßobjekte Platz greift“[2]) -- ist nichts weiter als eine Behauptung. So wenig es singulär ist, daß der Testamentsvollstrecker zu allen entgeltlichen, aber nicht zu unentgeltlichen Verfügungen berechtigt ist, so wenig liegt hier eine Singularität vor.

1) Der seinen Standpunkt gegenüber § 2112 und den entsprechenden Bestimmungen der Entwürfe wiederholt gewechselt hat, allerdings zum Teil durch einen angeblichen Wechsel der Entwürfe selbst beeinflußt. In seinen „Studien zum Erbrecht“, Heft 1, die sich auf den Entwurf II bezogen, nahm er hinsichtlich der Immobilien absolute, hinsichtlich der Schenkungen relative Unwirksamkeit an (vgl. Planck, § 2113, Note 2 und § 2115, Note 2); in seinen „Vorträgen“ (S. 149) beide Male relative Unwirksamkeit; in der Zeitschrift des deutschen Notariatsvereins 1906, S. 321 ff. nimmt er „die frühere Ansicht, daß die Unwirksamkeit in Abs. 2 relativ sei“, zurück, läßt also auch wohl in Abs. 1 die Relativität fallen.

2) Böhm, Erbrecht, S. 118.

Endlich stellt das Gesetz nicht nur, wie Böhm[1]) sich ausdrückt, anscheinend, sondern wirklich die Verfügungsbeschränkung des Abs. 2 der des Abs. 1 gleich. Der Wortlaut unterdrückt den letzten Zweifel. Vgl. auch Planck, § 2113, Note 2.

2) Ein Unterschied möchte vielleicht zwischen Abs. 1 und Abs. 2 bestehen. Wie der Vorerbe über Grundstücke nicht nur (interimistisch) verfügen kann, sondern auch darf, — darf er ebenso nach Abs. 2 die Schenkungen vornehmen, die er (interimistisch) vornehmen kann? Entspricht auch hier dem Können ein Dürfen? Die Frage ist wohl zu verneinen, denn das Recht des Nacherben auf die Mobilien usw. wird durch die Verschenkung meist problematisch. Der Erwerber behandelt die Sache womöglich schlecht oder überträgt sie an einen Gutgläubigen weiter und so fort. Im Einzelfalle mag es dem Interesse des Nacherben nicht schaden, daß der Vorerbe unter Vorbehalt schenkt, z. B. an einen reichen, ehrlichen Mann. Aber es ist Sache des Vorerben, dem Nacherben diesen Ausnahmefall nachzuweisen und sich seine Zustimmung zu verschaffen. Die Zustimmung bedeutet an und für sich nicht, daß das Geschenk aus dem Nachlaß völlig ausscheidet, vielmehr fällt es grundsätzlich später in diesen zurück[2]).

Diese sachliche Erwägung wird durch § 2138 unterstützt. Hat der Vorerbe der Vorschrift des § 2113 II zuwider über einen Erbschaftsgegenstand verfügt . . .!

Zur schenkweisen Übertragung von Grundstücken und Grundstücksrechten dagegen ist der Vorerbe, natürlich nur für die Dauer seiner Herrschaft, meines Erachtens berechtigt, denn ihre „Verfolgung" wird dem Nacherben nicht schwer fallen. Oder sollte über § 2113 II dieselbe Tendenz walten, wie über der römischen habitatio: wohl entgeltliche, keine unentgeltliche Überlassung? Schwerlich.

Bei Übertretung des Verbots kann sich der Nacherbe grundsätzlich nur an den Vorerben halten, äußerstenfalls § 2128 gegen ihn zur Anwendung bringen. Gegen den Beschenkten kann er erst vorgehen, wenn er wirklicher Erbe geworden ist. So der klare Wortlaut des § 2113 II. Immerhin wird man den Nacherben schon jetzt gegen den Dritten wegen etwaiger Verletzung seines Anwartschaftsrechts zu schützen haben, z. B. ihm eine Klage auf Hinter-

1) Böhm a. a. O.

2) Dieses Schenkungsverbot verdient, weil Verbot nur speziell der Schenkung, nicht der Veräußerung überhaupt, den Namen Veräußerungsverbot nicht. Oben § 16.

legung usw. geben, sobald der Dritte eine Gewähr für die Erfüllung seiner künftigen Herausgabepflicht nicht mehr bietet.

V. § 2115. 1. Was endlich § 2115 angeht, so scheint mir unzweifelhaft, daß die dort für den Fall der Nacherbfolge angeordnete Unwirksamkeit der Zwangsverfügungen gleichfalls eine absolute ist. Das folgt schon aus dem alten Satz nemo plus iuris transferre potest quam ipse habet. Von dem Vorerben, der nur für 10 Jahre Eigentum hat, kann sein Gläubiger auch nur auf 10 Jahre Eigentum ableiten. Der Umstand, daß § 2112 für die freiwillige Ableitung eine Ausnahme bestimmt, vermag daran nichts zu ändern. Dazu kommen der Wortlaut und die Parallele zu § 2113. Es wäre doch seltsam, wenn die freiwillige Veräußerung eines Grundstücks absolut, die zwangsweise nur relativ unwirksam sein sollte, wenn in jenem Fall sich jedermann auf die Unwirksamkeit des Erwerbs, in diesem nur der Nacherbe darauf berufen könnte. Wenn ferner die zwangsweise Veräußerung eines Grundstücks absolut unwirksam ist, dann auch wohl die zwangsweise Veräußerung einer Mobilie. Den letzten Grund liefert die Entstehungsgeschichte. Stellen doch, wie gezeigt, Motive und Protokolle die fragliche Vorschrift ausdrücklich in eine Reihe mit der entsprechenden Vorschrift des § 161 (gleich § 125 I, § 131 II).

Die zahlreichen Gegner[1]) haben eigentlich kein anderes Argument als den eingangs erwähnten Umstand, daß die Verfasser der Zivilprozeßordnung und der Konkursordnung die Unwirksamkeit des § 2115 vielleicht als eine relative auffaßten. Der Grund schlägt nicht durch. Soweit die Ansichten der Gesetzesverfasser von Bedeutung sind, muß man bei einer Meinungsverschiedenheit den Verfassern des Bürgerlichen Gesetzbuchs den Vorzug geben, wo es sich um eine Frage des Bürgerlichen Gesetzbuchs handelt. Wer kennt ein Kind besser als seine Mutter! Weichen die Gesetzestexte ab, so hat gleichfalls das Bürgerliche Gesetzbuch den Vorrang, denn die Zivilprozeßordnung will sich ihm in Fragen des Bürgerlichen Rechts doch wohl nicht überordnen.

---

1) Z. B. Güthe, Kommentar, I, S. 219. Aus OLG. 7, 353 folgt übrigens nicht, daß das Kammergericht auf seiner Seite steht. Die Zulässigkeit einer Zwangshypothek auf ein vorerbschaftliches Grundstück wegen einer persönlichen Schuld des Vorerben wird dort vielmehr — und zwar mit Recht — darauf zurückgeführt, daß § 773 nur die Veräußerung und Überweisung verbietet. Die Eintragung einer Zwangshypothek fällt darunter nicht, wohl aber wird sie demnächst nach § 2115 unwirksam.

2) § 773 ZPO. fügt zu der in § 2115 angedrohten Unwirksamkeit in gewissem Umfang ein Verbot hinzu. Die Privatgläubiger des Vorerben sollen die zur Erbschaft gehörenden Gegenstände nicht zur Veräußerung bringen, sich nicht überweisen lassen. Die Vorschrift ging aus der Erwägung hervor [1]), daß von einer Veräußerung mit Vorbehalt der Rechte des Nacherben ein angemessenes Ergebnis nicht zu erwarten sei — einer Erwägung, die freilich auch in dem entsprechenden Fall des § 161 zu einem Verbot der Veräußerung hätte führen können, aber nicht geführt hat. Dazu kommt bei Mobilien der — allerdings in den Vorarbeiten nicht besonders erwähnte — Grund, daß ihre Veräußerung das Recht des Nacherben trotz § 2115 gar zu leicht illusorisch machen würde. Soll der letztere sich die versteigerten Sachen aus aller Welt zusammenholen? Es ist das derselbe Grund, der uns in § 2113 II ein Verbot zu schenken annehmen ließ. Vor allem aber beruht das Verbot auf dem Gedanken [2]), daß die Gläubiger des Vorerben das diesem verliehene, zum Teil (§ 2112) außergewöhnlich weit reichende Recht der Verfügung nicht für sich ausnutzen sollen.

So durchbricht also § 773 zweifellos die Regel, insofern der Vorerbe freiwillige interimistische Verfügungen vornehmen kann, interimistische Zwangsverfügungen aber nicht geschehen sollen. Nach der Regel müßten auch die letzteren gestattet sein. Das Verbot des § 773 hat insoweit etwas singuläres an sich, und so erklärt sich auch, weshalb die Verfasser der Zivilprozeßordnung und der Konkursordnung sich bei der Vorschrift an ein Veräußerungsverbot erinnert fühlten [3]).

3. Der Nacherbe hat ein Widerspruchsrecht, und zwar kann er der drohenden Veräußerung und Überweisung mit der Widerspruchsklage begegnen.

Hat die Veräußerung schon stattgefunden, wie dann? Böhm [4]) antwortet: „Sollte der Nacherbe das Widerspruchsrecht unterlassen

1) Motive zum Erbrecht, S. 117 (Mugdan, V, S. 62).

2) Protokolle zum Erbrecht, S. 6792 (Mugdan, V, S. 574). Vgl. Meischeider a. a. O., S. 256.

3) Im übrigen hat das Verbot nichts Singuläres an sich. Denn die Ausnahme, daß der Vorerbe über seine Zeit hinaus verfügen kann, ist nur für freiwillige Verfügungen gewisser Art gemacht; nicht für Immobiliarverfügungen, nicht für unentgeltliche, nicht — worauf es hier ankommt — für zwangsmäßige. Das verkennt Meischeider a. a. O., S. 256.

4) Böhm, Erbrecht, S. 120.

und demnach im Wege der Zwangsvollstreckung der Verkauf erfolgen, so würde dem dritten Erwerber gegenüber ein Anspruch des Nacherben nicht bestehen, dieser könnte aber gegen den die Zwangsvollstreckung betreibenden Gläubiger, bezüglich bei Ausschüttung der Masse im Konkurse gegen die Konkursgläubiger, die Bereicherungsklage auf Auszahlung des Erlöses und, falls der Gläubiger das Recht des Nacherben kannte oder kennen mußte, Klage auf Ersatz des vollen Wertes erheben."

Anderer Ansicht ist wohl Planck, wenn er schreibt: „Der Nacherbe kann, wenn dem Verbote zuwider im Wege der Einzelvollstreckung die Veräußerung bezw. Überweisung beantragt bezw. erfolgt ist, nach Maßgabe des § 771 der Zivilprozeßordnung im Wege der Klage Widerspruch erheben usw. Daneben hat er die ihm aus § 2115 erwachsenden zivilrechtlichen Befugnisse" [1]).

Für Planck scheint der Umstand zu sprechen, daß der Schutz des Nacherben nach ihm nicht so sehr vom Zufall abhängt. Dieser kommt nicht lediglich deshalb um sein Widerspruchsrecht, weil er die Zwangsveräußerung einen Tag zu spät erfährt. Trotzdem muß ich Planck widersprechen, und ich glaube, daß er sich selbst auch widerspricht. Wenigstens sagt er im Allgemeinen Teil (§ 135, Note 7): „Eine im Widerspruch damit (nämlich mit § 772 ZPO.) erfolgende Veräußerung oder Überweisung . . . ist nicht nichtig, aber die Vorschriften des § 135 finden darauf Anwendung. Die Veräußerung oder Überweisung ist also gegenüber demjenigen, dessen Schutz das Verbot bezweckt, unwirksam . . ." Er verweist mithin den Geschützten nach Durchführung der Zwangsvollstreckung doch wohl lediglich auf das materielle Recht. Sollte es in § 773 ZPO. anders sein?

Den Ausschlag gibt aber der Umstand, daß der im § 773 angezogene § 771 eine Erhebung der Widerspruchsklage nach beendigter Zwangsvollstreckung nicht kennt [2]). In § 773 muß daher das Entsprechende gelten.

So wird man sich denn auf die Seite Böhms stellen müssen. Sein Standpunkt ist nicht gar so unpraktisch als es scheint. Denn zu den Trostmitteln, die er selbst anführt, kommt vor allem noch das hinzu, daß der Nacherbe sein ziviles Anwartsschaftsrecht gemäß § 2115 behält und wegen dessen Verletzung oder Gefährdung unter

1) Planck, § 2115, Note 1.
2) Petersen, Kommentar, § 771, Z. 7.

Umständen schon vor Eintritt des Nacherbfalls gegen den Dritten vorgehen kann [1]).

4. Noch ist die wohl alleinstehende Ansicht Meischeiders zu erwähnen, daß die verbotene Zwangsverfügung nicht erst mit Eintritt des Nacherbfalls unwirksam wird, sondern sogleich — relativ — unwirksam ist. Er gibt selbst zu, daß der Wortlaut des § 2115 dagegen spricht, schließt das aber, wenn ich ihn recht verstehe, aus der Tendenz der §§ 773 und 2115, solche Verfügungen über Erbschaftsgegenstände zu hindern, „durch welche diese Gegenstände unmittelbar und endgültig aus der Erbschaft ausscheiden und in ein anderes Vermögen übergehen" [2]). Diese Beweisführung dürfte unzureichend sein und die Klippe des § 2115 nicht überwinden [3]).

VI. Zum Schluß bedarf es noch des Hinweises darauf, daß der Titel Vorerbschaft in der Tat ein paar wahre Veräußerungsverbote enthält.

Das eine kennen wir bereits, das des § 2129. Dieser nimmt dem Vorerben singulärerweise das ihm in § 2112 zugestandene Verfügungsrecht [4]).

Das andere steckt in § 2116 [5]), wo es heißt, daß der Vorerbe über die auf Verlangen des Nacherben in gewisser Weise hinterlegten Papiere nur mit Zustimmung des Nacherben verfügen könne. Hachenburg wird dieser Bestimmung — wenigstens theoretisch — nicht ganz gerecht, wenn er lehrt: Ein Veräußerungsverbot liege hier nicht vor, sondern das Gesetz gehe hier einen andern Weg, in-

1) Vgl. S. 153 a. E.

2) Meischeider a. a. O., S. 258.

3) Wie hier auch das Kammergericht OLG. 7, S. 353. — Oder soll man so argumentieren: „§ 2115 sagt nur, was mit den Zwangsverfügungen nach Eintritt des Nacherbfalls geschehen solle. Die Frage, welche Wirkung ihnen bis zu diesem Zeitpunkt zukomme, ist dort überhaupt nicht geregelt. Die Antwort ergibt sich aber mittelbar aus § 773 ZPO. § 773 stellt ein Veräußerungsverbot auf, dessen Überschreitung also nach § 135 BGB. zu beurteilen ist. Danach kann der Nacherbe Ausgleich, d. h. Rückgabe der Sache seitens des Erwerbes an den Vorerben verlangen?" Allein das ist doch wohl (vergleiche freilich eine daran anklingende Bemerkung bei Staudinger, § 135, Note 6: § 772 schafft selbst ein Veräußerungsverbot, auf welches § 135 BGB. Anwendung findet) des Scharfsinns zuviel. § 773 will lediglich an § 2115 anknüpfen, er ist adiuvandi, nicht supplendi causa da.

4) Oben S. 101.

5) Vgl. darüber Böhm, Erbrecht, S. 117; Hachenburg, Vorträge, S. 147 ff.; Meischeider, Letztwillige Verfügungen, S. 260 ff.; Planck, § 2116, Note 3.

dem es zum Schutz des Nacherben eine unübertragbare Forderung ins Leben rufe [1]).

Dabei ist übersehen, daß der Vorerbe zwar durch die Hinterlegung eine Forderung schafft, außerdem aber das Eigentum an den Papieren behält [2]), und deshalb fügt eben das Gesetz hinzu, daß er das Recht der Verfügung über die Papiere verliere. Das bedeutet zweifellos eine singuläre Beschränkung des an und für sich vorhandenen Verfügungsrechts, also ein Veräußerungsverbot. Da jedoch die Beschränkung, wie allgemein anerkannt wird [3]), nur so lange dauert, als die Papiere hinterlegt sind, mithin wegfällt, wenn es dem Vorerben gelingt, sich die Papiere zu verschaffen, so hat das Veräußerungsverbot keine praktische Bedeutung, und so erklärt sich auch das bereits von Hachenburg [1]) beobachtete Fehlen einer Bestimmung über den Schutz des guten Glaubens. Nur in einem Falle könnte meines Erachtens das Veräußerungsverbot vielleicht praktisch werden, dann nämlich, wenn der Vorerbe das hinterlegte Papier an die Hinterlegungsstelle selbst oder einen ihrer Beamten übereignet. Man wird eine solche Übereignung für absolut unwirksam zu halten haben, da eine wie immer gedachte Relativität der Tendenz des § 2116, wonach der Vorerbe absolut, in jeder Beziehung Eigentümer der Papiere bleiben soll, widersprechen würde. Weshalb sodann die Regeln über den Schutz des guten Glaubens nicht analog angewandt werden sollen, sehe ich nicht ein; freilich die Voraussetzungen des Schutzes werden kaum jemals zutreffen. Selbstverständlich konvalesziert die Verfügung durch die Genehmigung des Nacherben.

§ 28.

γ) Das Familienfideikommiß.

Eine Abhandlung über das Veräußerungsverbot kann an dem Familienfideikommiß nicht ganz vorbeigehen, handelt es sich doch bei diesem darum, eine Familie gegen die Veräußerung des angestammten Vermögens zu schützen. Doch muß ich mich hier mit einer Andeutung der Fäden begnügen, die die beiden Dinge Veräußerungsverbot und Fideikommiß miteinander verbinden.

---

1) Hachenburg, Vorträge a. a. O.

2) Vom depositum irregulare abgesehen.

3) Planck, § 2116 a. a. O.

Zu dem Endziel der Erhaltung eines Gutes in einer bestimmten Familie führen verschiedene Wege. Es ist damit zu rechnen, daß die einzelnen Landesrechte getrennt marschieren. Die Hauptfrage ist: Wem gehört das Fideikommiß?

I. Nach bayerischem Recht z. B. gehört es Oertmann zufolge[1]) der Familie als juristischer Person. Der jeweilige Besitzer hat nur eine Art Recht an der Sache. Daraus folgt denn für uns, daß er höchstens dieses zeitlich beschränkte Recht an der Sache übertragen kann. Verfügt er schlechthin, so ists als wenn er eine res aliena veräußert. Die Veräußerung ist absolut unwirksam. Guter Glaube schützt gemäß Art. 61 EG. zum Bürgerlichen Gesetzbuch. Der Kausalakt, bemerkt Oertmann, ist „natürlich" wirksam. Es liegt anfängliche subjektive Unmöglichkeit vor; denn der Besitzer „hat nicht eine objektiv der Veräußerung unfähige Sache veräußert, sondern nur eine solche, zu deren Veräußerung ihm persönlich die Zustimmung abging". Dem kann man nur beistimmen, über diesen Fall ist daher nichts weiter zu sagen.

II. Anders nach den meisten Landesrechten[2]), insbesondere nach dem preußischen Entwurf[3])! Eigentum hat nach ihnen der Fideikommißbesitzer. Wie führt von hier aus der Weg zum Ziel?

Gewöhnlich sagt man, daß das Fideikommiß vom Gesetz für unveräußerlich erklärt werde. So überschreibt Dernburg, Bürgerliches Recht III den § 131: „Unveräußerlichkeit des Familienfideikommisses". Brinz[4]) faßt das letztere geradezu als Musterfall des unveräußerlichen Eigentums im Gegensatz zur bloßen Dispositionsbeschränkung auf. Bekker[5]) stellt unter „die außerhalb des regelmäßigen Verkehrs stehenden Sachen" die Familien- und Stammgüter in eine Reihe mit den Sachen des Gemeingebrauchs usw. Um auch einen Germanisten anzuführen, so schreibt Franken[6]),

1) Oertmann, Bayerisches Landesprivatrecht, S. 448.

2) Vgl. Crome, System III, § 447, Dernburg, Bürgerliches Recht III, § 126 II, Rosin, Iherings Jahrbücher, 32, S. 349, 355 usw.

3) Vorläufiger Entwurf eines Gesetzes über Familienfideikommisse nebst Begründung. Im amtlichen Auftrag veröffentlicht. Berlin, Druck und Verlag der „Post", Zimmerstraße 94. — § 26 daselbst.

4) Oben S. 7.

5) Bekker, Pandekten I, § 77.

6) Franken, Lehrbuch des deutschen Privatrechts, 1894, S. 286. Vgl. auch Gierke, Privatrecht II, S. 35.

daß der Fideikommißbesitz von der Veräußerung aus dem Familienkreise heraus ausgeschlossen und durch dieses Veräußerungsverbot in gewissem Sinne extra commercium gesetzt, tote Hand sei. Kein Wunder, daß das Schlagwort der Unveräußerlichkeit sogar in die Definition des preußischen Entwurfs übergegangen ist! Sie lautet: Familienfideikommiß ist ein nach dem Willen des Stifters innerhalb einer bestimmten Familie durch Einzelfolge sich vererbendes unveräußerliches und unverschuldbares Sondervermögen (§ 1).

In Wahrheit liegt Unveräußerlichkeit im Sinn einer objektiven Eigenschaft der Sache nicht vor. Sie hätte zur Folge, daß die Gegenstände des Fideikommisses für jedermann unveräußerlich würden. Der Veräußerungsvertrag, von wem immer geschlossen, würde unter § 306 oder § 309 BGB. fallen, also nichtig sein. Das wäre horrend! Man darf dabei nicht vergessen, daß zum Fideikommiß auch Mobilien gehören. Soll der Vertrag, in dem jemand den vom Fideikommißbesitzer geliehenen Pflug an einen Dritten veräußert, wirklich nichtig sein? Ein Gesetz kann so weit gehen, aber es wird es nicht tun.

Wenn man von Unveräußerlichkeit des Fideikommisses spricht, so meint man mithin nur tatsächliche Unveräußerlichkeit, und auch diese trifft nur auf die Liegenschaften zu.

Rechtlich ist vielmehr davon auszugehen, daß der Fideikommißbesitzer nach den fraglichen Landesrechten zwar Eigentümer ist, aber nur auf Zeit. Sein Recht ist von der gleichen Art wie das des Vorerben. Der Unterschied ist nur der, daß dem letzteren ein freier Nacherbe folgt, während die Nachfolger des jetzigen Fideikommißbesitzers wieder genau so gebunden sind wie er selbst. Das Fideikommiß stellt eine ewige Reihe zeitlich Berechtigter dar: Das gibt ihm den einzigartigen Charakter und führt zu der besprochenen tatsächlichen Unveräußerlichkeit.

Denn da jeder Fideikommißbesitzer nur Eigentum auf Zeit hat, so kann er es auch höchstens nur auf Zeit übertragen; darüber hinaus bedarf er der Zustimmung der Anwärter. Daß diese aus der Revokabilität des Rechts folgende Verfügungsbeschränkung nicht singulär ist, steht nach dem zu § 161 und § 2113 BGB. Bemerkten außer Zweifel.

Eine andere Frage ist, ob man dem Fideikommißbesitzer sogar das ihm an und für sich zustehende interimistische Verfügungsrecht nehmen soll. Darüber haben Zweckmäßigkeitsgründe zu entscheiden. Rosin[1]) bejahte die Frage für das gemeine Recht mit aller Schärfe. Solche Hinderung selbst der zeitweisen Veräußerung würde natürlich singulär und als Veräußerungsverbot zu charakterisieren sein. So geschieht es denn auch bei Rosin. An das Veräußerungsverbot knüpfen sich weiterhin die Fragen, ob es auch die Obligation vernichtet, und ob auch der Besitzer selbst das von ihm veräußerte Gut vindizieren kann — Fragen, die namentlich Rosin erörtert[2]).

Ob der Rosinsche Standpunkt, der von dem Gedanken beherrscht wird: „Nicht die Regelung der Erbfolge ist der Grundgedanke des Familienfideikommisses, sondern . . . das Gut der Familie zu erhalten. Daher genügt nicht sprungweises Sukzedieren von Familiengliedern, sondern ein kontinuierliches Verbleiben"[3]) de lege ferenda den Vorzug verdient, ist hier nicht zu beurteilen, jedenfalls

1) Rosin, Iherings Jahrbücher, 32, S. 379 ff.

2) Rosin a. a. O., S. 383, 407, 426 usw. Von den Gründen, die das Gesetz zu einer Erstreckung des Verbots auf die Obligation veranlassen können, scheint mir hier keiner vorzuliegen. Oben S. 40. Denn um die Interessen des Fideikommißbesitzers handelt es sich nicht, sondern um die der Agnaten, und die Gefahr, daß der Besitzer das Gut dem Käufer übereignen werde, um der Schadensersatzpflicht zu entgehen, ist nach den tatsächlichen Verhältnissen gering. Ich kann daher Rosins (S. 407) Annahme der Nichtigkeit der Obligation nicht billigen, befürworte vielmehr die Gültigkeit der Obligation. Damit befürworte ich jedoch nicht zugleich auch den Ausschluß der Vindikation seitens des veräußernden Besitzers. Der letztere kann nämlich auf die exceptio rei venditae et traditae replizieren, daß zwar die Obligation gültig, ihre Erfüllung aber verboten sei, daß er also nicht Treu und Glauben verletze, wenn er mit seiner Vindikation die Übertretung des Verbots zu beseitigen versuche. Oben S. 40.

Die Vindikation fällt selbstverständlich bei dem guten Glauben des Erwerbers gemäß Art. 61 EG. weg. In diesem Fall dürfte es von Bedeutung sein, ob ein Landesrecht den obligatorischen Vertrag für nichtig erklärt oder nicht. Denn wenn der Vertrag nichtig ist, so erwirbt der Käufer sine causa, ist folglich immer noch obligatorisch zur Rückgabe verpflichtet. Bei Gültigkeit des Vertrags dagegen ist in diesem Fall sowohl die dingliche wie die obligatorische Rückgabepflicht ausgeschlossen. Oder soll man Art. 61 so interpretieren, daß der Gutgläubige endgültig erwerbe, daher auch gegen Kondiktionen geschützt sei? Meines Erachtens will Art. 61 nur den sachenrechtlichen Erwerb sichern. Mehr hatten die Verfasser des Gesetzes nicht im Sinn. Vgl. Motive zum Einführungsgesetz S. 160, Mugdan I, S. 26. Das Landesrecht hat also, was die Literatur bisher übersah, die Möglichkeit, den dinglichen Erwerb auf obligatorischem Wege rückgängig zu machen.

3) Rosin a. a. O., S. 380.

teilt ihn der preußische Entwurf nicht. Dieser beläßt dem Besitzer sein interimistisches Verfügungsrecht, wie sich aus § 28 und der Begründung S. 80 ergibt. Die praktische Folge dieses in der gemeinrechtlichen Theorie namentlich von v. Salza[1]) vertretenen Standpunktes ist vor allem, daß dem Besitzer das Grundbuch nicht gesperrt ist. Er kann für seine Besitzzeit „am Fideikommißvermögen Nießbrauch bestellen, Revenuenhypotheken aufnehmen, ja die Grundstücke veräußern, wenn er einen Abnehmer findet“ [2]).

Daß der Besitzer nicht über seine Zeit hinaus verfügen kann, faßt die Begründung[3]) als Veräußerungsverbot auf. Mit Unrecht, wie wir von unserm Standpunkt aus sagen müssen. Veräußerungsverbot ist singuläre Veräußerungshinderung; daran fehlt es hier ebenso sehr wie in § 161 und in § 2113 BGB. In allen drei Fällen erklärt sich die Erfolglosigkeit der Verfügung aus dem Gesichtspunkt des revokablen Rechts, aus dem Satz nemo plus iuris transferre potest quam ipse habet.

Wenngleich im Entwurf selbst der Gedanke des Veräußerungsverbots nicht zum Ausdruck kommt, so ist doch bei dem Einfluß, den die Gesetzesmaterialien nun einmal haben, zu wünschen, daß er auch aus der Begründung des endgültigen Entwurfs verschwinde.

Welcher Art ist die Unwirksamkeit der „verbotenen“ Verfügung? Dem allgemeinen Prinzip würde absolute Unwirksamkeit entsprechen, wie sie ja auch in § 161 und in § 2113 BGB. angeordnet ist. Der Entwurf § 39 dagegen ordnet bloß relative Unwirksamkeit an, wobei mir fraglich ist, ob wirkliche sachliche Erwägungen den Ausschlag gaben oder der theoretische Ausgangspunkt des Veräußerungsverbots, indem man von der falschen Annahme eines Veräußerungsverbots zu der weiteren Annahme eines relativen Veräußerungsverbots gelangte.

Worin soll nun die Relativität bestehen? Wie immer muß man sich auch hier gewärtig halten, daß damit das allerverschiedenste gemeint sein kann. In welchem Sinne versteht die Begründung die Relativität?

Relativ kann man es schon nennen, daß sich über die Verfügung nicht alle Anwärter beschweren können, sondern nur die-

1) v. Salza und Lichtenau, Die Lehre von Familien-, Stamm- und Geschlechtsfideikommissen, 1838, S. 155.

2) Börner, Recht, 7. Jahrgang, S. 498. Vgl. auch Wolff, Familienfideikommiß, S. 72.

3) A. a. O., S. 94 ff.

jenigen, die ihr nicht zustimmten. Relativität in diesem Sinne wäre sogar in § 2113 denkbar, insofern mehrere Nacherben da sind und nur einige der Veräußerung widersprechen; und doch ist die Unwirksamkeit des § 2113 in anderem Sinne gewiß absolut.

Will die Begründung mit dem Wort relativ nicht mehr gesagt wissen? Doch wohl! Gesetzt den Fall, daß der Fideikommißbesitzer stirbt, nachdem er ein wertvolles Familienbild veräußert hat, so soll sich auf die Unwirksamkeit der Veräußerung nicht jeder Unbeteiligte berufen können, sondern nur die Anwärter. Solche Relativität meint der Entwurf, und solche Relativität ist in § 161 und in § 2113 BGB. nicht vorhanden.

Wie diese Relativität im einzelnen zu denken ist, ergibt sich zwar aus der Begründung nicht, und wenn sie (S. 94) glaubt, daß mit dem Hinweis auf § 135 alles getan sei, so irrt sie. Wir wissen aber von früher (S. 55) her, und das sei hier nochmals gesagt, daß sie hier nur als eine besonders erleichterte Anfechtbarkeit konstruiert werden kann. Hält man nämlich fest, daß es kein relatives Eigentum gibt, daß jemand nicht für den einen Eigentümer sein und gleichzeitig es für die andern nicht sein kann, so folgt daraus: Der kollidierende Erwerber ist im Sinne des Entwurfs Eigentümer für die Menge, also auch für die Anwärter. Aber die Anwärter können die Unwirksamkeit der Veräußerung geltend machen; dadurch fällt die Sache im Sinne des Entwurfs in das Fideikommißgut zurück, der Dritte verliert von ihrem Standpunkt aus das Eigentum, also verliert ers überhaupt.

Das ist genau das, was unser Gesetz unter Anfechtbarkeit versteht, und es ist bezeichnend, daß der Begründung[1]) die Worte „anfechten", „Anfechtung" usw. sozusagen von selbst in den Mund kommen. Ob es nicht richtiger wäre, wenn auch der endgültige Entwurf selbst, wofern er überhaupt an der Relativität festhalten will, den Ausdruck Anfechtung gebrauchte?

Noch zwei Fragen, zu denen die Relativität Anlaß gibt, seien kurz berührt.

Die Anwärter können die Unwirksamkeit der „verbotenen" Verfügung, anders als der Nacherbe, sofort geltend machen, der Entwurf folgt mithin nicht der bekannten „Theorie der aufgeschobenen Anfechtung" (§ 39 II des Entwurfs, S. 95 der Begründung). Soll

1) a. a. O., S. 95

nun — das ist die erste Frage — auch schon diese vorzeitige Anfechtung zum Eigentumsverlust des Dritten führen? Meines Erachtens nein. Dagegen spricht das vom Entwurf angenommene Prinzip des interimistischen Verfügungsrechts. Der Dritte bleibt Eigentümer, nur muß er die Sache, z. B. das von ihm veräußerte Familienbild, zur Sicherung der Anwärterrechte herausgeben. Auch der aus einer gewöhnlichen bedingten Verfügung Berechtigte kann kraft seines Anfallsrechts entsprechende Maßregeln gegen den kollidierenden Dritten ergreifen, wenn auch nicht so einschneidende. Bezieht sich die Anfechtung auf Immobilien, so werden die Anwärter die Herausgabe nur ausnahmsweise verlangen können. In der Regel haben sie sich mit der Sicherheit zu begnügen, die ihnen die Eintragung der Fideikommißeigenschaft gewährt.

Sodann fragt sich, ob der Fideikommißbesitzer, wie er relativ wirksam über die Zeit seiner Herrschaft hinaus verfügen kann, so es auch darf, ob ihm also das Grundbuch selbst für Verfügungen, die nicht bloß interimistische sein wollen, offen bleibt? Muß z. B. das Grundbuchamt die vorbehaltlose Umschreibung des Grundstücks auf einen Dritten vornehmen, wiewohl sie diesem, selbst wenn das Grundstück im Grundbuch als Fideikommißgut gekennzeichnet ist, ein allerdings anfechtbares Eigentum über den Zeitpunkt des Nachfolgefalls hinaus verschafft?

Mit Recht meint Wolff [1]) daß sich die Verfasser des Entwurfs über diese Frage nicht klar geworden seien, denn der Umstand, daß die Begründung (S. 95) sich gegen eine Löschung von Fideikommißrechten, z. B. Hypotheken, ausspricht, hat mit der Frage nichts zu tun, sondern berührt nur grundbuchtechnische Bedenken, die bei andern Bucheintragungen wie Übertragung und Belastung ausscheiden. Trotzdem und trotz legislatorischer Zweifel glaubt Wolff die Frage vom Standpunkt des Entwurfs aus in Konsequenz der einmal angeordneten Relativität bejahen zu müssen. Wohl mit Unrecht. Wolff überschätzt die Tragweite der Relativität, er übersieht, daß sie im Interesse aller andern Personen, nur nicht des veräußernden Besitzers (und vielleicht auch der Anwärter) eingeführt worden ist. Sie soll nur die Verfügungsmacht, nicht das Verfügungsrecht des Besitzers erweitern. Er kann über seine Zeit hinaus (relativ) wirksam verfügen, aber er soll es nicht, es ist ihm verboten [2]).

---

1) Wolff, a. a. O., S. 76.

2) Oben S. 80, a. E.

So dürfte der Entwurf zu verstehen sein. Nicht nur Löschungen von Grundbuchrechten sind daher dem Besitzer verwehrt, sondern auch vorbehaltlose Übertragungen, Belastungen usw. Das Grundbuchamt darf das Eigentum auf den Dritten nur mit der Klausel „bis zum Eintritt des Nachfolgefalls" überschreiben. Die Zulässigkeit des Zusatzes ist trotz § 925 II BGB. nicht zu bezweifeln [1]).

Indem somit die Relativität einen gewissen Zwiespalt zwischen dem Verfügenkönnen und dem Verfügendürfen des Fideikommißbesitzers bewirkt, erzeugt sie eine Rechtslage, die uns insofern interessiert als sie vielleicht den Namen Veräußerungsverbot verdient. Um so mehr ist zum Schluß hervorzuheben, daß im übrigen das Fideikommiß des preußischen Entwurfs keinen Anwendungsfall des Veräußerungsverbots enthält. Insbesondere ist der Umstand, daß die Verfügungen des Besitzers grundsätzlich nur bis zum Eintritt des Nachfolgefalles wirken, nicht aus einem Veräußerungsverbot zu erklären — trotz der amtlichen Begründung.

§ 29.

d) Unveräußerliche Rechte.

I. Bei der Prüfung des Verhältnisses der unveräußerlichen Rechte zum gesetzlichen Veräußerungsverbot ist von dem früher gewonnenen Satz auszugehen, daß Veräußerungsverbot die singuläre Hinderung der Veräußerung bedeutet.

Jedes Recht ist entweder übertragbar oder nicht, je nach seiner Natur, seinem Wesen. Dem Wesen des Eigentums, des Erbbaurechts entspricht die Übertragbarkeit ebensosehr, wie sie dem Wesen des Nießbrauchs widerspricht — wenigstens vom Standpunkt unseres geltenden Rechts aus. Daraus folgt, daß die Norm, die einem Recht die Eigenschaft eines unübertragbaren verleiht, kein Veräußerungsverbot ist, denn wenn sie zwar die Veräußerung hindert, so doch nicht singulärerweise. Selbst wenn diese Norm durch ein „Verbot" unterstützt sein sollte — ein unwahrscheinlicher Fall — so läge zwar eine verbotene Veräußerung vor, aber nicht ein Veräußerungsverbot in dem technischen Sinn singulärer Veräußerungshinderung.

---

1) Vgl. oben S. 150. Bei der Auflassung durch den Vorerben ist ein solcher Zusatz nicht nötig, denn seine Verfügung ist ja vom Eintritt des Nacherbfalls an absolut unwirksam.

Wenn dagegen eine zweite Norm ein bereits durch eine erste Norm mit der Eigenschaft der Veräußerlichkeit ausgerüstetes Recht für unveräußerlich erklärt, wenn sie also dem Recht singulärerweise, im Widerspruch mit seiner ursprünglichen Natur die Übertragbarkeit entzieht, dann haben wir es mit einem Veräußerungsverbot zu tun. Ob die Norm nur sagt, daß die Forderung nicht übertragen werden kann, oder ob sie noch ein eigentliches Verbot hinzufügt, macht für ihre Auffassung als Veräußerungsverbot im Sinn von Veräußerungs-hinderung nichts aus.

Man kann mithin zwei Arten von Unveräußerlichkeit unterscheiden: die primäre und die sekundäre. Jene ist dem Wesen des Rechts gemäß, diese ist ihm zuwider, singulär. Nur die letztere führen wir auf ein Veräußerungsverbot zurück [1]).

II. Diese einfache und klare Unterscheidung ist nunmehr praktisch anzuwenden. Um mit dem Nießbrauch zu beginnen, so ist § 1059, demzufolge „er nicht übertragbar" ist, kein Veräußerungsverbot; denn er ist die primäre Norm, die das Recht mit Rücksicht auf seine Eigenart für unveräußerlich erklärt. Die Nichtigkeit der Veräußerung folgt aus der in § 1059 geschehenen Qualifizierung des Rechts. Es ist abwegig, hier mit einem Veräußerungsverbot zu operieren.

Unsere Auffassung wird durch die Tradition unterstützt. Niemand hat vor 1900 davon geredet, daß der Nießbraucher einem Veräußerungsverbote unterliege. Zweifellos ist das Bürgerliche Gesetzbuch der Tradition gefolgt. Falls überhaupt nötig, wird das durch § 137 bewiesen: „Die Befugnis zur Verfügung über ein veräußerliches Recht kann nicht durch Rechtsgeschäft ausgeschlossen oder beschränkt werden." Denkt sich das Gesetz als Gegenstand des rechtsgeschäftlichen Veräußerungsverbots ein veräußerliches Recht, dann wohl auch als Gegenstand des gesetzlichen und behördlichen Veräußerungsverbots.

Wenn heute trotzdem zahlreiche angesehene Schriftsteller [2]) beim Nießbrauch von einem Veräußerungsverbot reden, so ist das nur so zu erklären: Sie gehen davon aus, daß alle Rechte übertragbar seien, und fassen daher jede Norm, die ein Recht als unübertragbar hinstellt, als ausnahmsweise Hinderung einer Veräußerung, als Veräuße-

1) Die Unterscheidung deckt sich wohl mit der früher (S. 34) mitgegeteilten Landsbergs.

2) Vgl. die Zitate oben S. 13.

rungsverbot auf. Allein der rein äußerliche Umstand, daß die Mehrzahl der Rechte übertragbar ist, kann für die Begriffsbildung des Veräußerungsverbots nicht entscheidend sein. Worauf es ankommt, ist dies, ob die Veräußerung eines Rechts im Widerspruch mit seiner eigentlichen Natur gehindert wird. Nur so ist das Wort singulär zu verstehen.

Böses muß fortzeugend Böses gebären. Indem man in § 1059 ein Veräußerungsverbot annahm, kam man weiter dazu, es für ein relatives zu halten, so z. B., wie wir sahen, Endemann und Hellmann [1]). Die Übertragung einer beschränkt persönlichen Dienstbarkeit, also wohl auch eines Nießbrauchs, soll nach diesem Schriftsteller relative Wirksamkeit haben! Das ist natürlich ein Widerspruch in sich selbst. Ein unübertragbares Recht — und doch übertragbar!

III. Was vom Nießbrauch gilt, gilt von allen unübertragbaren Rechten. Hervorzuheben sind die Rechtsanteile und die Forderungen.

Der Anteil bei der Gemeinschaft nach Bruchteilen ist ein übertragbares Recht, somit ein geeigneter Gegenstand für ein Veräußerungsverbot.

Was die Gesamthandanteile betrifft, so bestimmt z. B. § 1442: „Ein Ehegatte kann nicht über seinen Anteil an dem Gesamtgut und an den einzelnen dazu gehörenden Gegenständen verfügen . . .“ So heißt es freilich auch in § 2211, dennoch ist die Rechtslage hier eine ganz andere. § 1442 will nicht ein subjektives, sondern ein objektives Hindernis schaffen. Er richtet sich nicht gegen die Person, sondern gegen das Recht. Und zwar erklärt er den Rechtsanteil für seiner Natur nach unübertragbar. Niemand kann ihn übertragen; wer es versucht, versucht unmögliches. Die Rechtslage ist daher genau wie beim Nießbrauch und der Gesichtspunkt des Veräußerungsverbots hat auch hier gänzlich auszuscheiden.

Ebenso bei dem Anteil des Miterben an den einzelnen Nachlaßgegenständen [2]) (§ 2033 II). Unrichtig ist es insbesondere, auf seine Veräußerung den § 135 anzuwenden [3]). Will ein Miterbe

---

1) Vgl. das Zitat oben S. 13.

2) Die Literatur verkennt das meist. So zählt Hellmann, Vorträge, S. 131, § 719 und § 2033, Kipp-Windscheid, Pandekten, I, § 172 a, Zusatz 2 a und Kormann, a. a. O., S. 99, ferner noch § 1442 zu den absoluten Veräußerungsverboten.

3) Wie das seitens des Oberlandesgerichts Breslau nach einer allerdings zu kurzen Notiz im Recht, 1904, S. 164, geschehen sein soll.

seinen Anteil an einem Nachlaßgrundstück übertragen, so will er etwas Unmögliches. Die Übertragung entbehrt jeglicher Wirkung, sie ist nichtig, desgleichen die Verpflichtung hierzu. So mit Recht das Reichsgericht [1]). Wohl kann sich der Miterbe zur Übertragung des Grundstücks oder eines Teils verpflichten, und je nach den Umständen wird ihm auch die Übertragung selbst, z. B. wenn der Gegner gutgläubig ist, gelingen. Kann alles das ein Dritter, warum nicht auch ein Miterbe [2])? Wenn sich aber der letztere zur Übertragung gerade seines Anteils am Grundstück verpflichtet, wenn er übertragen will, was er hat und so wie er es hat, dann übersteigt er die Schranken der Rechtsordnung. Wäre es anders, so könnte die Erbengemeinschaft eine Gemeinschaft aller möglichen Menschen werden. Das soll nicht sein.

IV. Was die Forderungen angeht, so ist unstreitig, daß bei ihnen Veräußerungsverbote vorkommen können, wie sich das ja auch aus dem Verlauf der Darstellung ergab. Der Erbe wird im Fall des § 2211 nicht nur an der Veräußerung von Sachen, sondern auch von Forderungen gehindert; der Gemeinschuldner wird es ebenfalls. Da jedoch das Verbot in diesen und ähnlichen Fällen der Forderung die Eigenschaft der Übertragbarkeit beläßt — was freilich selbst Windscheid [3]) zu übersehen scheint; wenigstens stellt er die Forderung, deren Zession durch richterliche Verfügung verboten ist, auf gleiche Linie beispielsweise mit den höchstpersönlichen Forderungen — so interessiert uns dieses Verbot nicht weiter.

Hier interessieren uns nur die Normen, die der Veräußerung einer Forderung ein objektives Hindernis entgegenstellen, nicht bloß einem einzelnen Subjekt die Zession verwehren. Ich erinnere an die Millionen Fälle, die von § 850 CPO. in Verbindung mit § 400 BGB. getroffen werden. Es ist allgemein üblich, hier von Zessions- und Veräußerungsverbot zu sprechen. Ja, die genannten Fälle erscheinen in den Lehrbüchern geradezu als Paradebeispiele für die absoluten Veräußerungsverbote.

Augenscheinlich läßt man sich wie beim Nießbrauch, so auch hier von dem Gedanken leiten, daß alle Forderungen an und für sich, von Haus aus übertragbar seien. Die unveräußerlichen Forderungen

1) SeuffArch. 62, Nr. 168.
2) Vgl. dazu Planck, Kommentar, § 2033, Z. 5.
3) Windscheid, Pandekten, II, § 335, Z. 1.

betrachtet man deshalb als aus dem Kreis der veräußerlichen nachträglich herausgestoßen, und ihre Unübertragbarkeit erscheint so als sekundär, als singulär.

Ich halte diese Anschauung für willkürlich. So wie es die Regel ist, daß alle Rechte übertragbar sind, so ist es zwar auch die Regel, daß alle Forderungen abtretbar sind; aber das beweist doch nur, daß das Gesetz, das sozusagen von Fall zu Fall prüft, ob die Veräußerlichkeit zu dem Wesen der Forderung paßt oder nicht, in den meisten Fällen zu einer Bejahung gelangt ist. Wo es aber die Frage verneint, tut es das doch gleichfalls mit Rücksicht auf das Wesen und die Eigenart der Forderung, also nicht etwa singulärerweise. Die Verneinung ist eine Ausnahme, aber sie ist nicht singulär. Das darf man nicht verwechseln. Wie bei den Rechten überhaupt, so ist folglich auch bei den Forderungen unser Grundgedanke durchaus richtig und verwertbar. Man muß unterscheiden zwischen primärer und sekundärer, zwischen wesensgemäßer und wesenswidriger Unabtretbarkeit.

1. So wenig beim Nießbrauch ein Veräußerungsverbot vorliegt, so wenig beim Aussteueranspruch (§ 1623), dem Musterbeispiel der von Haus aus unübertragbaren Forderung.

Zur rechtlichen Behandlung ein paar Bemerkungen! Die Abtretung des Anspruchs ist nichtig. Das Versprechen der Abtretung ist auf etwas Unmögliches gerichtet. Grundsätzlich müßten daher §§ 306 und 307 zur Anwendung kommen. Indes wenn sogar der Verkauf einer nicht bestehenden Forderung nach § 437 BGB. gültig ist und zu vollem Schadensersatz verpflichtet, dann wohl auch der Verkauf einer zwar bestehenden, aber unübertragbaren Forderung. Gleicher Ansicht ist Titze, der einzige, der sich meines Wissens mit der Frage beschäftigt [1]). Was immer die bekanntlich strittige ratio des § 437 sein mag [2]), jedenfalls wird sie auch in dem vorliegenden Fall zutreffen.

Ein Zweifel taucht freilich auf. Die Normen, welche eine Forderung für unübertragbar erklären, werden mehr oder minder den Schutz des Gläubigers bezwecken. Wenn nun der Verkauf der Forderung den letzteren zu vollem Schadensersatz verpflichtet, wird

1) Titze, „Die Unmöglichkeit der Leistung nach deutschem bürgerlichen Recht" 1900, S. 64.

2) Vgl. Titze, a. a. O., Bechman, Kauf, II, 1, § 239; Lenel; Iherings Jahrbücher 19, S. 234, Schollmeyer, Kommentar des Rechts der Schuldverhältnisse, § 306, Z. 4, Windscheid, Pandekten, II, § 315.

dann der Zweck der Schutzvorschrift nicht vereitelt? Doch nicht; das Gesetz beabsichtigt nicht, den Gläubiger vor Schulden und Verschuldung zu bewahren, sondern nur, ihm die Forderung im Interesse seiner Wirtschaft zu sichern. Dieser Zweck wird aber durch die Heranziehung des § 437 nicht im geringsten gefährdet. —

Wenn der Zessionar weiß, daß die ihm verkaufte Forderung ein Aussteueranspruch ist, kann er keinen Schadensersatz verlangen (§ 439).

2. Unbedenklich wird man weiterhin die in §§ 847, 1300 erwähnten Forderungen zu den von Haus aus unveräußerlichen zu rechnen haben, wiewohl sie im Lauf der Zeit zu übertragbaren werden können. Der letztere Umstand hat auf ihre rechtliche Beurteilung schon vorher Einfluß. Um § 1300 herauszugreifen, so kann meines Erachtens die Frau die Forderung unter der Bedingung abtreten, daß sie anerkannt und dadurch übertragbar werde. Mit Eintritt der Bedingung wird die Verfügung wirksam. Es folgt dies zwar nicht unmittelbar aus § 308, aber doch aus der analogen Anwendung. Ob sich die Frau dem Zessionar verpflichten kann, das Anerkenntnis herbeizuführen und dadurch die Bedingung zur Erfüllung zu bringen? Das dürfte wohl der Tendenz des § 1300 widersprechen. Anders ist es, wenn es sich um Ansprüche aus § 847, z. B. wegen Körperverletzung, handelt. — Der Eintritt der Bedingung wirkt nicht zurück. — Wird der Anspruch aus § 1300 unbedingt abgetreten, so ist meines Erachtens die Abtretung nichtig. Die Bedingung ist nicht etwa ein für allemal als hinzugefügt zu denken. Eine solche Auffassung führt wieder allzuweit von der Tendenz und auch vom Wortlaut des § 1300 weg.

Bedingt übertragbare Forderungen kommen ferner in §§ 549, 613, 664 II BGB. usw. vor.

Der Zweck der Bedingung ist nicht immer gleich. Bald spielen Rücksichten auf den Schuldner mit, bald solche auf den Gläubiger, bald vermögensrechtliche, bald höchstpersönliche. Demgemäß ist auch die rechtliche Beurteilung verschieden.

3. Bei einer Reihe anderer Normen kann man zweifelhaft sein, ob sie eine primäre oder sekundäre Unübertragbarkeit der Forderungen aussprechen, ob sie also keine Veräußerungsverbote enthalten oder doch. Vor allem denke ich hier an § 850 CPO. Indem die Zivilprozeßordnung sich gegen die Pfändung gewisser Forderungen wehrt und das Bürgerliche Gesetzbuch sozusagen hinterherhinkend auch der

freiwilligen Abtretung die Wirksamkeit abspricht, wird sicherlich die Vorstellung singulärer Hinderung begünstigt. Über das Lohnbeschlagnahmegesetz und andere Gesetze ließe sich ähnliches oder entsprechendes sagen.

Gleichwohl kann der Zweifel auf sich beruhen bleiben, da ihm praktische Bedeutung nicht zukommt, die rechtliche Behandlung vielmehr klar ist. Die Zession ist in den fraglichen Fällen absolut unwirksam, der obligatorische Akt dagegen ist, ob man nun ein Veräußerungsverbot annimmt oder nicht, nach § 437 BGB. zu beurteilen. Wenn z. B. ein Arbeiter einem andern eine angebliche Kaufpreisforderung zediert, die in Wahrheit eine unter das Lohnbeschlagnahmegesetz fallende Forderung ist, so haftet er auf vollen Schadensersatz. An Dolus braucht man dabei nicht einmal zu denken.

Immerhin möchte ich doch energisch betonen, daß die Selbstverständlichkeit, mit der man die Fälle zu den Veräußerungsverboten rechnet, durchaus nicht am Platze ist. Das Empfehlenswertere erscheint mir bei solchem Zweifel, der *einfacheren* Auffassung zu folgen. Das ist aber die Konstruktion eines Veräußerungsverbots gewiß nicht.

4. Nur in einem Falle hat die Frage einigermaßen praktische Bedeutung, nämlich im Fall der durch ein pactum de non cedendo vinkulierten Forderung. Da ist man sich denn ihrer auch bewußt geworden — und streitet, anscheinend hoffnungslos.

Die einen sagen: Das pactum ist ein Veräußerungsverbot, und zwar ein rechtsgeschäftliches, das abweichend von § 137 dingliche Wirkung hat [1]).

Die andern sagen: Das pactum verwandelt die Forderung in ihrem Wesen; daraus erklärt sich die Unübertragbarkeit. Ein Veräußerungsverbot liegt nicht vor [2]).

Die ersten streiten über den Charakter des Veräußerungsverbots. *Goldmann-Lilienthal* [3]) z. B. halten es für ein relatives, so daß die vertragswidrige Zession nach ihnen relative Wirksamkeit hat.

---

1) **Achilles-Strecker**, GBO., 1901, S. 24; **Biermann**, Bürgerl. Recht, § 53, Note 18; **Predari**, Kommentar, S. 191; **Schollmeyer**, Kommentar, a. a. O., § 399, Z. 2; **Staudinger**, Kommentar, § 137, Z. 3 usw.

2) **Brückmann**, Bedeutung und Tragweite des Abtretungsverbots aus § 399 BGB; SeuffBl., 71. Jahrg., S. 437 ff.; **Güthe**, Kommentar, S. 210.

3) **Goldmann-Lilienthal**, Lehrbuch, S. 177.

Die andern nehmen, gestützt auf den Wortlaut des § 400, eine ausnahmsweise absolute Unwirksamkeit an [1]).

Was ist nun richtig? Veräußerungsverbot oder nicht? Man werfe einmal einen Blick auf die Aktien (§ 222 HGB.). Sie sind bald veräußerlich, bald nicht; bald vinkuliert, bald nicht. Der Gedanke des Veräußerungsverbots hat sich bei ihnen bezeichnenderweise zurückgehalten, wenn er auch hier und da hervorlugt, z. B. bei Staub [2]). Man spricht von Vinkulierung und nicht von Veräußerungsverbot; wie mir scheint, aus dem Gefühl des Richtigen heraus. Das Gesetz trifft nicht selbst die Entscheidung über die Veräußerlichkeit oder Unveräußerlichkeit der Aktien, sondern überträgt sie den Parteien. Indem diese die Aktien vinkulieren, nehmen sie ihnen keineswegs die bereits vorhandene Eigenschaft der Übertragbarkeit, sondern lösen den bis dahin noch bestehenden Zweifel, ob das Recht veräußerlich werde oder nicht. Sie machen, der Ausdruck ist nicht zu kühn, das Recht durch ihre Entscheidung erst fertig! Die Vinkulierung ist primäre, von den Parteien ex iure devolutionis aufgestellte Norm.

Genau so verhälts sich mit den Forderungen. § 400 besagt: Die Parteien mögen die Frage der Veräußerlichkeit regeln; ich bejahe sie meinerseits nur subsidiär. Also erst reden die Parteien, dann das Gesetz. Das ist des Pudels Kern! Das pactum de non cedendo, die Vinkulierung ist wieder primäre Norm, ist kein Veräußerungsverbot [3]).

Man hat das deshalb verkannt, weil man glaubte, daß das Gesetz allen Forderungen, die es nicht für unveräußerlich erkläre, die Eigenschaft der Veräußerlichkeit beilege. Allein der Gedanke, „alle Forderungen sind entweder veräußerlich oder unveräußerlich, tertium non datur" ist falsch. In Wahrheit zerfallen die Forderungen in zwei Gruppen: Die eine erklärt das Gesetz für unveräußerlich (z. B.

1) Doch kommen gewisse Milderungen und Einschränkungen der Absolutheit in Betracht, die freilich nicht mit der vorliegenden Konstruktionsfrage, sondern mit dem Umstand zusammenhängen, daß die Unveräußerlichkeit der Forderung keine unbedingte ist, ähnlich wie in §§ 1300, 847 (oben S. 169). Vgl. darüber die zutreffenden Ausführungen Brückmanns, a. a. O.

2) Staub, Kommentar HGB., § 222.

3) Das Primäre betont auch Brückmann, a. a. O. Der Verbotsvertrag, sagt er, tritt nicht von außen an die als abtretbar entstandene Forderung heran, von vornherein vielmehr ist die Forderung als eine unabtretbare entstanden (S. 439). Ähnlich Windscheid, Pandekten, II, § 335, Note 5.

§ 1623); bei der andern, der weitaus größeren, läßt es die Entscheidung offen! So ist § 399 aufzufassen.

Das Pendant zu § 399 liefert § 504. Auch da entscheidet das Gesetz die Frage der Abtretbarkeit des Verkaufsrechts bloß subsidiär, nur entscheidet es umgekehrt.

Ist demnach das ursprüngliche pactum de non cedendo ganz sicher kein Veräußerungsverbot, so verhält sich die Sache bei dem nachträglichen allerdings schwieriger. So erklärte denn z. B. im Gemeinen Recht Attenhofer[1]), der das erstere für wirksam hielt, das letztere für unwirksam, denn, meinte er, es sei, anders wie jenes, ein Veräußerungsverbot, und zwar ein rechtsgeschäftliches, das nur obligatorisch wirken könne.

Trotzdem scheint mir eine einheitliche Auffassung nicht nur wünschenswert, sondern auch sehr wohl möglich. Da Veräußerungsverbot singuläre Veräußerungshinderung ist, so setzt es ein Recht mit der festen Eigenschaft der Veräußerlichkeit voraus. Daran fehlt es aber, wenn die Parteien im Fall des § 399 eine zunächst veräußerliche Forderung ins Leben rufen, denn die Veräußerlichkeit ist widerruflich. So gut wie die Parteien von Anfang an die Forderung hätten vinkulieren können, so können sie es auch jetzt noch. So gut wie sich im Anfang mit dem Wesen der Forderung sowohl Veräußerlichkeit als auch Unveräußerlichkeit vertrug, so auch jetzt noch. Die Forderung hat eben etwas Chamäleonartiges. Es gibt entschieden übertragbare Rechte, z. B. das Eigentum; es gibt entschieden unübertragbare Rechte, z. B. den Nießbrauch, den Aussteueranspruch; es gibt Rechte, deren Charakter in der Beziehung schwankt, neutral ist. Dazu gehören die Aktien, das Vorkaufsrecht, die größte Zahl der Forderungen. Die Parteien können sie aus unveräußerlichen zu veräußerlichen Rechten machen und umgekehrt. Stets entspricht die Umwandlung dem Wesen des Rechts, ist sie ihm gemäß, daher nicht singulär. Indem die Parteien die Forderung nachträglich vinkulieren, tun sie mithin nichts Singuläres, sie machen vielmehr nur von einem ihrer ersten Entscheidung (der primären Norm) anhaftenden Vorbehalt Gebrauch. —

Der theoretische Vorteil unserer Auffassung, wonach weder das anfängliche noch das nachträgliche pactum de non cedendo ein

---

1) Attenhofer, Zeitschr. für Schweiz. Recht, N. F. V, S. 269 ff. Vgl. Windscheid, a. a. O.

Veräußerungsverbot ist, besteht darin, daß der Begriff des letzteren wieder einmal eine Einengung erfährt. Wir sonderten ihn von der größten Masse der Verfügungsbeschränkungen, wir sondern ihn jetzt von der Vinkulierung. Je mehr man diesen seit Anbeginn an allzu großer Weichheit leidenden Begriff schnürt, desto mehr Halt bekommt er.

Die praktische Bedeutung besteht darin, daß dem Streit über den Charakter des Veräußerungsverbots ein Ende gemacht wird; wobei noch bemerkt sei, daß die Anhänger des relativen Verbots zu der unhaltbaren Folgerung getrieben werden, daß das Verbot im Konkurs des Gläubigers wegfalle (§ 13 KO.) — einer Folgerung, die durch § 851 ZPO. in Verbindung mit § 1 KO. widerlegt wird. Der Verwalter kann die Forderung nur einziehen, nicht aber zedieren!

Sodann ist die Frage, ob die Eintragung des pactum bei Grundschulden (§ 413 BGB.) rechtsbegründend wirkt, von unseren Gegnern [1]) selbstverständlich zu verneinen, während ich sie bejahen muß [2]). Mein Ergebnis scheint mir durchaus angemessen; bedarf doch zweifellos auch die Vinkulierung des zugunsten einer bestimmten Person bestellten dinglichen Vorkaufsrechts der Eintragung. Wie die Umwandlung der Veräußerlichkeit in Unveräußerlichkeit, so ist auch die umgekehrte Verwandlung sowohl bei Grundschulden wie bei den genannten Vorkaufsrechten eintragungspflichtig.

Endlich ist noch auf einen schon früher (S. 111) leise angedeuteten Punkt hinzuweisen. Da die Forderung im Fall des ursprünglichen pactum de non cedendo sogleich als eine unübertragbare zur Welt kommt, so verstößt beispielsweise die Ehefrau nicht gegen das Veräußerungsverbot des § 1395, wenn sie gleichzeitig mit dem Erwerb einer Forderung das pactum abschließt. Der Fall erinnert an einen andern bekannten Fall, nämlich an den Fall, daß der in Gütergemeinschaft lebende Ehemann ein Grundstück kauft und den Restkaufpreis hypothekarisch eintragen lassen will. Mag nun auch in dem letzteren Fall die Frage diskutabel erscheinen, ob der Mann die Hypothek eigenmächtig bestellen kann [3]), so ist doch in dem unserigen kein Zweifel möglich: die Zustimmung des Ehemannes zu dem pactum ist nicht nötig. Auch meine Gegner, Biermann, Predari, Staudinger usw. werden schwerlich den Mut haben, anders zu

1) So z. B. Predari, a. a. O., S. 191.
2) Das tut wohl auch Güthe, a. a. O. S. 210.
3) Vgl. Planck, Kommentar, § 1445, Note 2 a.

entscheiden, obwohl sie es, wie z. B. Staudinger, der in dem Parallelbeispiel die Einwilligung des Ehegatten für erforderlich erklärt, nur auf Kosten ihrer Theorie können. Geben sie demnach ihre Theorie in praxi preis, so beweisen sie damit, daß sie nichts taugt. Also weg mit ihr!

Eine Verfügung liegt ferner nicht darin, daß die Frau statt eines veräußerlichen ein unveräußerliches Vorkaufsrecht erwirbt oder umgekehrt.

Zu der nachträglichen Änderung des Rechts ist die Frau dagegen nicht befugt. Da greift § 1395 ein. Weder kann sie die veräußerliche Forderung unveräußerlich machen, noch die unveräußerliche veräußerlich. Das scheint mir gleichfalls unbestreitbar. Wie das Recht einmal von der Frau erworben ist, so soll es bleiben.

Allerdings ist die Wandelbarkeit nach dem vorhin Gesagten eine immanente Eigenschaft der Forderung und leitete ich daraus her, daß das nachträgliche pactum keine singuläre Veräußerungshinderung, kein Veräußerungsverbot bedeute — aber damit wird nicht bestritten, daß das nachträgliche pactum eine Änderung der Forderung, folglich eine Verfügung enthalte.

§ 30.

e) Res extra commercium.

I. Verkehrsentziehung und Veräußerungsverbot haben zweifellos das gemeinsam, daß sie die Veräußerung erschweren. Wenn man von diesem Berührungspunkt aus weitergeht, wohin gelangt man dann? Etwa zu dem Bild zweier Kreise, die sich eben nur in diesem einen Punkte berühren, oder zweier sich schneidender oder gar konzentrischer Kreise?

Mit diesen Fragen hat man sich schon viele Mühe gemacht.

Die einen rechnen die Verkehrsentziehung zu den Veräußerungsverboten. So, wie wir früher sahen, Brinz und Randa[1]); dazu kommt noch Rehbein[2]). Nach Brinz ist die Extrakommerzialität sogar das einzig volle Veräußerungsverbot!

Andere Schriftsteller machen von dem umgekehrten Standpunkt aus die Beobachtung, daß das Veräußerungsverbot eine Verkehrsentziehung bewirke oder doch bewirken könne. Vor allem ist hier

1) Oben S. 7.
2) Rehbein, Das Bürgerliche Gesetzbuch, S. 171.

Bekker[1]) anzuführen. Er bildet fünf Gruppen von Sachen, die außerhalb des regelmäßigen Verkehrs stehen, darunter „die Sachen unter Veräußerungsverboten". Etwas zurückhaltender ist Windscheid[2]). Er weist darauf hin, daß auch bei anderen als für den gemeinen Gebrauch bestimmten Sachen die Eigenschaft, dem Verkehr entzogen zu sein, vorkomme, und führt als Beispiel u. a. die res litigiosa an unter Berufung auf l 1 § 2 D 20,3, wo diese Sache als res cuius commercium non est bezeichnet wird. Ebenso lehrt Gierke[3]), daß Sachen auch durch dingliche Veräußerungsverbote in bestimmtem Umfang außer Verkehr gesetzt werden könnten, z. B. Lehn, Stammgüter, Fideikommisse, fügt jedoch die schöne Bemerkung hinzu, daß hier die besondere rechtliche Eigenschaft der gebundenen Sache nicht Grund, sondern Folge einer eigentümlichen Gestaltung der an ihr bestehenden subjektiven Rechtsverhältnisse sei.

Besonders energisch vertritt der neueste Schriftsteller Kormann[4]) seinen Standpunkt: Wenn das Veräußerungsverbot so weit geht, daß es den Gegenstand der Verfügung aller Menschen entzieht, dann enthält es eine Beschränkung der Verkehrsfähigkeit. Umgekehrt muß man auch die Beschränkungen bezüglich der sogenannten verkehrsunfähigen Sachen unter den Begriff der Veräußerungsverbote einordnen.

Auf grundsätzlich anderm Standpunkt steht, wie erinnerlich, Böcking[5]), der vor der Verwechselung des Veräußerungsverbots mit der Beschränkung der Rechtsobjektivität warnt; ferner Schröder, der sich jedoch nicht weiter äußert[6]), Wappaeus und Crome. Wappaeus faßt den Gegensatz so: Das Wesen der Verkehrsentziehung ist Ausschluß von Rechten, das des Veräußerungsverbots Ausschluß von Rechtsgeschäften. Jenes bedeutet, daß an einer Sache keine oder doch gewisse Rechte nicht zugelassen sind; die sekundäre Folge davon ist die Unstatthaftigkeit gewisser Verträge. Dieses bedeutet, daß an der Sache zwar jede Privatberechtigung an und für sich stattfindet, trotzdem jedoch bestimmte Verträge über sie nicht geschlossen werden können[7]).

1) Bekker, Pandekten, I, § 77.

2) Windscheid, I, § 147, Note 6 und Text.

3) Gierke, Privatrecht, II, S. 35, Note 64 und Text.

4) Kormann, a. a. O., S. 99 ff.

5) Oben S. 4.

6) Oben S. 6.

7) Wappaeus, Zur Lehre von den dem Rechtsverkehr entzogenen Sachen, 1867, S. 36 und sonst.

Crome nennt es systematisch verfehlt, zu den Veräußerungsverboten auch die Verkehrsentziehung zu rechnen. „Veräußerungsverbote haben mit der Verkehrsentziehung nichts zu tun. Hiergegen wird vielfach gesündigt[1].“ Deutlicher drückt er sich an anderer Stelle[2]) aus: Bloße Veräußerungsverbote ohne Aufhebung des Wesens der Sache als Objekt der Sonderberechtigung entziehen die Sache dem Verkehr nicht. Crome gibt damit die Auffassung des französischen Gesetzes und der französischen Literatur wieder[3]).

II. Praktische Bedeutung kommt der ganzen Frage, soviel ich sehe, nicht zu, wohl aber dient sie der Befriedigung eines durchaus berechtigten Bedürfnisses nach systematischer Ordnung. Gehören doch Verkehrsentziehung und Veräußerungsverbot beide zu dem eisernen Bestand unserer Rechtsbegriffe, und man kann billigerweise verlangen, daß, wer mit ihnen operiert, sich über ihre Abgrenzung klar ist.

Ist also die Frage insoweit keine Doktorfrage, so doch in anderer Hinsicht! Der Umstand, daß der Grenzstreit sich durch die Jahrzehnte hindurchzieht und ein Ende überhaupt nicht abzusehen ist, da keine Partei bisher ein durchschlagendes Argument vorzubringen auch nur versucht hat, gibt zu denken. Die Parteien gehen von verschiedenen Grundanschauungen aus und stellen jede die ihrige als die unbedingt richtige hin. Das ist meines Erachtens verfehlt. Es kann sich nur darum handeln, welche der beiden die zweckmäßigere ist. Gestritten hat man genug, es ist Zeit, an einen friedlichen Ausgleich zu denken.

1. Das zeigt sich sogleich bei der ersten Frage, ob etwa die Verkehrsentziehung unter anderm auch ein Veräußerungsverbot enthalte. Die Frage ist von unserm Standpunkt aus so zu präzisieren: Schließt die Verkehrsentziehung eine singuläre Veräußerungshinderung in sich?

Eine Hinderung. Daraus ergibt sich schon, daß es verkehrt ist, den Gegensatz zwischen Verkehrsentziehung und Veräußerungs-

1) Crome, System, I, § 85, Note 20.

2) Crome, Allgemeiner Teil der modernen französischen Privatrechtswissenschaft, 1892.

3) Vgl. Art. 1128: Il n'y a que les choses qui sont dans le commerce qui puissent être l'objet des conventions mit Art. 1598 CC Tout ce qui est dans le commerce, peut être vendu, lorsque des lois particulières n'en ont pas prohibé l'aliénation. Zachariae-Crome, Handbuch des Französischen Zivilrechts, I, § 176.

verbot darin zu suchen, daß jene juristische Unmöglichkeit, dieses aber ein Nichtsollen bedeute. Darüber ist hier kein Wort mehr zu verlieren. Das Veräußerungsverbot kann bloße Sanktionsversagung sein und umgekehrt, die Verkehrsentziehung kann sehr wohl durch ein eigentliches Verbot unterstützt sein, man denke nur an den Verkauf einer Leiche, der doch gewiß auch verboten ist.

Eher läßt sich das bestreiten, daß die Veräußerung der Sache durch ihre Verkehrsentziehung gehindert werde. Ein Blick auf die sog. Zwecksachen beweist das. Grundsätzlich kann die Pfarre ihre Monstranz wohl veräußern. Wer das Eigentum daran hat, ist dem Gesetz gleichgültig, wofern er nur die Gewähr bietet, daß die Zweckwidmung der Sache nicht leide. Der Nachdruck liegt nicht auf der Erschwerung der Veräußerung, sondern des Erwerbs. Es fehlt somit die dem Veräußerungsverbot, in gewissem Sinn (S. 87) auch dem relativen, charakteristische Sperrtendenz. So wenig darin ein Veräußerungsverbot liegt, daß jemand sein Grundstück nicht an einen Ausländer veräußern kann, so wenig darin, daß die Kirche die Monstranz nicht an jedermann zu übertragen vermag.

Doch das sind nebensächliche Erwägungen. Die entscheidende Frage ist, ob die Veräußerung der extrakommerzialen Sache singulärerweise gehindert wird. Und gerade diese Frage ist die Doktorfrage, von der wir soeben sprachen. Ob singulär oder nicht, die Entscheidung darüber wurde schon im vorigen Paragraphen stellenweise zur Geschmackssache; hier wird sie es vollends.

Zwei Grundanschauungen sind möglich. Man kann davon ausgehen — das tun Brinz, Randa, Rehbein, deren Meinung wohl die herrschende ist — daß an und für sich alle Sachen veräußerlich sind und daß es daher einer zweiten, singulären Norm bedarf, ihnen die Veräußerlichkeit zu nehmen. Man kann aber auch davon ausgehen — und das tun der code civil, Böcking, Crome — daß die Sachen von vornherein in zwei Gruppen zerfallen, von denen die eine in commercio, die andere extra commercium ist. Jene erfreut sich voller Rechtsobjektivität, diese entbehrt sie ganz oder zum Teil. Die Normen, welche die res extra commercium regeln, sind nicht minder primäre Normen als die über die res in commercio, wenn es auch richtig ist, daß die Extrakommerzialität die Ausnahme bildet. Die Leiche ist nach dieser Auffassung ebenso sehr von Haus aus eine unveräußerliche Sache, wenn sie überhaupt eine Sache ist, wie etwa ein Pferd eine von Haus aus veräußerliche Sache ist. Wir teilten die Rechte in zwei Gruppen; ebenso sind die Sachen in zwei Gruppen zu teilen. Wie man beim Nießbrauch das Veräußerungsverbot ablehnt, sich vielmehr mit der Erklärung begnügt, daß nur übertragbares übertragen werden kann, so ist ebenso zu urteilen bei der Veräußerung einer Leiche. Die primäre Norm, die den Nießbrauch zum unübertragbaren Recht stempelt, ist kein Veräußerungsverbot; die primäre Norm, die eine Sache extra commercium setzt, ist es gleichfalls nicht, hier und dort fehlt es an der singulären Veräußerungshinderung.

Zwischen den beiden Grundanschauungen hat man die Wahl. Ich ziehe die letzte vor, trete also auf die Seite von Böcking und Crome. Die Auffassung, als ob die Leiche erst nachträglich aus dem Kreis der übertragbaren Sachen ausgeschieden worden sei, erscheint mir wenig geschmackvoll, und die Vorstellung, als ob die Kirchen, Straßen und Marktplätze an und für sich gehandelt werden könnten wie Eier und Käse, dünkt mir allzusehr vom individualistischen Standpunkt aus gebildet. Man stelle sich einmal auf den entgegengesetzten Standpunkt, etwa des durch Entsendung einer Kolonie neugegründeten Staates, der einen Teil seiner Güter den Untertanen zur Sonderberechtigung und zur beliebigen Verwertung überläßt, einen andern Teil für sich zwecks Verwertung zum allgemeinen Besten zurückbehält. In dieser Zurückbehaltung liegt nicht Entziehung der vorhandenen Veräußerlichkeit, sondern die letztere wird umgekehrt von vornherein vorenthalten.

Der theoretische Vorzug der hier gewählten Auffassung liegt in einer erneuten Einschnürung des vagen Veräußerungsverbotsbegriffs. Sein Herrschaftsbereich verliert wieder einmal eine Provinz. Wir trennten zahlreiche Verfügungsbeschränkungen ab, wir schieden die Vinkulierung von Forderungen und sonstigen Rechten aus, wir sondern davon zum Schluß die Verkehrsentziehung. Wo die Hinderung einer Veräußerung auf der Extrakommerzialität, auf der beschränkten Rechtsobjektivität der Sache beruht, lassen wir den Gesichtspunkt des Veräußerungsverbots beiseite. —

Eine Frage zweiten Ranges ist dann, wie weit man den Kreis der res extra commercium abzugrenzen hat. Sicher fallen die im öffentlichen Interesse an einen Zweck gebundenen Sachen hinein. Ob auch die verbotenen Sachen, darüber streitet man bekanntlich.

Die herrschende Meinung[1]) bejaht es, Zitelmann[2]) z. B. verneint es. Jedenfalls muß man wohl diejenigen verbotenen Sachen zu den res extra commercium zählen, die geradezu für rechtsunfähig erklärt sind, die demnach die Fähigkeit, Rechtsobjekt zu sein, völlig entbehren. Allein diese Sachen interessieren, wie ohne weiteres ersichtlich, in diesem Zusammenhang nicht. Hinsichtlich der übrigen verbotenen Sachen schließe ich mich Zitelmann[3]) an.

2. Die umgekehrte Frage, ob das Veräußerungsverbot eine Verkehrsentziehung enthält, erledigt sich nunmehr einfach. Sie ist selbstverständlich zu verneinen, wo das Verbot ein Recht, z. B. eine Forderung, betrifft, denn Extrakommerzialität setzt Sachen voraus. Ihr Begriff beruht auf der Beobachtung, daß die realen Dinge dieser Welt, die Sachen, um ihrer verschiedenen Eigenschaften willen eine verschiedene rechtliche Behandlung erfordern und daher zwei Gruppen bilden, von denen die eine eben in commercio, die andere extra commercium ist. Das verkennt Kormann[4]).

Die Frage ist weiterhin zu verneinen, wenn das Veräußerungs-

---

1) Vgl. z. B. Regelsberger, Pandekten, § 111; Crome, System, I, § 68, Gierke, Privatrecht, II, S. 35, Note 63.

2) Zitelmaun, Allgemeiner Teil, S. 86.

3) Rechtsunfähigkeit und Zwecksache sind feste Begriffe, von denen uns der zweite zur Bemeisterung des Rechtsstoffs unentbehrliche Dienste leistet. Von dem Begriff der verbotenen Sache dagegen läßt sich gleiches nicht sagen. Der Umstand, daß einige Sachen gewisse Eigentümlichkeiten an sich haben, die zu Sonderbestimmungen Veranlassung geben, vermag ihre Zusammenfassung zu einem einheitlichen Begriff nicht zu rechtfertigen, denn so verschieden die Eigenschaften sind, so verschieden auch die Sonderbestimmungen. Es gibt wohl allgemeine Regeln über die Zwecksachen, aber eine allgemeine Regel über die „verbotenen Sachen" kenne ich nicht. — Wie weit will man sodann den Kreis der verbotenen Sachen ziehen? Man schaue nur einmal auf § 367 StGB. Gegen diese Flut polizeilicher Vorschriften, in der der Begriff der Verkehrsentziehung elend zu ertrinken droht, gibt es nur ein Schutzmittel: Man errichtet einen Damm und sperrt dadurch die verbotenen Sachen von den verkehrsunfähigen völlig ab. Crome z. B. rechnet zwar Gifte, gewisse Waffen, unsittliche Schriften und Bilder, verseuchtes Vieh und ungestempelte Spielkarten (System I, § 68) zu den res extra commercium, erklärt es also für eine Sünde, bei ihnen von Veräußerungsverboten zu sprechen, beim Sprengstoff jedoch nimmt er ein Veräußerungsverbot (a. a. O., § 85 2 c) an, zählt ihn also, wenn anders er nicht sündigt, zn den res in commercio. Darin liegt zum mindesten eine Disharmonie. Bei der hier vertretenen Auffassung kommen solche Disharmonien nicht vor.

4) Kormann, a. a. O., S. 103.

verbot sich zwar auf Sachen bezieht, sich aber nur an ein Rechtssubjekt wendet. Denn dann erzeugt es nur eine subjektive Beschränkung, während Extrakommerzialität eine objektive, der Sache anhaftende, daher jedermann treffende Eigenschaft ist.

Es bleiben die ganz seltenen und praktisch bedeutungslosen Fälle übrig, in denen das Veräußerungsverbot jedermann an der Veräußerung der Sache hindert, z. B. des Sprengstoffes, des verseuchten Tieres (oben S. 35). Aber selbst dann führt es nicht zu einer Verkehrsentziehung in dem hier vertretenen Sinn, denn die Sache wird ja weder rechtsunfähig noch zur Zwecksache. Wer aber auf dem andern Standpunkt steht und die verbotenen Sachen der genannten Art zu den res extra commercium rechnet, kann eben deshalb kein Veräußerungsverbot annehmen, hat vielmehr die Unwirksamkeit der Veräußerung aus dem Fehlen eines geeigneten Veräußerungsobjekts zu erklären.

So sind also Verkehrsentziehung und Veräußerungsverbot zwei Kreise, die sich niemals schneiden können. Jene schließt dieses nicht in sich, dieses führt nie zu jener.

III. Teil (Anhang).

Zum Begriff der Verfügung.

§ 31.

Die Arten der Verfügung und ihr Verhältnis zueinander.

I. Wiewohl das Bürgerliche Gesetzbuch unter Veräußerung im allgemeinen nur die Übertragung eines Rechts versteht, so hat es doch bei dem Wort Veräußerungsverbot nicht nur diese Verfügung im Auge, sondern die Verfügung schlechthin. Das wird überall anerkannt und durch den Wortlaut (Verstößt die Verfügung usw.) und die Entstehungsgeschichte des § 135[1]) klar bewiesen.

Verfügungsgeschäfte sind nun solche Rechtsgeschäfte, die unmittelbar auf ein bestehendes subjektives Recht einwirken. Die Einwirkung kann in der Übertragung, Aufhebung, Belastung und Änderung des Rechts bestehen. Darüber herrscht seltene Einmütigkeit. Im einzelnen freilich ist manches unsicher, wie sich in § 32 zeigen wird. Neuestens hat aber bekanntlich Sohm[2]) sogar an die prinzipielle Begriffsbe-

1) Motive zum Allgemeinen Teil, S. 213 (Mugdan, I, S. 470).

2) Sohm, Gegenstand. Ferner Sohm, ArchBürgR. 28, S. 173 ff. Ich halte an der herrschenden Meinung trotz Sohm fest. Sohm sagt: Wie alle Begriffe, so müssen auch die Grundbegriffe aus den Rechtssätzen entnommen werden. Drei Rechtssätze nun machen den Grundbegriff der Verfügung aus: 1. Die Rechtssätze von der causa; 2. die Rechtssätze von der Gleichsetzung des Verfügungsgeschäfts eines Nichtberechtigten unter Zustimmung des Berechtigten usw. mit dem Verfügungsgeschäft des Berechtigten nach Maßgabe von § 185; 3. Die Rechtssätze von dem Verfügungsgeschäft des Nichtberechtigten, insbesondere des legitimierten Nichtberechtigten (ArchBürgR. 28, S. 195). Sohm kommt zu dem Ergebnis: Verfügungen sind Geschäfte, die durch Zuwendung eines Vermögensrechts den Gegner einseitig bereichern (a. a. O. S. 195). Zu den Vermögensrechten zählt er die Gestaltungs- oder Kannrechte nicht (a. a. O. S. 200). Die Verfügungen über solche Rechte sind daher in seinen Augen keine Verfügungen; auch die Dereliktion nicht, da sie ja nicht zur Bereicherung eines andern führt.

stimmung selbst die Brandfackel des Streits gelegt. Doch ist es hier nicht nötig, darauf einzugehen.

Mir scheint, als ob Sohm den erwähnten drei Rechtssätzen zu viel Gewicht beilegt. Den einfachen Beweis liefert der Umstand, daß unsere Rechtsordnung, selbst wenn sie keinen dieser Sätze kännte, doch den herrschenden Verfügungsbegriff haben würde. Es gibt nämlich gewisse Rechtsgeschäfte, deren Eigentümlichkeit in der von Sohm sogenannten Verfügungswirkung besteht. Für sie gilt ein gemeinsamer Rechtssatz und der lautet: Durch das fragliche Rechtsgeschäft kann nicht jeder die Verfügungswirkung hervorrufen. sondern nur, wer dem von der Wirkung betroffenen Recht zuständig ist. Das ist ein fast selbstverständlicher Rechtssatz, aber doch immerhin ein Rechtssatz, der die Zusammenfassung der von ihm beherrschten Rechtsgeschäfte zu einem einheitlichen Begriff rechtfertigt, — zu dem Begriff der Verfügungsgeschäfte. Also auch die Kündigung, der Verzicht auf ein Vorkaufsrecht usw. sind demgemäß Verfügungen, so wie es die herrschende Meinung lehrt.

Noch ein anderes Band umschlingt aber die Verfügungen der herrschenden Meinung, das Band eben des § 185, den Sohm ausschließlich für seinen Begriff in Anspruch nimmt. Sohm unterschätzt meines Erachtens das Anwendungsgebiet dieser Gesetzesvorschrift. Sie gilt nicht nur für seine Verfügungen, sondern auch — beispielsweise — für die Dereliktion und für Verfügungen über Kann- (Gestaltungs)rechte. Man überzeugt sich sofort durch folgende Fälle. Jemand verschenkt eine Sache an einen Fünfjährigen, behält folglich Eigentum, der Vater des Jungen meint, dieser habe die Sache auf der Straße aufgelesen und wirft sie weg, derelinquiert mithin eine fremde Sache. Die Dereliktion ist gewiß wirksam, insofern in der Schenkung auch die „Einwilligung" zur Dereliktion liegt. Wer das letzte bezweifelt, wird doch die „Genehmigung" der Dereliktion unter allen Umständen als wirksam anerkennen müssen. Oder: Ein Grundstück wird an einen Geisteskranken aufgelassen. Dieser derelinquiert es nach seiner Gesundung gemäß § 928. Der Eigentümer genehmigt die Dereliktion. Weshalb soll § 185 II nicht zutreffen? Nur Voreingenommenheit kann da widersprechen. Ferner: Jemand hält sich für den Erben und verzichtet auf ein zur Erbschaft gehöriges Vorkaufsrecht, ohne daß der Tatbestand des § 2366 vorliegt. In Wahrheit lebt der Vorkaufsberechtigte noch. Wenn dieser nun den Verzicht dem Pseudoerben gegenüber genehmigt, so greift gewiß wieder § 185 II ein. Ich wüßte wenigstens nicht den geringsten Grund, der den Gesetzgeber veranlassen könnte, etwas anderes zu bestimmen. Ebenso ist zu entscheiden, wenn der Scheinerbe das Vorkaufsrecht einem Dritten abtritt. Legitimiert in § 2366 der Erbschein einen Fremden zur Verfügung über das Vorkaufsrecht, warum soll es in § 185 nicht die Einwilligung oder Genehmigung tun?

Allerdings wird es nicht oft vorkommen, daß jemand im eignen Namen über ein fremdes Kannrecht verfügt, und so erklärt sich wohl auch

Die Verfügungswirkung wird bisweilen auch mit einem nicht-rechtsgeschäftlichen Tatbestand verbunden. Sohm, der das in besonders verdienstlicher Weise hervorhebt, spricht da von Zwangsverfügung. „Sie liegt dann vor, wenn durch Gesetz oder Richterspruch das Recht einer bestimmten Person übertragen oder belastet wird, wenn also die durch Gesetz oder Richterspruch angeordnete unmittelbare Rechtsänderung hinsichtlich eines bestimmten Gegenstandes als auf Rechnung einer bestimmten Person eintretend gewollt ist [1]."

Das führt zu der Frage, ob das Gesetz da, wo es von Verfügung spricht, auch die sog. Zwangsverfügung meint. Richten sich z. B. die gesetzlichen Veräußerungsverbote auch gegen die letztere? Diese Frage, deren Zusammenhang mit unserm Thema auf der Hand liegt, soll im folgenden näher geprüft werden.

Zunächst ist unzweifelhaft, daß das Gesetz zu den rechtsgeschäftlichen Verfügungen auch die in § 894 ZPO. fingierten Verfügungen rechnet. Pfändet z. B. ein Gläubiger des Vorerben ein zum Nachlaß gehörendes Pferd, so ist die sich an die Pfändung anschließende Verfügung nach § 2115 BGB. unwirksam und nach § 773 ZPO.

---

das Versehen Sohms; wo aber der Zufall sich einmal in der Gestaltung einer solchen Situation gefällt, da ist nicht einzusehen, weshalb man sie nicht mit Hilfe des § 185 schlichten sollte.

Richtig ist ferner, daß der Absatz 2 des § 185 nicht auf alle Verfügungen beziehbar ist. Man denke z. B. an die Kündigung. Die Verfasser des Gesetzes hatten wohl nur die Verfügungen im Auge, die dem Gegner keinen Schaden bringen. Keinesfalls aber hatten sie den Sohmschen Verfügungsbegriff im Sinn. Die Dereliktion z. B. ist genehmigungsfähig, wie sich soeben zeigte.

So gibt also ein doppeltes Band dem Verfügungsbegriff der herrschenden Meinung Halt und Festigkeit — und damit Existenzberechtigung. Ich wiederhole aber, daß mir das ersterwähnte allein schon ausreichend erscheint. Ob nicht noch ein Drittes dazukommt? Sohm selbst erkennt an, daß der Rechtssatz über die „Legitimation des Nichtberechtigten" auch für Rechtsgeschäfte gilt, die nicht Verfügungen in seinem Sinn sind (a. a. O. S. 200). § 893 und § 23667 treffen z. B. auch auf die Kündigung zu. Doch kommt auf die Frage von unserm Standpunkt aus nichts mehr an.

Bestenfalls kann man nach allem dem, ohne daß man den Gedankenreichtum seiner Schrift leugnet, nur zugeben, daß Sohm eine besondere Art von Verfügungen ans Licht gestellt hat, Verfügungen, die sich etwa als Zuwendungsverfügungen bezeichnen lassen.

1) Sohm, Gegenstand, S. 15.

verboten. Verkauft dagegen der Vorerbe das Pferd und wird dann zur Übereignung verurteilt, so liegt eine wirksame Verfügung im Sinn des § 2112 vor[1]). Sie steht im Gegensatz zu der durch das erste Beispiel illustrierten „im Wege der Zwangsvollstreckung geschehenden Verfügung" des § 2115.

Die Zwangsverfügungen zerfallen in behördliche und gesetzliche. Beide sind getrennt zu behandeln!

II. Was die ersteren betrifft, so begreift der Sprachgebrauch des Gesetzes sie unter dem Wort Verfügung nicht ein. Den Beweis liefert ohne weiteres der Umstand, daß das Gesetz da, wo es die obrigkeitliche und die rechtsgeschäftliche Verfügung gleichbehandelt wissen will, das ausdrücklich hervorhebt. An und für sich versteht also das Gesetz unter Verfügung nur die letztere[2]). Fehlt es an einer ausdrücklichen Gleichstellung der behördlichen, so kommt höchstens die Analogie in Frage. Für diese ist es von Nutzen, die Fälle der ausdrücklichen Gleichstellung einmal zu überschauen und zu gruppieren.

1. Die §§ 353, 499, 184 II haben meines Erachtens den gemeinsamen Grundgedanken: Wer für eine rechtsgeschäftliche Verfügung aufzukommen hat, hat es auch für eine behördliche.

Uns interessieren vor allem die Verfügungsbeschränkungen. Welchen Einfluß haben sie auf die Exekutivverfügungen?

2. Daß die aus der Rechtskollision folgende Verfügungsbeschränkung auch die letzteren umfaßt, ist klar und im Gesetz nicht einmal besonders gesagt. Die Gläubiger können sich z. B. aus der ihrem Schuldner zustehenden Forderung nur vorbehaltlich des die Forderung belastenden Nießbrauchs oder Pfandrechts befriedigen.

In einem Falle reißt das Gesetz bekanntlich die sich aus der Rechtskollision für die rechtsgeschäftliche Verfügung ergebende Schranke teilweise nieder. Nach § 1124 kann der Eigentümer über die Mietzinsforderung verfügen, trotzdem sich die Hypothek auf diese erstreckt. Man streitet, ob § 1124 auf die Exekutivverfügungen entsprechend anzuwenden ist. Mit Recht bejaht die herrschende Meinung die Frage[3]). Nach Lage der Sache — von logischer Notwendigkeit freilich kann keine Rede sein — rechtfertigen die Gründe, die hin-

---

1) Vgl. Planck, § 2115, Z. 1 und die dort Angeführten.

2) Vgl. Planck, I, Vorbemerkung IX, Z. 4 vor dem dritten Abschnitt (S. 186).

3) Planck, Kommentar, § 1124, Note 1; RG 58, S. 185.

sichtlich der einen Verfügungsart zu einer Ausnahme von dem Kollisionsprinzip führten, diese Ausnahme auch für die andere Verfügungsart.

3. Aber auch die aus der Revokabilität eines Rechts fließende Verfügungsbeschränkung erstreckt sich grundsätzlich auf die Exekutivverfügungen. **Nemo plus iuris transferre potest quam ipse habet.** Der Satz gilt für jeden Verfügungserwerb, für den Erwerb aus den letztgenannten Verfügungen nicht minder wie für den aus den rechtsgeschäftlichen. Es ist mithin ein Prinzip, das den §§ 161 I 2 und 2115 zugrunde liegt.

4. Anders verhält es sich dagegen mit den zahlreichen Vorschriften, die hinsichtlich der singulären Verfügungsbeschränkungen, also der Veräußerungsverbote, die Zwangsverfügung der rechtsgeschäftlichen gleichstellen. Das tut ganz allgemein § 135; ferner § 883. Dazu kommen speziellere Regeln, nach denen z. B. die Gläubiger unter der Beschränkung der Ehefrau, des durch einen Testamentsvollstrecker beengten Erben, des Gemeinschuldners usw. leiden. Es ist nicht zu verkennen, daß alle diese Vorschriften nicht in der Weise Ausfluß eines logischen Prinzips sind, wie wir es bei den beiden vorigen Gruppen beobachteten. Sie sind es so wenig wie es die gegen die freiwillige Veräußerung gerichteten, also die eigentlichen Veräußerungsverbote selbst, sind. Ist doch das Kennzeichen der letzteren die Singularität, das Prinzipwidrige! Nicht weil es die Logik fordert, sondern weil es zweckmäßig ist, wird dem Eigentümer die (freiwillige) Veräußerung verwehrt. Der Zweck erheischt nun vielleicht auch ein Verbot der Exekutivverfügung, vielleicht aber auch nicht. Die Frage läßt sich nicht einheitlich entscheiden, sondern hängt jedesmal von den Umständen ab.

Nur wenn man sich darüber klar ist, entgeht man der unrichtigen Analogie in dem Fall, wo das Gesetz nur von rechtsgeschäftlichen Verfügungen spricht[1]), nämlich im Fall des absoluten Veräußerungsverbots (§ 134). Es ist falsch, zu schließen: Da das relative Veräußerungsverbot die Exekutivverfügung entkräftet, so erst recht das absolute! Richtig ist vielmehr zu sagen: Wenngleich aus dem Schweigen in § 134 an sich nichts gegen die analoge Gleichstellung der Exekutivverfügung gefolgert werden kann, so ist doch zu berücksichtigen, daß das Gesetz es in § 134 im Gegen-

1) Übrigens auch nur implizite.

satz zu § 135 an einer allgemeinen Gleichstellung hat fehlen lassen. Es kann daher nur eine Analogie von Fall zu Fall in Betracht kommen. Bei jedem absoluten Veräußerungsverbot ist besonders zu prüfen, ob die ratio legis die entsprechende Anwendung des Verbots auf die Exekutivverfügung rechtfertigt.

Das trifft z. B. zu bei dem Verbot der Veräußerung historisch wertvoller Gegenstände durch die Innung usw. (Gew.O. § 89 b). Das Gesetz verhält sich augenscheinlich gegen beide Verfügungsarten mit Rücksicht auf das öffentliche Interesse gleich ablehnend. Es trifft dagegen nicht zu bei dem Verbot der Veräußerung von Grundstücken durch die Innung.

III. Nun zu den gesetzlichen Verfügungen. Versteht das Gesetz nicht einmal die Exekutivverfügungen an und für sich unter dem Wort Verfügung, wieviel weniger die gesetzlichen! Während es aber die ersteren sehr häufig den rechtsgeschäftlichen gleichstellt, tut es das mit den gesetzlichen nur ganz vereinzelt, einmal in § 366 HGB.[1]), sodann in dem uns unmittelbar angehenden § 15 KO.[2]). In dem letzteren ist gesagt, daß, wenn z. B. der Gemeinschuldner eine Sache in die gemietete Wohnung einbringt oder sie zur Reparatur gibt, der Vermieter und der Unternehmer kein der Masse gegenüber wirksames Pfandrecht erwerben.

So erklärt sich denn auch, daß man sich wohl das Problem des Verhältnisses der Exekutiv-, nicht aber das der gesetzlichen zu den rechtsgeschäftlichen Verfügungen gestellt hat, wie man das z. B. bei Planck[3]) ganz deutlich sieht.

Meines Erachtens ist nun hier die Analogie in derselben Weise in Erwägung zu ziehen wie vorhin (II), und daher tut uns auch die Gruppenbildung von vorhin wieder gute Dienste.

1. Kein Zweifel, daß, wer für rechtsgeschäftliche und obrigkeitliche Verfügungen einem andern einzustehen hat, es auch für

1) § 366 III HGB.: Das gesetzliche Pfandrecht des Kommissionärs, des Spediteurs, des Lagerhalters und des Frachtführers steht hinsichtlich des Schutzes des guten Glaubens einem gemäß Abs. 1 durch Vertrag erworbenen Pfandrecht gleich.

2) § 15 KO.: Rechte an den zur Konkursmasse gehörigen Gegenständen usw. können nach der Eröffnung des Verfahrens nicht mit Wirksamkeit gegenüber den Konkursgläubigern erworben werden, auch wenn der Erwerb nicht auf einer Rechtshandlung des Gemeinschuldners beruht usw.

3) Planck, Kommentar, I, S. 185.

gesetzliche muß. Wenn der Eigentümer z. B. eine Sache zur Ausbesserung gibt und darauf eine Verfügung genehmigt, die ein Fremder vorher über sie getroffen hat, soll dann etwa das zwischenzeitlich entstandene gesetzliche Pfandrecht des Unternehmers unter der rückwirkenden Kraft der Genehmigung leiden? (§ 184). Oder ein Beispiel zu § 353: Der Rücktrittsberechtigte zieht aus, sein Vermieter hält die Sache als Pfand zurück und vernichtet sie schuldhaft. Der Rücktritt ist alsdann ausgeschlossen. Eines Beispiels zu § 499 bedarf es kaum.

2. Uns ist es vor allem wieder um die Verfügungsbeschränkungen zu tun. Wie wirken sie auf gesetzliche Verfügungen? Was zunächst die aus der Revokabilität eines Rechts fließende Beschränkung anlangt, so ist die Annahme, daß sie auch die gesetzlichen Verfügungen umfasse, vollauf berechtigt. Das hinsichtlich der Exekutivverfügungen (S. 185) Gesagte ist hier einfach zu wiederholen. **Nemo plus iuris transferre potest quam ipse habet.** Wer nur für 10 Jahre Eigentum hat, von dem kann ich auch nur für 10 Jahre Rechte ableiten, mag die Ableitung auf Rechtsgeschäft, Richterspruch oder unmittelbar auf dem Gesetz beruhen. Das verkennt Niedner[1]. Er meint, daß die Verfügungsbeschränkung des § 161 singulär und Analogie daher nicht statthaft sei. Daß es sich gerade umgekehrt verhält, wissen wir mittlerweile.

Beispiele: Jemand hat resolutivbedingtes Eigentum und mietet. **Existente condicione** erlischt das Pfandrecht des Vermieters. Anders Niedner. — Jemand hat unter aufschiebender Bedingung verfügt, etwa mittels const. possess. In der Zwischenzeit läßt er die Sache ausbessern. Das Pfandrecht endet mit Eintritt der Bedingung.

3. Bei Verfügungsbeschränkungen aus Rechtskollisionen wird unsere Frage, soviel ich sehe, nicht praktisch.

4. Wie aber im Fall der singulären Verfügungsbeschränkungen, also der Veräußerungsverbote?

Der Fall des täglichen Lebens ist das Veräußerungsverbot gegen die Ehefrau (§ 1395). Diese mietet z. B. eigenmächtig und bringt Sachen ein. Oder sie gibt ihre Sachen einem Frachtführer zur Beförderung usw. Erwerben der Vermieter, der Frachtführer ein Pfand-

1) Niedner, Deutsche Juristen-Zeitung 1907, S. 569 ff.

recht? Senkpiehl[1]) verneint die Frage schlechtweg. Er erörtert den Fall, daß die Frau während der Scheidung ohne Wissen ihres Gatten ihre Möbel vom Spediteur holen und auf Lager nehmen läßt, und meint, daß der Vertrag mit dem Spediteur in Verbindung mit der Besitzübergabe als Verfügung im Sinn des § 1395 anzusehen sei. Heinsheimer[2]) dagegen bejaht unsere Frage in ausführlicher Erörterung, und Planck[3]) endlich hält im Anschluß an das Reichsgericht[4]) die Mitte. Planck sagt: Eine Verfügung liegt nicht vor, wenn die Frau mietet und Sachen einbringt; also greift § 1395 nicht Platz und der Vermieter erlangt ein Pfandrecht. Aber der Ehemann kann sich auf § 1399 berufen, wonach die Mietschuld der Frau dem Eingebrachten gegenüber nicht wirksam ist, und er behält daher seine Rechte an der Sache trotz des Pfandrechts des Vermieters.

Eine richtige Fragestellung vermisse ich bei allen drei Autoren. Sie war freilich erst möglich, seitdem Sohm uns lehrte, daß hier „gesetzliche Verfügungen" vorliegen. Die Frage muß lauten: Rechtfertigt der Grund, aus dem das Gesetz die Frau in der freiwilligen Verfügung beschränkt, auch eine Beschränkung in der gesetzlichen Verfügung?

Die Frage nach der Analogie ist ebenso in allen anderen Fällen von Veräußerungsverboten aufzuwerfen. Beispiele: Der Käufer erwirkt ein gerichtliches Veräußerungsverbot gegen den Verkäufer, dieser zieht um und erhält vom Spediteur einen Vorschuß auf die betreffende Sache (§ 135). — Die Auflassungsvormerkung erstreckt sich auch auf Zubehör, der Verpflichtete gibt das Zubehör in Reparatur (§ 883). — Der Erbe im Fall des § 2211 mietet und bringt Sachen ein. — Der Vorerbe im Fall des § 2129 tut desgleichen.

Soll man nun in allen den Fällen die Analogie annehmen? Etwa so argumentieren: Da sich die Verfügungsbeschränkung bei revokablen Rechten auf die gesetzlichen Verfügungen erstreckt, so tut es auch die Verfügungsbeschränkung bei Veräußerungsverboten? Indes die Argumentation übersieht, daß in jenem Fall die Erstreckung durchaus in der Rechtskonsequenz liegt. Es wäre im Gegenteil in-

1) Senkpiehl, Recht, 1907, S. 1390.

2) Heinsheimer, Das Recht des Mannes am Vermögen der Frau (Fischers Abhandlungen, Bd. X, Heft 3), 1903, S. 31, Note 36.

3) Planck, Kommentar, § 1399, Note 4.

4) RG. Strassache 35, S. 201.

konsequent, wenn der Vermieter ein dauerndes Pfandrecht erwürbe, trotzdem der Mieter nur Eigentümer auf Zeit, z. B. bis zu einem Endtermin ist. In unserm Fall dagegen kann von solcher Rechtskonsequenz keine Rede sein. Die Beschränkung in der freiwilligen Verfügung ist nicht die Folge eines Rechtsprinzips, sondern Folge einer besonderen Bestimmung, die in irgendwelchen Zweckmäßigkeitserwägungen ihren Grund hat; kurz, sie ist singulärer Natur. Das Bedürfnis nach einer solchen Beschränkung beweist nun keineswegs ohne weiteres, daß auch eine Beschränkung in der gesetzlichen Verfügung Bedürfnis ist. Das läßt sich vielmehr nur nach einer Prüfung von Fall zu Fall entscheiden. In jedem Einzelfall ist zu fragen: Wieweit reicht die Schutztendenz? Bedarf es auch eines Schutzes gegen gesetzliche Verfügungen?

Verfehlt wäre ferner eine Argumentation, zu der die §§ 559, 647 usw. infolge ihrer zu engen Fassung reizen könnten. Nach dem Wortlaut dieser Paragraphen erwerben der Vermieter, Unternehmer usw. nur dann ein Pfandrecht, wenn die Sachen dem Mieter, Besteller usw. gehören, ihr Eigentum sind. In Wahrheit genügt es aber, daß die letzteren Personen hinsichtlich dieser Sachen Verfügungsbefugnis haben, wie durch Beispiele ohne weiteres bewiesen wird. Oder will man das Pfandrecht bestreiten, wenn der Nießbraucher eine Sache, über die er nach § 1048 verfügen kann, in Reparatur gibt? Kommt es so auf die Verfügungsbefugnis an, ergreift demnach das Pfandrecht des Vermieters Sachen, an denen der Mieter zwar kein Eigentum, wohl aber die Verfügungsbefugnis hat, so fühlt man sich versucht, umgekehrt zu schließen, daß es die Sachen nicht ergreife, an denen der Mieter zwar Eigentum, aber keine Verfügungsbefugnis hat.

Allein der Schluß ist rein formal und wird durch die vorhin angestellten sachlichen Erwägungen widerlegt. Aus dem Umstand, daß das Gesetz es für nötig befand, die Frau in der freiwilligen Verfügung zu beschränken, folgt nichts hinsichtlich der gesetzlichen Verfügung über ihre Güter.

Gehen wir nunmehr Fall für Fall durch, so komme ich zu dem Ergebnis, daß die Analogie durchweg abzulehnen ist, und zwar deshalb, weil ein Bedürfnis nach so weit gehendem Schutz nicht besteht. Denn einmal sind die gesetzlichen Verfügungen nicht sehr häufig, zum andern können sie, so wie sie sind, nicht allzugroßen Schaden anrichten. Pfandrecht für die Speditionsgebühr, für den Werklohn und selbst für die Miete: Dabei geht die Welt nicht unter! Der

Meinung sind wohl auch die Motive [1]), denn nachdem sie den Einfluß der Veräußerungsverbote auf die Exekutivverfügungen besprochen haben, fahren sie fort: „Nicht getroffen werden die kraft des Gesetzes sich vollziehenden Erwerbungen seitens Dritter."

Also die §§ 135, 883 beziehen sich nicht auf die gesetzlichen Verfügungen. Aber auch in den §§ 2129, 2211, 1052 und selbst in § 1395 möchte ich das Gleiche annehmen, wiewohl ich zugebe, daß man schwanken kann. Für mich spricht das arg. a contr ex § 15 KO., das, wie gering man sonst über solche Argumente denken mag, durch die angeführte Bemerkung der Motive besondere Beweiskraft erhält. Weshalb hat der Gesetzgeber den § 15 in § 1395 BGB. usw. nicht wiederholt? Er brauchte die Waffe nicht erst zu schmieden, er hatte sie schon in seiner Rüstkammer und holte sie doch nicht hervor. Dabei muß man sich erinnern, daß, wie das die Entstehungsgeschichte zeigt [2]), die Gesetzesverfasser bei Schaffung des § 1395 die Paragraphen über das Veräußerungsverbot und die Motive dazu auf dem Arbeitstisch vor sich hatten.

Hinzu kommt, daß der Verwalter (§§ 2129, 1052), der Testamentsvollstrecker (§ 2211), der Ehemann vermöge ihres ius possidendi in den meisten Fällen den Tatbestand der gesetzlichen Verfügung zu verhindern in der Lage sind. Ein Fall, wie er dem RGStrafſ. 35, 201 vorlag, daß der Mann auf See ist und nun die Frau selbständig mietet, ist eine Ausnahme. Ist es aber in solchem Ausnahmefall ein Bedürfnis, der wohnungsuchenden Frau Hemmnisse in den Weg zu legen, indem man ihr den Realkredit abschneidet [3])? Ist doch die Frau, wenn sie mietet, auf ihr eigenes Wohl bedacht und nicht auf den Schaden des Mannes! Wo sie aber einmal die Möglichkeit gesetzlicher Verfügungen mißbraucht, um den Mann absichtlich zu benachteiligen, da ist eine Einschränkung zu machen, von der sogleich die Rede sein und die den Argumenten der Gegner die letzte Spitze abbrechen wird [4]).

---

1) Motive zum Allgemeinen Teil, S. 213 (Mugdan, I, S. 470).

2) Motive zum Familienrecht, S. 225 (Mugdan, IV, S. 124.)

3) Ausnahmefälle werden ja auch in § 1401 BGB. berücksichtigt.

4) Ich stelle mich also auf den Standpunkt von Heinsheimer. Seiner Kritik des Reichsgericht, a. a. O. ist meines Erachtens beizustimmen. Die Ansicht des letzteren läuft darauf hinaus: Der Vermieter erwirbt ein Pfandrecht, aber der Ehemann darf darunter nach § 1399 nicht leiden, er behält mithin das Recht auf Besitz und Verwaltung wie wenn die Sache

Trotzdem der erwähnte Satz der Motive anscheinend Allgemeingültigkeit für sich beansprucht, möchte ich doch hier und da für die Analogie eintreten, wie ja auch § 15 KO. bereits eine Ausnahme von dem Satz bildet. Die Analogie ist z. B. in § 89 b GewO. am Platze, — ein Fall, wo wir sie schon hinsichtlich der Exekutivverfügungen befürworteten. Die Innung gibt den alten Becher in Reparatur. Soll man dem Dritten ein Pfandrecht und damit ein Recht zur Veräußerung des Bechers zugestehen? Das öffentliche Interesse, das § 89 b im Auge hat, würde dann sehr leicht gefährdet werden. Man unterstelle nur, daß die Organe der Innung nachlässige Personen sind, daß sie die Zahlung der Reparaturkosten verschleppen und die Androhungsfrist verstreichen lassen. Kurz: Die ratio legis verlangt wie eine Beschränkung in der freiwilligen, so nicht minder in der Exekutiv- und in der — gesetzlichen Verfügung.

Dabei ist in dem Beispiel an eine Umgehungsabsicht der Innung und ihrer Vertreter nicht einmal gedacht. Von solchem Fall ist vielmehr jetzt erst zu reden, und zwar ist, wie soeben angedeutet, eine allgemeine Einschränkung unseres Prinzips zu machen. Wenn nämlich der durch das Veräußerungsverbot in der freiwilligen Verfügung Beschränkte den Tatbestand der an und für sich wirksamen gesetzlichen Verfügung herbeiführt in der Absicht einer Gesetzesumgehung, dann ist die gesetzliche Verfügung so gut wie die

---

der Frau noch gehörte. Eine solche Rechtsgestaltung ist denkbar, es ist die relative Unwirksamkeit, wie sie in dieser Weise z. B. im Fall des Konkurses vorkommt. Aber beim gesetzlichen Güterstand will das Gesetz keine Relativität, die Rechte des Mannes sollen nicht weiter reichen als die der Frau. Gerade deshalb entschied es sich, wie wir sahen (S. 99), in § 1395 für absolute Unwirksamkeit. Berücksichtigt man das, so kann nur in Frage kommen: entweder ein auch dem Manne gegenüber wirksames Pfandrecht oder gar kein Pfandrecht! — In § 1399 spricht man noch in einem andern Sinn von relativer Unwirksamkeit, insofern nämlich die Gläubiger der Frau sich bisweilen nur an deren Vorbehaltsgut, nicht auch an deren Eingebrachtes halten können. So z. B. Crome, System, I, § 80 II, 1.

Das Wort relativ beweist so wieder einmal, daß man mit ihm alles und — nichts sagen kann. Das erkennt man auch in § 506 BGB., wo sich zur Charakterisierung der einfachen Tatsache, daß für den Vorkaufsberechtigten die Verabredungen des Verpflichteten mit dem Dritten nur teilweise maßgebend sind, wieder das charakterlose Wort relativ einstellt. (Crome, a. a. O.; Dernburg, Bürgerl. Recht, I, § 115 a. E.) Vollends irreführend ist es, diese „Relativität" mit der relativen Unwirksamkeit von Verfügungen, wie sie § 135 BGB. meint, in eine Reihe zu stellen.

freiwillige unwirksam, dann ist die Analogie berechtigt. **Exempla trahunt.** Man setze den Fall, daß die Ehefrau, die Geld haben will, auf den Ausweg verfällt, Wertgegenstände dem Spediteur zur Beförderung zu geben und sich einen Vorschuß zahlen zu lassen, und daß der Spediteur den wahren Sachverhalt kennt. Sicher hat dann der Mann gegen den letzteren einen Schadensersatzanspruch aus § 826. Geht man aber einmal soweit — und das muß man —, dann ist nur ein kleiner Schritt zu der Ansicht, daß hier eine nicht zu duldende Gesetzesumgehung vorliegt, daß daher der Spediteur überhaupt kein Pfandrecht erwirbt — also zur Analogie. Das Gesetz beläßt zwar trotz der Verfügungsbeschränkung der gesetzlichen Verfügung im allgemeinen ihre Wirkung, aber es ist nicht willens, daß die Parteien diesen Umstand zu seiner Umgehung ausnutzen. Tritt das Gesetz jemand entgegen, wenn er geraden Wegs verfügen will, dann wohl auch, wenn er es auf einem schleichenden Umweg versucht.

Da das Gesetz die gesetzliche Verfügung, wie mir scheint, auch im Interesse dritter Personen von der Verfügungsbeschränkung grundsätzlich unberührt läßt, so ist die Ausnahme nur da zu machen, wo diese dritten Personen sich an der Gesetzesumgehung beteiligen. Der **animus fraudandi** beim Verbotsbeschränkten allein genügt nicht.

Für die Analogie spricht noch ein anderer Grund, nämlich die Entstehungsgeschichte des § 135 I, 2 BGB. in Verbindung mit § 772 CPO. Die Gesetzesbestimmung ist aus der Erwägung hervorgegangen, daß, wenn die Exekutivverfügung wirksam wäre, der Interdikt das Verbot der rechtsgeschäftlichen Veräußerung leicht durch Herbeiführung der ersteren umgehen könnte[1]). Verhindert somit § 772 die Umgehung in einem Fall, so handelt die Auslegung gewiß im Geist des Gesetzes, wenn sie die Umgehung in andern ähnlichen Fällen abschneidet. Der Unterschied ist nur der, daß § 135 in Verbindung mit § 772 jede Exekutivverfügung abwehrt, in gewissem Sinn also das Kind mit dem Bad ausschüttet, während vermöge der Analogie nur die fraudulose Gesetzesverfügung unschädlich gemacht wird.

IV. Die Gesetzesumgehung hat man in diesem Zusammenhang noch bei einer andern Frage erörtert. Deshalb sei die Frage sogleich angeschlossen.

---

1) Doch haben noch andere Erwägungen mitgespielt.

l 28 D 50, 16 Paulus ad edictum: „Alienationis“ verbum etiam usucapionem continet: vix est enim, ut non videatur alienare, qui patitur usucapi. Über die Tragweite dieser Parömie konnte man sich im Gemeinen Recht, wie erinnerlich, nicht einigen. Der Fall, auf den man sie überwiegend bezog, war der des Veräußerungsverbots, aber auch da stritt man bekanntlich wieder, ob das Veräußerungsverbot die Verjährung (und ebenso die Ersitzung) schlechthin ausschließe oder nur unter gewissen Umständen[1]). Bei andern Verfügungsbeschränkungen dagegen, z. B. den aus Rechtskollisionen, wandte man die Parömie nicht an, ja dachte wohl nicht einmal an sie, wenigstens lehrte Dernburg[2]) ohne Einschränkung, daß das Erlöschen der Servitut durch Nichtgebrauch des Eigentümers dem Pfandgläubiger schädlich sei.

1. Was das Bürgerliche Gesetzbuch betrifft, so rechnet es das Verjährenlassen, z. B. gemäß § 1028, sicher nicht zu den Verfügungen, da es unter Verfügungen nur Rechtsgeschäfte versteht. Aber auch zu den „gesetzlichen Verfügungen“ kann man es nicht zählen, denn der an das Verjährenlassen geknüpfte Rechtsverlust geschieht nicht auf Kosten eines bestimmten Rechtssubjekts. Immerhin führt die Verjährung zum selben oder fast zum selben Ergebnis wie eine Verfügung, die Parteien haben es folglich in der Hand, durch Schaffung des Verjährungstatbestandes den Verfügungseffekt zu erreichen. Von diesem Gesichtspunkt aus wird eine Prüfung der von der Verfügung handelnden Vorschriften, soweit sie uns angehen, notwendig.

Und zwar gehen uns wieder die Vorschriften über Verfügungsbeschränkungen an[3]). Welchen Einfluß haben die Verfügungsbeschrän-

---

1) Vgl. Windscheid, Pandekten, I, § 182, Note 14; Schröder, Veräußerungsverbot, S. 6 ff.

2) Dernburg, Pandekten, I, § 273, Note 4. Der Punkt scheint mir freilich noch nicht genügend untersucht.

3) Von den Fällen, in denen jemand einem andern für Verfügungen einzustehen hat (vgl. S. 185. 187), sei noch § 499 hervorgehoben. Ein Wiederkaufsrecht wird nach fast 30 Jahren ausgeübt. Der Verpflichtete ließ in der langen Zeit eine Wegegerechtigkeit des fraglichen Grundstücks verjähren. Hat er dafür gerade so sehr einzustehen, als wenn er auf die Gerechtigkeit verzichtet hätte? Meines Erachtens nein. Bei Verfügungen soll er des Wiederkaufsrechts eingedenk sein, das verlangt das Gesetz in aller Strenge. Das rein passive Verhalten des § 1028 dagegen ist nach § 498 zu beurteilen, wonach es auf Verschulden ankommt.

kungen auf die Verjährung? Das ist die Frage! Die Antwort lautet: Gar keinen! Das gilt für alle Arten von ihnen, mögen sie die Folgen revokabler Rechte oder von Rechtskollisionen oder mögen sie selbständig, also Veräußerungsverbote, sein. Beispiele: Der Vorerbe läßt eine Wegegerechtigkeit nach § 1028 zum Schaden des Nacherben verjähren; der Eigentümer zum Schaden des auf seinem Grundstück lastenden Rechts; der Interdikt zum Schaden des durch ein Veräußerungsverbot oder eine Auflassungsvormerkung Gesicherten. §§ 2113, 876, 135, 883 schützen gegen Verfügungen verschiedenster Art, aber nicht gegen Verjährenlassen!

Höchstens ließe sich wieder fragen, ob man nicht dasjenige Verjährenlassen, das in der Absicht der Umgehung der Verfügungsbeschränkung geschieht, der Verfügung gleichstellen soll. Dafür spräche zunächst die Parallele mit den gesetzlichen Verfügungen. Wie wir der Ausnützung der letzteren mittels der Analogie begegneten, — sollen wir hier nicht ebenso verfahren? Dafür spräche sodann die Tradition, denn die Analogie würde auf eine Wiederbelebung der alten Parömie hinauslaufen, jedoch würde sie nicht nur bei Veräußerungsverboten, sondern konsequenterweise bei *allen* Verfügungsbeschränkungen so, wie es die Beispiele zeigten, zur Anwendung zu bringen sein. Unter Berufung auf die Parömie erklären denn auch wirklich einige Schriftsteller, z. B. *Kirschbaum*[1]) und *Kuhlenbeck*[2]), das wissentliche, einem Veräußerungsverbot trotzende Geschehenlassen der Verjährung für unwirksam.

Gleichwohl möchte ich die Analogie hier im Gegensatz zu vorhin (III) gänzlich ablehnen. Des Widerspruchs mache ich mich dadurch nicht schuldig. Denn wenn zwar ein Bedürfnis besteht, die fraudulose Herbeiführung der gesetzlichen Verfügung analog der rechtsgeschäftlichen zu behandeln, so ist damit noch nicht gesagt, daß hier, im Fall des Verjährenlassens, ein gleiches Bedürfnis bestehe. Die Sachlage scheint mir vielmehr in wichtigen Punkten verschieden. Die Umgehung mittels der gesetzlichen Verfügung ist leicht zu bewirken, denn ihre Voraussetzungen sind unschwer zu beschaffen, und eben deshalb ist ein besonderer Schutz vonnöten. Wie schwer ist dagegen

1) *Kirschbaum, Alfred*, Das richterliche Veräußerungsverbot nach Gemeinem Recht und Bürgerlichem Gesetzbuch, Marburger Dissertation, 1902, S. 37.

2) *Kuhlenbeck*, BGB., § 135, Z. 5.

die Umgehung mittels der Verjährung! Bedarf es da noch eines Schutzes des durch sie leidenden, des Nacherben usw.? Wird sodann nicht der eigentliche Zweck der Verjährung illusorisch, wenn langwierige Prozesse über die Umgehung zugelassen werden? So weise ich denn die römische Parömie für das neue Recht ganz und gar zurück: Mag jemand an dem Verzicht auf die Servitut seines Grundstücks durch Nacherbschaft, durch kollidierende Rechte, durch Veräußerungsverbote oder infolge einer Vormerkung gehindert sein — er kann sie trotzdem verjähren lassen, und selbst wenn er sie in der ausgesprochenen Absicht, das Verbot des Verzichts zu umgehen, verjähren läßt, so tut das doch der Wirkung der Verjährung keinen Eintrag[1]). Der Gesichtspunkt der Umgehung führt höchstens zu einer Schadensersatzpflicht gegenüber dem Nacherben, dem Eigner des kollidierenden Rechts usw., einer Pflicht, die unter Umständen auch den mit dem Verfügungsbeschränkten im Komplott befindlichen Dritten, z. B. den Eigentümer des mit der verjährten Servitut belasteten Grundstücks, treffen kann.

2. Was von dem Verjährenlassen gilt, gilt auch von dem Ersitzenlassen. Dieses wird durch die Verfügungsbeschränkung des Eigentümers so wenig beeinflußt wie jenes. Beispiele: Die Ehefrau kann zwar über ihre eingebrachte Sache nicht verfügen, aber ersitzbar ist die Sache für Dritte doch. Die Verfügung über Grundstückszubehör ist infolge der Auflassungsvormerkung unwirksam, aber die Ersitzung des Zubehörs leidet durch die Vormerkung nicht. Dem kraft einer bedingten Verfügung Anfalls- oder Rückfallsberechtigten schadet eine bedingungswidrige Verfügung nicht, wohl aber die Ersitzung.

Desgleichen ist selbst die in Umgehungsabsicht erfolgende Herbeiführung des Ersitzungstatbestandes der Verfügung nicht analog zu behandeln — aus demselben Grunde wie vorhin.

Natürlich kann das Gesetz der Verfügungsbeschränkung, insbesondere auch dem Veräußerungsverbot, die Ersitzungsunfähigkeit hinzufügen, und es braucht das nicht einmal ausdrücklich zu geschehen. So habe ich keinen Zweifel, daß die Ersitzung des Eigentums an Sprengstoffen ausgeschlossen ist, wenn der Besitzer nicht die vorgeschriebene polizeiliche Erlaubnis zum Besitz hat. Es ergibt sich das aus der

1) Übrigens haben die meisten der genannten Schutzpersonen allerhand Mittel und Wege, die Verjährung zu verhüten.

Tendenz des Gesetzes, den Erwerb Nichtbefugter zu verhindern, einer Tendenz, der das Ersitzungsverbot nicht minder wie das Veräußerungsverbot dient. Umgekehrt schließt die Beschränkung der Innung und anderer öffentlichrechtlicher Personen in der Verfügung über historisch usw. wertvolle Sachen kein Ersitzungsverbot in sich. Verhilft doch in gewissen Fällen (S. 115) der gute Glaube Dritten sogar zu sofortigem Erwerb! Damit würde ein Ersitzungsverbot seltsam kontrastieren.

Die Motive[1]) sagen: Ob gegenüber einem absoluten Veräußerungsverbot Ersitzung eintreten soll, ist nach seinem Inhalt zu entnehmen. Diese Bemerkung stimmt mit unserm Ergebnis überein. Nur möchte ich hervorheben, daß ein innerer Zusammenhang zwischen Veräußerungsverbot und Ersitzungsverbot, wie er im Römischen Recht bestanden haben mag, heute keinesfalls besteht. Es läßt sich nichts weiter sagen, als daß dieselben Gründe, die das Gesetz zu jenem veranlassen, es unter Umständen auch zu diesem bewegen. Im übrigen handelts sich um ganz getrennte Vorschriften, um zwei voneinander unabhängige Normen.

Um noch einen Fall zu erwähnen, so wird behauptet[2]), daß die Vormerkung des Auflassungsanspruchs auch gegen den Ersitzer des Grundstücks wirke. Zu Unrecht! Die Vormerkung soll gegen kollidierende Verfügungen schützen, gegen andere schädliche Einflüsse schützt sie nicht, wie unsere Beispiele zeigten: Der Eigentümer kann trotz der Vormerkung eine dem Grundstück zustehende Servitut verjähren oder gar einen andern das Grundstück selber ersitzen lassen. Schwerlich wird jemand ein Ersitzungsverbot hinsichtlich des Grundstücks*zubehörs* behaupten? Mit wieviel mehr Recht tritt man dafür hinsichtlich des Grundstücks selbst ein? Gleicher Ansicht wie hier ist z. B. *Reichel*[3]). Die herrschende Meinung nimmt zudem an, daß der durch die Vormerkung gesicherte Anspruch verjährbar sei. Ganz einverstanden! Und die Ersitzung soll er überwinden?

---

1) Motive zum Allg. Teil, S. 214 (*Mugdan*, I, S. 471).

2) *Planck*, III, § 883 Note 3a und die dort angeführten *Fuchs* und *Biermann*.

3) *Reichel*, Iherings Jahrb. 46, S. 108.

§ 32.

Einzelheiten über die rechtsgeschäftliche Verfügung.

I. Ob die Aufgabe und die Übertragung des Besitzes eigentliche Verfügungen sind, etwa aus dem Gesichtspunkt, daß der Besitz ein subjektives Recht ist [1]), kann hier dahingestellt bleiben. Denn es ist sicher, daß ein Veräußerungsverbot z. B. von der Art des § 332 StPO. auch eine Mißbilligung jener fraglichen Akte enthält. Über den Charakter dieser Mißbilligung ein paar Worte!

Der Besitz hängt von der tatsächlichen Gewalt ab, also von einem Faktum. Sowohl dieses Faktum wie jenes Abhängigkeitsverhältnis werden durch das Veräußerungsverbot nicht berührt. Der Betroffene soll das Faktum nicht herstellen, aber er kann es nachwievor. Das Verbot der Besitzaufgabe und -Übertragung bedeutet mithin im Gegensatz zum Verbot eines Rechtsgeschäfts nur ein Nichtsollen, nicht aber ein Nichtkönnen. Darin liegt seine Schwäche (S. 14). Trotz des Verbots verliert der Betroffene den Besitz, wenn er die Sachen in den Rhein wirft, und erwirbt ein Dritter ihn, wenn der Angeschuldigte ihm die Sache einhändigt. Fraglich ist nur, ob es sich im Fall der gemäß § 854 Abs. 2 geschehenden „Besitzzuweisung" nicht anders verhält. Über das Verhältnis des Abs. 2 daselbst zum Abs. 1 herrscht Streit [2]). Stellt Abs. 2 ein selbständiges Erfordernis eigner Art da, geschieht mithin der Erwerb ihm zufolge, trotzdem die tatsächliche Gewalt, wie sie Abs. 1 verlangt, nicht erworben wird? Oder gibt das Gesetz in Abs. 2 nur der Meinung Ausdruck, daß in der dort beschriebenen Weise die tatsächliche Gewalt erlangt werde und deshalb auch der Besitz?

Fraglos ist, daß ein sich nach Abs. 2 vollziehender Erwerb meist auch von der Verkehrsauffassung gutgeheißen wird, wie denn § 854 II seinerseits ein Produkt eben dieser Verkehrsauffassung ist. Auf der andern Seite läßt sich nicht verkennen, daß die im § 854 II geforderte Einigung mehr oder minder rechtsgeschäftlichen Charakter hat. Insbesondere teilt sie mit den Rechtsgeschäften die Eigentümlichkeit, daß sie im Gegensatz zum bloßen Faktum da nicht wirkt, wo das Gesetz ihr die Sanktion vorenthält. Möglicherweise bleibt sie

---

1) So Kirschbaum a. a. O., S. 36.

2) Vgl. Planck, § 854 Z. 3.

daher wirkungslos — trotz der Verkehrsauffassung. So kann z. B. der Entmündigte seinen Besitz nicht nach § 854 II übertragen, wie immer auch der Verkehr sich dazu stellen mag. Kurz: Im Gegensatz zu § 854 I hat der Besitzerwerb in § 854 II auch Sanktion zur Voraussetzung.

Daran knüpft sich nun für uns eine wichtige Folgerung. Insofern es dem Gesetz darum zu tun ist, den durch ein Veräußerungsverbot Beschränkten auch an der Besitzentäußerung zu hindern, wird es die in § 854 II gewährte Sanktion zurücknehmen und die Einigung mit Rücksicht auf das Verbot für nichtig erklären. Es bleibt also nicht bloß dabei, daß der Interdikt den Besitz nicht „überweisen" soll, er kann es auch nicht mehr, und wenn im allgemeinen das Veräußerungsverbot hinsichtlich des Besitzes anders wirkt als hinsichtlich der Verfügungen, so doch hinsichtlich der nach § 854 II geschehenden Besitzübertragung in gleicher Weise. Wenn z. B. der Erbe ein Grundstück verkauft und den Besitz daran „überweist", bevor der Testamentsvollstrecker sein Amt antritt, mithin zu einer Zeit, wo er noch ausschließlicher Besitzer ist, so ist die Einigung infolge des § 2211 [1]) unwirksam, der Besitz geht nicht über [2]) und der Vollstrecker macht sich keiner verbotenen Eigenmacht schuldig, wenn er vor dem Käufer das Grundstück in seine tatsächliche Gewalt nimmt. —

Daß der mittelbare Besitz von dem Veräußerungsverbot berührt wird, bedarf keiner Erwähnung. Der Angeschuldigte, der trotz des § 332 StPO. das verliehene Buch verkauft, behält nicht nur das Eigentum daran, sondern auch seinen mittelbaren Besitz.

---

1) Wenn der Testamentsvollstrecker sein Amt nach § 2202 angenommen hat, ist die Verfügungsbeschränkung des Erben als mit dem Erbfall eingetreten anzusehen. Vergl. Planck, Kommentar zu § 2211, Note 1.

2) Der Dritte wird fragen: Was muß ich denn vor Amtsantritt des Testamentsvollstreckers tun, um den Besitz an dem Grundstück des mit mir einigen Erben zu erwerben? Muß ich etwa ommes glebas circumambulare oder wenigstens quamlibet partem fundi introire? Die Antwort lautet: Du mußt das tun, was du nach Gemeinem Recht, das den § 854 II nicht kannte, zur Erlangung der tatsächlichen Gewalt tun mußtest. So taucht also an versteckter Stelle eine Streitfrage, die durch § 854 II abgetan schien, von neuem auf — ein Fall, der ja nichts weniger als selten ist. Körperliche Berührung ist nicht nötig, aber Gegenwart? So Windscheid, I, § 153, Note 4, dagegen Dernburg, Pandekten, I, § 178, Note 17. Was heißt sodann „Gegenwart"? Das Beispiel von den auf die Türme steigenden Parteien scheint wieder praktisch zu werden!

II. Ob die Dereliktion ein Rechtsgeschäft ist, ob auf sie die sämtlichen Vorschriften über Rechtsgeschäfte Anwendung finden, ob sie endlich eine Verfügung ist — was ich mit der herrschenden Meinung bejahen möchte[1] —, alles das kann hier unentschieden bleiben. Hier genügt der Hinweis, daß, wenn die Veräußerung verboten, dann sicher auch die Dereliktion verboten ist und daß dieses Verbot durch die Sanktionsversagungen der §§ 134, 135 unterstützt wird. Die Dereliktion des Angeschuldigten im Fall des § 332 StPO. z. B. ist nichtig.

III. Die Ausschlagung einer Erbschaft erscheint äußerlich als Verzicht auf einen bereits gemachten Erwerb. Die Frage, ob sie unter das Veräußerungsverbot fällt, ist daher zweifelhaft. Einmal hat sie das Gesetz entschieden, in § 9 KO. Wie aber in andern Fällen, z. B. in § 332 StPO.? Kann der Angeschuldigte die Erbschaft nicht ausschlagen? Meines Erachtens hat man hier § 9 KO. entsprechend anzuwenden. Mit Recht sagt Jäger[2]), daß im § 9 lediglich eine Folgerung aus dem das bürgerliche Recht beherrschenden Gedanken gezogen werde, daß der vorläufige Erwerb der §§ 1942, 2176 noch keine „wirkliche" Vermögensmehrung bedeute.

Das Ergebnis ist sachentsprechend. Will man dem Angeschuldigten die Erbschaft aufzwingen? Zweck des Veräußerungsverbots ist doch lediglich, dem Betroffenen die Existenzmittel zu nehmen. Weshalb also ihn an dem Verzicht auf Erwerb neuer Existenzmittel hindern?

IV. Daß die Eingehung einer Verpflichtung keine Verfügung im Sinn des Bürgerlichen Gesetzbuchs ist, wird allgemein anerkannt. Wendts[3]) Widerspruch blieb mit Recht ungehört.

Ob nicht indes das Verbot der Veräußerung und sonstigen Verfügung nach allgemeinen Grundsätzen ein Verbot der Verpflichtung zu jenen Geschäften in sich begreife — die Frage ist früher erörtert worden[4]).

Hier ist noch die andere Frage zu besprechen, ob nicht — so

---

1) Vgl. Crome, System III, S. 414, Note 2. Dagegen Sohm, ArchBürgR. 28, S. 193, Note 18. Vergl. auch hier S. 182 Note 2.

2) Jäger, Kommentar, § 9, Note 6.

3) Wendt, ArchCivPrax. 89, S. 420 ff.

4) Oben S. 39.

drückt sich Biermann aus [1]) — manche Obligationen „wenigstens in gewisser Hinsicht Verfügungen" sind. Man denkt dabei vor allem an die Verpachtung und Vermietung von Grundstücken. Es kommen aber weiterhin alle mit Drittwirkung ausgestatteten Obligationen in Betracht (S. 72 ff.).

Wenn jemand trotz der Auflassungsvormerkung ein Grundstück verpachtet, so kann sich der Pächter gegen den Vorgemerkten auf § 573 ff. nicht berufen. Das ist schon von Mitteis [2]) hervorgehoben worden und unterliegt keinem Zweifel. Mitteis zog daraus den Schluß, daß die Verpachtung eine Verfügung sei, und machte diesen Schluß zur Grundlage seiner These, daß die Pacht ein dingliches Recht gewähre.

Der Schluß ist meines Erachtens zurückzuweisen. Die Unwirksamkeit der Pacht gegenüber dem Vorgemerkten — und ebenso gegenüber dem durch ein Veräußerungsverbot z. B. des § 938 ZPO. Geschützten — hat mit der Frage, ob die Verpachtung eine Verfügung ist und ob sie ein dingliches Recht gewährt, nichts zu tun. Den Beweis liefert das Beispiel, daß jemand ein Buch verleiht, nachdem er es verkauft und der Käufer ein Veräußerungsverbot gemäß § 938 ZPO. erwirkt hat. Ganz sicher ist die Leihe keine Verfügung, ganz sicher hat der Entleiher kein dingliches Recht. Mag man auch den Besitz für ein dingliches Recht halten — der Entleiher beruft sich gegen den Rechtsnachfolger des Verleihers nicht auf jenes fragliche dingliche Recht, das ius possessionis, sondern auf das obligatorische Recht zum Besitz, das ius possidendi. Das Beispiel zeigt also, daß das Veräußerungsverbot auch gegen Rechtsakte schützt, die fraglos keine Verfügungen im Sinn unseres Gesetzes sind.

Man muß daher das Mitteissche Räsonnement [3]): „Weil Schutz gegen die Pacht, deshalb Pacht Verfügung" durch ein anderes ersetzen, und dieses kann nur lauten: Wenn das Veräußerungsverbot gegen Verfügungen Schutz verleiht, dann analog wohl auch gegen Rechtsakte, die dem Schützling gleichfalls Schaden bringen. § 135 ist demnach auf sie nicht unmittelbar, sondern nur analog anzuwenden.

---

1) Biermann, Bürgerl. Recht, S. 157.

2) Mitteis, Grundstücksverpachtung durch den Scheineigentümer, S. 41.

3) Vgl. auch Planck, § 571, Note 1 b und e β.

Der tiefere Grund der Analogie ist der, daß die Obligation in gewissen Fällen mit Drittwirkung ausgestattet wird, ganz allgemein, sofern es sich um Mobilien handelt (§ 986), bei Immobilien nur ausnahmsweise (§ 573). Der Rechtsnachfolger des sich obligierenden Eigentümers wird in die Obligation, bald mehr, bald minder, hineingezogen und so an der Geltendmachung seines Eigentums gehindert. Zwar erlangte der Obligationsberechtigte kein dingliches Recht an der Sache, sondern nur einen Anspruch gegen seinen Vertragsgegner und dessen Rechtsnachfolger, von ihrem Rechte keinen Gebrauch zu machen, das ist aber für den Rechtsnachfolger gerade so unangenehm, als ob der Dritte ein dingliches Recht erhalten hätte. Mit einem Wort: Nicht nur die Verfügungen wirken extra partes, sondern bisweilen auch die Obligationen. Wo das Gesetz jemand gegen die Verfügungen schützen will, will es ihn gewiß auch gegen die Obligationen schützen. So rechtfertigt sich die Analogie.

Pacht, Miete, Leihe sind also in keiner Beziehung Verfügungen, aber sie werden in §§ 135, 883 ebenso behandelt wie diese. Wer dagegen wie Mitteis § 883 zum Anlaß nimmt, den Verfügungsbegriff selbst zu erweitern, beschwört damit Konsequenzen, die gar nicht im Sinn des Gesetzes liegen. Ob auch an andern Stellen Obligationen wie Verfügungen zu behandeln sind, ist vielmehr jedesmal besonders zu prüfen.

Hier interessieren nur die Fälle mit der gemeinsamen Tendenz, eine gewisse Person gegen Verfügungen des an und für sich Berechtigten zu schützen. Es sind, abgesehen von den §§ 883, 135, hauptsächlich die schon einmal in Zusammenhang gebrachten §§ 2113, 161, 184, 499. Ein Überblick ergibt, daß die Analogie außer in § 499 überall berechtigt ist. In einem Fall ist die Frage ausdrücklich entschieden, nämlich in dem Fall der Vorerbschaft. So wenig der Vorerbe den Nacherben durch Verfügungen schädigen kann, so wenig durch Vermietung oder Verpachtung (§ 2135)[1]). Beispiele sollen das Ergebnis des Überblicks verdeutlichen: Wenn jemand das ihm unter einer auflösenden Bedingung übertragene Erbbaurecht verpachtet, so ist der Rückfallsberechtigte an den Pachtvertrag nicht ge-

1) Daß übrigens das Gesetz die Verpachtung des zur Nacherbschaft gehörigen Grundstücks nicht als Verfügung ansieht, beweist die systematische Stellung des § 2135. Von Mitteis' Standpunkt aus müßte er sich an § 2113 anschließen.

bunden. — Der Eigentümer gab A ein Buch in Verwahrung, übereignete es dann dem B gemäß § 931 unter einer aufschiebenden Bedingung und gab es darauf, aber noch während der Schwebezeit, dem A zur Leihe. A kann sich gegen den vindizierenden B nicht auf § 986 berufen. — Jemand hat mein Grundstück, das versehentlich auf seinen Namen eingetragen war (etwa noch aus der Zeit einer Vorerbschaft her), an einen Dritten aufgelassen; ich genehmige die Auflassung, habe aber das Grundstück in der Zwischenzeit verpachtet und dem Pächter übergeben. Der Pächter kann den § 184 zwar nicht unmittelbar, wohl aber analog geltend machen.

In § 499, wie gesagt, ist die Analogie abzulehnen. Nur Verfügungen sind dem Käufer mit Rücksicht auf das Wiederkaufsrecht erschwert, aber sogar Verpachtuugen usw.? Das bringt doch wohl dem Käufer weit mehr Nachteil als dem Verkäufer Vorteil. Hier ist daher strenge Auslegung am Platz. Allerdings kann der Wiederkäufer durch eine ungünstige Verpachtung zu Schaden kommen, indes er konnte sich ja vorsehen, und gegen dolose Benachteiligung kann er sich auch nachträglich noch wehren (§§ 117, 826 usw.). Übrigens beweist gerade § 499, wie sehr die Analogie in jedem einzelnen Falle von der Abwägung der Interessen abhängt, und umgekehrt, wie bedenklich das Mitteissche Verfahren ist. —

Die Durchsicht der genannten Paragraphen regt noch eine zweite Analogie an. Der Nacherbe ist zwar, wie wir sahen, an den Pachtvertrag des Vorerben nicht gebunden, aber er muß doch dem Pächter eine Gnadenfrist gewähren. Soll man nicht Entsprechendes auch in den §§ 135, 161, 883 annehmen? Z. B., wenn ein bedingter Auflassungsanspruch durch Vormerkung oder Veräußerungsverbot gesichert ist und der Verpflichtete das Grundstück in der Zwischenzeit vermietet oder wenn jemand das ihm unter einer auflösenden Bedingung übertragene Erbbaurecht verpachtet? Meines Erachtens ist die Frage nicht mit einem Ja oder Nein zu beantworten. Die Verhältnisse können in diesen Fällen denen der Vorerbschaft gleich sein, aber sie brauchen es nicht. Das Gesetz rechnet wohl mit einer längeren Dauer der Vorerbschaft, was aber den durch Vormerkung oder Veräußerungsverbot geschützten Anspruch angeht, so ist er bald bedingt oder befristet, bald präsent, und ebenso spricht nichts dafür, daß die Schwebezeit im Fall des unter einer Bedingung übertragenen Erbbaurechts lange währt. Die Analogie ist daher nur da gerechtfertigt, wo gleiche Verhältnisse vorliegen, sonst nicht. Ob das zutrifft, ist nur in concreto zu entscheiden. Es trifft z. B. zu, wo die Parteien an eine längere, unbestimmte Dauer der Schwebezeit glauben. Jedenfalls tut der Verpflichtete gut, sich der Zustimmung des durch die Vormerkung usw. Berechtigten vorher zu vergewissern, sei es, daß dieser der Verpachtung schlechthin zustimmt, sei es, daß er dem Pächter eine Schonzeit im Sinne des § 2135 zugesteht. Bisweilen wird man dem Verpflichteten gegen den Berechtigten einen rechtlichen Anspruch auf eine Zustimmung der letzten Art zuerkennen; er läßt sich aus dem zwischen ihnen bestehenden Rechtsverhältnis, z. B. einem Kaufvertrag, mit Hilfe des § 242 BGB. herleiten.

V. Daß die Bewilligung einer Vormerkung eine wahre Verfügung ist, wurde früher nachgewiesen [1]). §§ 135, 883 usw. beziehen sich also auf sie unmittelbar.

Ob von der Bewilligung eines Widerspruches dasselbe gilt, bleibe dahingestellt. Zum mindesten finden die Paragraphen auf sie analoge Anwendung.

VI. Daß das ursprüngliche pactum de non cedendo keine Verfügung enthält, wohl aber das nachträgliche, wurde gleichfalls früher schon erörtert [2]).

---

1) Oben S. 111.

2) Oben § 29 a. E.

Berichtigungen und Nachträge.

S. 13 Note 10 ist 74 statt 75 zu lesen und hinzuzufügen: 3. Aufl.; anders freilich in den späteren, z. B. in der neuesten (9.) § 74 Note 23, wo die Beispiele weggelassen sind.

S. 27 Note 5 lies 254 statt 210.

Zu S. 139. Hellwig, Grenzen der Rückwirkung 1907 (Sonderabdruck aus der von ihren früheren Dozenten der Juristischen Fakultät der Universität Gießen überreichten Festschrift), auf dessen hauptsächlich von den rückwirkenden Gerichtsbarkeitsakten (a. a. O. S. 6) handelnde Schrift ich leider erst bei der Revision stieß, ist ebenso wie Biermann, v. Schwerin rc. der oben (S. 139) bekämpften Ansicht, daß die den Anwärter beeinträchtigenden Verfügungen vom Gesetz als von Anfang an wirkungslos behandelt würden, in diesem Sinne also Rückwirkung bestehe (S. 12). Er stützt sich auf den Wortlaut des § 161 und ein Beispiel (S. 12 Text und Note 3). Meines Erachtens kommt alles auf die Auslegung der Worte an: insoweit unwirksam als sie vereiteln oder beeinträchtigen würde, und in der Beziehung ist es mit dem einen Beispiel, dessen Entscheidung ich übrigens zustimme, nicht getan. Das Beispiel hat eine aufhebende Verfügung, speziell über eine Forderung, zum Gegenstand. Wie aber steht es mit translativen Verfügungen in bezug auf Sachen oder Rechte? Ich wiederhole die Frage: Kann es dem Anwärter nicht gleichgültig sein, ob der Veräußerer in der Schwebezeit Eigentümer bleibt oder ob er das Eigentum einem Dritten überträgt? Hat er ein Interesse daran, daß das Eigentum existente condicione vom Zwischenmann an den Veräußerer zurückfalle, mit anderen Worten an der Rückwirkung? Im Gegenteil! Sie würde ihm schaden insofern sie die ihm vorteilhaften Verfügungen des Zwischenmanns vernichten würde.

Und wie steht es mit einer aufhebenden Verfügung in bezug auf Sachen, das heißt, mit der Dereliktion? So gleichgültig es dem Anwärter sein kann, wer Eigentümer der Sache in der Schwebezeit ist, so gleichgültig, ob überhaupt ein Eigentümer der Sache da oder ob sie herrenlos ist. Ein Beispiel: Der Veräußerer derelinquiert die Sache pendente condicione, ein Dritter okkupiert sie und findet einen Schatz darin. Wem gehört der Schatz? Doch dem Dritten allein! Das ist die Lösung des Interessenkonflikts, die der ratio legis am gerechtesten wird und die auch durch den Wortlaut des Gesetzes vollkommen gedeckt wird. — Natürlich kann die Dereliktion dem Anwärter de facto Schaden bringen und aus diesem Grunde pflichtwidrig sein (§ 160), aber darum handelt es sich hier ja nicht.

Nach allem dem muß ich bei meiner Ansicht beharren. Hellwigs Beispiel beweist nur, daß es gewisse kollidierende Verfügungen gibt, die nur entweder ganz oder gar nicht bestehen bleiben können, so z. B. Erlaß einer Forderung im Gegensatz zu translativen Verfügungen und zur Dereliktion, und daß diese Verfügungen selbstverständlich existente condicione völlig unwirksam werden.

Verzeichnis der häufiger und abgekürzt zitierten Schriften.

Bekker, E. J., System des heutigen Pandektenrechts, 1886/89.
Biermann, J., Bürgerliches Recht, Bd. 1, 1908.
—, Widerspruch und Vormerkung, 1903.
Böcking, Ed., Pandekten des röm. Privatrechts, Bd. 2, 1855.
Böhm, J., Das Erbrecht des Bürgerlichen Gesetzbuchs, 2. Aufl., 1900.
Brinz, Lehrbuch der Pandekten, 2. Aufl., Bd. 1, 1873.
Cosack, K., Lehrbuch des Deutschen Bürgerlichen Rechts, 4. Aufl.
Crome, System des Deutschen Bürgerlichen Rechts, Bd. 1, 1900; Bd. 2, 1902; Bd. 3, 1905.
Dernburg, Pandekten, 6. Aufl.
—, Das Bürgerliche Recht, 3. Aufl.
Düringer-Hachenburg, Das Handelsgesetzbuch, Bd. 3.
Eccius, Kurze Erörterungen in Gruchots Beiträgen, Bd. 50, S. 481 ff.
Endemann, Über die zivilrechtliche Wirkung der Verbotsgesetze nach Gemeinem Rechte, 1887, hier Endemann, Verbotsgesetz zitiert.
Enneccerus-Lehmann, Das Bürgerliche Recht, Bd. 1, 3. Aufl., 1905.
Frommhold, Erbrecht (Kommentar), 1900.
Fuchs, Grundbuchrecht, Kommentar, Bd. 1, 1902.
Gierke, Deutsches Privatrecht, Bd. 2, 1905.
Güthe, Die Grundbuchordnung, Bd. 1, 1905
Hachenburg, Das Bürgerliche Gesetzbuch, Vorträge, 2. Aufl., 1900.
Hellmann, Vorträge über das BGB.
— Lehrbuch des Deutschen Konkursrechts, 1907.
Hellwig, Anspruch und Klagrecht, 1900.
—, Wesen und subjektive Begrenzung der Rechtskraft, 1901.

Hellwig, Lehrbuch des Deutschen Zivilprozeßrechts, 1903.
Herold, Wie wirken im Grundbuchrechte die Verfügungsbeschränkungen zugunsten bestimmter Personen? Sächs. Archiv für Rechtspflege, 1. Jahrg., S. 481 ff.
Hölder, Kommentar zum Allgemeinen Teil des Bürgerlichen Gesetzbuchs, 1900.
Jäger, Konkursordnung, Kommentar.
Kohler, Lehrbuch des Bürgerlichen Rechts I, 1904, II, 1906.
—, Kritische Vierteljahrsschrift, Bd. 19, S. 143 ff.
Kormann, Die kirchenrechtlichen Veräußerungsbeschränkungen beim katholischen Kirchengut und das bürgerliche Recht. Zugleich ein Beitrag zur Lehre von den Veräußerungsverboten nach Bürgerlichem Gesetzbuch, 1907, 42. Heft der kirchenrechtlichen Abhandlungen, herausgeg. von U. Stutz.
Kretzschmar, Ferd., Das Sachenrecht des Bürgerlichen Gesetzbuchs, 1906.
Landsberg, Das Recht des Bürgerlichen Gesetzbuchs, Lehrbuch, 1904.
Meischeider, Die letztwilligen Verfügungen nach dem Bürgerlichen Gesetzbuch, 1900.
Mitteis, Zur Lehre von der Ungiltigkeit der Rechtsgeschäfte, Iherings Jahrb. 28, S. 85 ff.
—, Grundstücksverpachtung durch den Scheineigentümer in Zwei Fragen aus dem Bürgerlichen Recht, Dekanatsprogramm, Leipzig 1905.
—, Römisches Privatrecht bis auf die Zeit Diokletians, Bd. 1, 1908.
Neumann, H., Handausgabe des Bürgerlichen Gesetzbuchs, 4. Aufl., 1905, hier Neumann zitiert.
Neumann, Joh., Vormerkung und Veräußerungsverbot, Jur. Wochenschrift, 31. Jahrg., S. 454 ff.
Oertmann, Die Wirkung der Gläubigeranfechtung. Zeitschr. für deutschen Zivilprozeß, 33, S. 1 ff.
—, Bayrisches Landesprivatrecht, Ergänzungsband zu Dernburg, das Bürgerliche Recht.
Petersen, Die Zivilprozeßordnung, Kommentar, 5. Aufl., 1904.
Planck, G., Bürgerliches Gesetzbuch, 3. Aufl.
Predari, Die Grundbuchordnung, Kommentar, 2. Teil, 1902.
Rambohr, Das Rechtsprinzip zum Schutz mangelhafter Erkenntnisfähigkeit im Bürgerlichen Gesetzbuch in Gruchots Beiträgen, Bd. 44, S. 115 ff.
Randa, Das Eigentumsrecht.
Regelsberger, Pandekten.
Rehbein, Das Bürgerliche Gesetzbuch.
Reichel, Die Vormerkung, Iherings Jahrb., 46, S. 59 ff.
Rosin, Beiträge zum Recht der revokatorischen Klage bei Familienfideikommissen und hochadligen Hausgütern, Iherings Jahrb., 32, S. 323 ff.
Schröder, Franz, Zur Lehre von den gesetzlichen Veräußerungsverboten, 1875.
Seuffert, L., Kommentar zur Zivilprozeßordnung, 9. Aufl., 1904.
—, Das Konkursprozeßrecht.

Simon, P., Die rechtliche Natur der sachenrechtlichen Einigung, 1907, 20. Heft der Studien zur Erläuterung des Bürgerlichen Rechts, herausgegeben von R. Leonhard.
Sohm, Der Gegenstand, 1905.
—, Vermögensrecht, Gegenstand, Verfügung, Arch. für Bürgerl. Recht, 28. S. 173 ff.
Staudinger, Kommentar zum Bürgerlichen Gesetzbuch.
Strohal, Das deutsche Erbrecht, 3. Aufl., 1903.
—, Grenzen der Urteilsrechtskraft bei betagter und bedingter Berechtigung in „Drei Beiträge zum bürgerlichen Recht", 1905.
—, Kommt dem Vorgemerkten der öffentliche Glaube des Grundbuchs zu statten? Dekanatsprogramm. Leipzig 1904.
Turnau-Förster, Das Liegenschaftsrecht, 3. Aufl., 1906.
Wendt, Pandekten.
—, Erwerb von einem Nichtberechtigten, ArchCivPrax,. 89, S. 1 ff.
Windscheid-Kipp, Lehrbuch des Pandektenrechts, 9. Aufl.
Wolff, Martin, Die Neugestaltung des Familienfideikommißrechts in Preußen, 1904.
Zitelmann, Das Recht des Bürgerlichen Gesetzbuchs, Allgemeiner Teil, 1903.

Quellenregister.

I. Reichsrecht.

Frommannsche Buchdruckerei (Hermann Pohle) in Jena. — 3381

Kolibri 360 GmbH
Ferdinand-Jühlke-Straße 7
99095 Erfurt, Deutschland
produktsicherheit@kolibri360.de